诗经里的中国史

张园◎著

新世界出版社
NEW WORLD PRESS

图书在版编目（CIP）数据

诗经里的中国史 / 张园著 . -- 北京 : 新世界出版社, 2024.6
ISBN 978-7-5104-7911-3

Ⅰ . ①诗… Ⅱ . ①张… Ⅲ . ①中国历史－通俗读物
Ⅳ . ① K209

中国国家版本馆 CIP 数据核字（2024）第 057804 号

诗经里的中国史

作　　者：张　园
策划编辑：董晶晶
责任编辑：周　帆
责任校对：宣　慧
责任印制：王宝根
出　　版：新世界出版社
网　　址：http://www.nwp.com.cn
社　　址：北京西城区百万庄大街 24 号（100037）
发 行 部：（010）6899 5968（电话）　（010）6899 0635（电话）
总 编 室：（010）6899 5424（电话）　（010）6832 6679（传真）
版 权 部：+8610 6899 6306（电话）　nwpcd@sina.com（电邮）
印　　刷：天津中印联印务有限公司
经　　销：新华书店
开　　本：710mm × 1000mm　1/16　尺寸：170mm × 240mm
字　　数：300 千字　印张：20.5
版　　次：2024 年 6 月第 1 版　2024 年 6 月第 1 次印刷
书　　号：ISBN 978-7-5104-7911-3
定　　价：59.00 元

序 章

故事从新石器晚期开始

中国古代文学源远流长，国人耳熟能详的是唐诗、宋词、元曲，再补充一些，还应该有《诗经》《楚辞》、诸子散文、西汉大赋，明清小说。

一时代有一时代的文学，我们的祖先，在每个朝代、每个历史时期都为我们留下了独具特色的代表作品，那么古代文学的源头究竟在哪儿？我们祖先的文学创作，又是从哪儿开始的呢？

这个漫长的故事，还要回到中华民族的历史传说中去寻找。

在我国新石器文化晚期，大约是公元前四千年到公元前二千年之间，原始部落社会逐渐瓦解，国家逐步形成。

当然，国人口口相传的“三皇五帝”都是虚无缥缈的传说，并没有切实的历史文献可以证明。

新石器晚期，指使用磨制石器为标志的人类物质文化发展阶段。这时候，我国长江三角洲的河姆渡人住的是架在木桩上高出地面的干栏式建筑，屋子面积大还带走廊，用的是黑陶；长江下游的良渚人，已经有了大型宫殿和祭坛，用上了珍贵的玉器；中原地区的仰韶人住的是半地下或地面上的木结构建筑，用的是彩陶。

文化上的差异，从我们的祖先开始就是存在的。

到了商朝，出现了甲骨文。商代人的生活中最重要的一个方面，就是占卜。现存的很多卜辞中，可以看出商代人对于战争、祭祀、农业耕种等诸多问题都进行占卜。占卜，是当时的人们运用文字的重要方面，也是当时人们生活的重要组成部分。人们敬畏祖先，信仰鬼神，这是当时的人最简单朴素的意识。

到了周朝，“人”的作用凸显出来，出现了“礼”的建设。相传，西周的著名政治家周公旦撰写《周礼》，对礼法、礼义进行了权威解释。

周公旦在历史上是一个传奇人物，虽然周朝距离我们年代久远，但周公旦的大名在历史上很多时候都被提及。

周公旦，是周文王的第四个儿子，周武王的弟弟，由于他的采邑在周，所以被称为周公。当周武王去世之后，周成王年幼，所以周公旦摄政。周公旦最大的功绩，就是平定了管叔、蔡叔的叛乱，又大举分封诸侯，并且营建了成周洛邑（今河南洛阳）。周公旦又制礼作乐，是西周典章制度的主要创制者。他提倡“以礼治国”，而《周礼》，后来被列入儒家经典，是十三经之一，对历代礼制影响深远。

周公旦制作《周礼》，是来自对当时实际情况的深入思考。《周礼》要解决的中心问题就是尊卑贵贱的区分，也就是宗法制，这说到底就是要解决谁是接班人的问题。假如早早确定了这个原则，管叔和蔡叔如何敢叛乱？

我们中国被称为礼仪之邦，最早可以追溯到周代的礼乐制度。

“制礼作乐”，这一对我国社会、历史、文化产生深远影响的浩大工程，最坚定的宣传员就是孔子。到春秋时期，孔子这一为万世称颂的圣人闪亮登场。孔子创立了儒学，千千万万的儒家学子形成了“士”这个新的社会阶层。战国时期出现了“百家争鸣”的局面。

我们的先人最早创作的文学作品，当然要数古代歌谣。但这些歌谣很多是后人伪作，要说确实可信，还得数《诗经》。

至于其他民族都盛行的最初的文学体裁——神话，在我国并没有形成一个完整的体系，而是散见于《山海经》《楚辞》《庄子》等著作中。

在先秦时期，还有重要又特殊的一个文体存在，那就是历史散文。

历史散文可以追溯到巫文化和史文化。因为最初的巫师，也肩负着记录历史的工作。到了周代，人的作用日益凸显，巫在历史的舞台中逐渐淡去身影，史官作用逐渐增强。所以《汉书·艺文志》记载说：“左史记言，右史记事；事为《春秋》，言为《尚书》。”

《尚书》中保存了我国最早的“文章”。

我国的文章，从开始就是文史结合，又对后来的小说和戏剧产生了深刻影响。

由于文化不同，与《诗经》相对的，还有《楚辞》。

现在，我们的祖先已经完备了诗歌和散文的文体。在祖先创制的这些文体内，后人将创作出无数绚烂多姿的作品。

目　录

第一章

《诗经》：你唱的是什么歌？

现代人喜爱歌曲，其实我们的祖先也喜爱歌曲，甚至还有收集歌词的手抄本。最早的这部歌词手抄本，就是《诗经》。

孔子曾经评价《诗经》说：不学《诗》，无以言。意思是，不学习《诗经》，你就没办法和人交流。这说明孔子非常看重《诗经》的教育作用，他认为学习《诗经》，是一件很有意义的事情。

《诗经》是我国最早的诗歌总集，收录的是从西周初年（公元前十一世纪）到春秋中叶（公元前六世纪）大约五百多年的诗歌。阅读这本歌词本，我们就能穿越时空，看到那个久远年代人们的生活情况。

为什么周代会有人专门收集歌词呢?

这是由于周代设有采诗之官。每到春天，采诗之官就深入基层，收集民间歌谣。这些作品收集好了之后，交给太师，太师是当时负责音乐的官员。这些诗歌被谱曲之后，表演给周天子听。这样周天子就可以了解民间疾苦。

周天子是在用这种娱乐的方式了解天下事。

后来，《诗经》在娱乐功能之外，也成为贵族学习的教材。

也正因为如此，《诗经》中的很多作者都是无从寻觅的。

《诗经》其实一共是三百零五篇，取整数，称之为《诗三百》。

现代的音乐有民族唱法、美声唱法、流行唱法，《诗经》中的歌曲也是分类的。主要是根据音乐来划分的。

《风》是带有地方色彩的音乐，《雅》有“正”的意思，是王畿之乐，《颂》则是宗庙祭祀的音乐。《雅》和《颂》大部分是为特定场合、特定目的创作的，而《风》更多的是民歌。

《诗经》历经了秦朝的焚书坑儒而不毁，到汉初形成了四家传承：鲁人申培公、齐人辕固生、燕人韩婴，赵之毛亨、毛苌。其中前三家是官方承认的学派，《毛诗》是民间学派。但到了东汉之后，《毛诗》逐渐兴盛，前三家传承到了南宋就基本失传了。

我们今天所看到的，就是《毛诗》。

在《毛诗序》中提出了“诗六义”：风、雅、颂、赋、比、兴。

风雅颂是从诗歌内容和题材的不同、音乐不同区分的，而赋比兴，则是按照表现手法区分的。

朱熹在《诗集传》中写道，“赋者，敷也，敷陈其事而直言之者也。”这种写法非常广泛，不只是叙述，还有联想、对话、心理描写都包罗其中。

“昔我往矣，杨柳依依。今我来思，雨雪霏霏。”

这是赋，也是引人深思的写景诗。

“比”，则是“以彼物比此物”。

这包括比喻和象征。《诗经》中的比喻是美好又引人深思的，比如，用“他山之石，可以攻玉”比喻要任用贤人。而《硕鼠》，则是全诗都为比喻。

“兴”，是“先言他物以引起所咏之词”。大家所熟知的“关关雎鸠，在河之洲”引起的是下文“窈窕淑女，君子好逑”。

这种情绪的含蓄、微妙表示，是我国诗歌所独有的。

和西方文学的起点——奇妙生动的古希腊神话相比，《诗经》是含蓄内敛的，凝练却又引人深思的。当奥林匹斯山上的众神带有人的形象和性格特点出现时，《诗经》相比较而言却是更为抽象、凝练的美。

从一开始，东方文学就与西方文学站在了相反的起点上，这点非常值得人深思。

第二章

《国风》：生活就是那首喜怒哀乐的歌

《国风·周南》之一：思念是一种很玄的东西

《国风》是《诗经》中的民间歌谣，带有当时民间生活鲜活的气息。重读《国风》，可以穿越千年，重新品味当年人们的生活。他们过得怎么样？他们关注着什么？他们为什么苦恼又为什么欢欣鼓舞？

《国风》分为“十五国风”，《周南》是当时周公治理下的南方地区的民歌，大约范围在洛阳到江汉地区。《尚书》曾经记载，周武王为了加强统治，命周公旦和召公分陕（今河南三门峡市陕州区）而治。

《周南》中最为人们熟知的，是诗歌《关雎》。作为《诗经》中开篇第一首诗，是一首描写爱情的情歌。

关关[(1)]雎鸠[(2)]，在河之洲[(3)]。窈窕[(4)]淑女，君子好逑。[(5)]
参差荇菜[(6)]，左右流之[(7)]。窈窕淑女，寤寐[(8)]求之。
求之不得，寤寐思服[(9)]。悠哉悠哉[(10)]，辗转反侧。
参差荇菜，左右采之。窈窕淑女，琴瑟友[(11)]之。
参差荇菜，左右芼[(12)]之。窈窕淑女，钟鼓乐[(13)]之。

注释

（1）关关：象声词，雌雄二鸟相互应和的鸣叫声。（2）雎鸠：水鸟名。（3）洲：水中的陆地。（4）窈：深邃，身材体态美好的样子；窕：幽美，比喻女子心灵美。（5）逑：匹配。（6）荇菜：水草类植物，圆叶细茎，可食用。

（7）流之：指摘取荇菜，隐喻君子努力追求淑女。（8）寤：醒着；寐：入睡。（9）思服：思念。（10）悠哉：思念绵绵不绝。（11）友：亲近。（12）芼：择取。（13）乐：使……快乐。

意思是，关关鸣叫的雎鸠，它们在河中小洲相依相伴。美丽贤淑的女子，真是君子的好配偶。

参差不齐的荇菜，左边右边采摘不停。美丽贤淑的女子，醒着和梦中都难以忘怀。

追求那美丽的姑娘却没能成功，清醒时和睡梦中都思念绵长。这想念绵绵不绝，让人夜里翻来覆去不能入睡。

参差不齐的荇菜，左边右边采摘不停。美丽贤淑的女子，我弹奏琴瑟以此表示亲昵。

参差不齐的荇菜，左边右边去采摘。美丽贤淑的女子，我演奏钟鼓乐让她心情愉快。

这是在几千年前，古代人追求爱情的浪漫情思。用现在的话说，就是一位君子对于“淑女”的追求，那么最终追到了吗？恐怕没有。

这首诗开始写一位君子偶然见到了那位“淑女”，女子不但貌美如花，而且心灵也很美。这位兼具外表美和心灵美的淑女，让君子为之相思成灾，睡梦难忘。于是君子就演奏琴瑟和鸣钟鼓瑟去取悦她、追求她。这个场景在现代也很常见，男士求婚的时候，总会筹备一个有灯光、有音乐的现场。不禁让人感叹，这到底是历史的传承，还是人类基因导致的巧合？

作者将《关雎》安排在《诗经》中第一的位置，是否有深刻的用意？现在已经无从考证。

但是按照古代的价值观来看，后来的很多学者，都认为这样的安排是有深意的。

比如《论语》中对于《诗经》的评价，具体提出的只有《关雎》，孔子的评价是“乐而不淫，哀而不伤”。孔子认为，《关雎》是表现“中庸”的典范。而到了汉代，《毛诗序》又提出，“《风》之始也，所以风天下而正夫妇也”。也就是说，在古代人看来，夫妇关系是人伦之始，是天下道德的基础。

用现代的观点看，那就是家庭是组成社会的基本细胞。

有了这样对于古人思想的了解，再来读这首诗，就会发现，这首诗写君子追求淑女，是以结婚为目的，而且这位君子的情感非常节制。

诗歌写到了君子的思念，这思念刻骨铭心，所以让他辗转反侧，夜不能寐。那么如何追求？这位君子的做法是“琴瑟友之，钟鼓乐之”，非常文雅。而作为追求对象的淑女，在诗歌中并没有什么表现。

中国人情感上的内敛，节制，从这首《关雎》中可见一斑。

《关雎》是君子对淑女的追求和思念，那么《卷耳》则是一位女子对丈夫的思念。

卷耳就是苍耳，嫩苗可以吃，子可以入药。

采采(1)卷耳，不盈(2)顷筐(3)。嗟我怀(4)人，寘(5)彼周行(6)。

陟(7)彼崔嵬(8)，我(9)马虺隤(10)。我姑酌彼金罍(11)，维(12)以不永怀(13)。

陟彼高冈，我马玄黄(14)。我姑酌彼兕觥(15)，维以不永伤(16)。

陟彼砠(17)矣，我马瘏(18)矣。我仆痡(19)矣，云何吁(20)矣！

注释

（1）采采：茂盛。（2）盈：满。（3）顷筐：斜口的筐子，后高前低。（4）怀：怀想。（5）寘：同“置”，放，搁置。（6）行（háng）：大道。

（7）陟：登。（8）崔嵬：山高而不平。（9）我：想象中丈夫自称。（10）虺隤（huī tuí）：疲惫到极点因此得病。（11）金罍（léi）：青铜做的罍，用于盛酒和水的器物。（12）维：发语词，无意义。（13）永怀：长久思念。（14）玄黄：黑色毛和黄色毛相掺杂的颜色。（15）兕觥（sì gōng）：犀牛角制作的酒杯。（16）永伤：长久地思念。（17）砠（jū）：有土的石山，或者是山中险阻的地方。（18）瘏（tú）：过于劳累导致生病，这里指马过于劳累不能走路。（19）痡（pū）：过于劳累导致生病，指人太累不能走路。（20）吁：因为忧伤而叹气。

意思是，采摘卷耳还不满一筐。我叹息着思念心上人，筐子就扔在大路旁。

爬上那高低不平的大山，我的马儿太劳累故此病怏怏。姑且让我斟满金酒杯，以此安慰我的思念与忧伤。

登上高高的山岗，我的马儿由于劳累毛色黑黄掺杂。姑且让我先斟满大杯酒，以免我心里长久地伤怀。

攀登山中险阻之地，我的马儿累倒不能前行，我的仆人也精疲力竭不能走路，奈何我的忧伤依然还萦绕心上！

这首诗写思念。第一章写是女子思念征夫，也就是思念服役的丈夫；后三章写丈夫对于妻子的思念。从诗中可以看出，这位丈夫的军旅生涯是非常辛劳的，他对于妻子的思念也如影随形，从未消失。

这首诗最独特的一点就是采用内心独白的写法，移步换景，让读者仿佛也进入到不同的情景，看到这位妻子在采卷耳的过程中心不在焉，看到她的思念，同时也看到那个辛苦的丈夫，看到他对妻子的牵挂。

读者仿佛在观看两个不同场景，分居异地的有情人互相惦念，互相思念。特别在丈夫思念的第三章和第二章形成的复沓，这种有所变化的复沓，是一种抒情的加强，特别符合音乐的旋律。《卷耳》开创了后世的一个宏大的主题，那就是“怀人”，古代文学中著名的诗歌——杜甫的《月夜》（今夜鄜州月，闺中只独看。遥怜小儿女，未解忆长安。）、王维的《九月九日忆山东兄弟》，都是由此主题而来。

我们的祖先，在几千年前就是情绪内敛又思绪绵长的。这种对于亲人的思念，穿越了千秋万载，流传至今。

《国风·周南》之二：套马的汉子，你威武雄壮

《国风·周南》中的爱情诗歌有很多，比如描写出嫁女子准备回家的《葛覃》，表达婚礼祝福的《樛木》，祈求多子多福的《螽斯》《麟之趾》，祝贺新娘出嫁的《桃夭》，当然也有追求爱情失败的《汉广》等诗歌。阅读这些诗歌，就能了解当时人从恋爱到婚姻的全过程。

在《周南》中有两首诗歌比较特别，记载的是诸侯游猎和人们劳动的场景，那就是《兔罝》和《芣苢》。

兔罝其实是当时人们捕兽的网。

肃肃(1)兔罝(2)，椓(3)之丁丁(4)。赳赳(5)武夫，公侯(6)干(7)城(8)。
肃肃兔罝，施(9)于中逵(10)。赳赳武夫，公侯好仇(11)。
肃肃兔罝，施于中林(12)。赳赳武夫，公侯腹心(13)。

注释

（1）肃肃（suō）：网绳严密结实的样子。（2）兔罝（jū）：捕兽的网。（3）椓（zhuó）：打击。（4）丁丁（zhēng）：伐木的声音。指捕兽前猎人布网，必须先在地上打桩。（5）赳赳：威武雄壮的样子。（6）公侯：指统治者分封的各国爵位，西周爵位分为公、侯、伯、子、男，是一国尊者。（7）干：盾。（8）城：城墙，干城，比喻屏障。（9）施：设置。（10）中逵：即逵中，四通八达的道路岔口。（11）好仇：好朋友，好助手。（12）中林：即“林中”，指

密林深处。（13）腹心：心腹。

意思是，兔网结实又严密，打桩的声音清脆响亮。武士威武气宇轩昂，他们是公侯的好护卫。

兔网结实又严密，猎网就在那岔路口。武士威武气宇轩昂，他们是公侯的好助手。

兔网结实又严密，猎网就在那密林深处。武士威武气宇轩昂，他们是公侯的好心腹。

这首诗描写的是诸侯手下武士狩猎的状况。在当时，武士狩猎，不但意在争夺荣誉，也有军事训练的意义。当然，周王室有自己的武装力量，但随着周王室的衰落，就只能依靠各路诸侯的军队捍卫周天子。

这首诗从布置“兔网”写起，有声音，有动作，看起来是“兴语”，其实也是赋陈其事，在描写一场精彩的狩猎。这兔网的位置是安放在大路口，而且非常牢固。在当时的江汉一带，将老虎称为“於菟”，所以可见这次捕猎的目标就是百兽之王——老虎。

那么具体狩猎结果如何？

诗人非常聪明，他卖了个关子，没有描写具体捕猎的场景，而是虚写一笔，写到了这些武士，是“赳赳武夫，公侯腹心”。这样威武的武士，又有密不透风的猎网，精心设计，狩猎的结果当然是捕获了猛兽。

这首诗的目的，也是歌颂那些“赳赳武夫”。用现在一首流行歌曲的词儿来说，那就是“套马的汉子，你威武雄壮”。在一唱三叹的歌咏中，诗人对武士们的赞叹从“干城”、“好仇”到“腹心”，可谓层层递进。在那个推崇武士的年代，诸侯之中即将展开争霸，军队和武士扮演了非常重要的角色。

伴随着历史的推进，周王室的武士们，其实并不能与诸侯的武士相比。因为随着诸侯实力的膨胀，各个诸侯国的武士获得了更多征战沙场、博取功名的机遇。然而这用生命换来的功名利禄，与日益虚弱却远离纷争的周王室武士相比，到底哪种人生才是值得选择的？

后人众说纷纭。

除了武士，在《周南》中还有一首《芣苢》记录了当时人们劳动的场景，非常欢快。

采采(1)芣苢(2)，薄言(3)采之。采采芣苢，薄言有(4)之。

采采芣苢，薄言掇(5)之。采采芣苢，薄言捋(6)之。

采采芣苢，薄言袺(7)之。采采芣苢，薄言襭(8)之。

注释

（1）采采：茂盛的样子。（2）芣苢（fú yǐ）：野生植物名，毛传认为是车前草。（3）薄言：发语词。（4）有：取得。（5）掇（duō）：拾取。（6）捋：用手握物然后脱取。（7）袺（jié）：一只手提着衣襟兜着。（8）襭（xié）：兜入衣襟并将衣襟系在腰间带子上。

意思是，采呀采呀采芣苢，采呀采呀采回家，采呀采呀采芣苢，采呀采呀摘下来。

采呀采呀采芣苢，伸长了手去拾起来。采呀采呀采芣苢，用手抓着捋下来。

采呀采呀采芣苢，提起衣襟兜起来。采呀采呀采芣苢，放入衣襟兜回来。

这首诗最让人印象深刻的就是重章叠句的运用，“采采”，可以理解为“采了又采”，也可以理解为“各种各样”。这种重复，给人明快、轻松的感觉。

一群人，在一片绿色的原野上，唱着歌儿采摘车前草，眼前看到的是绿色，手下接触到的是绿草，鼻子里可以闻到清新的大自然的味道，嘴里唱着欢快的歌曲，这种情景是非常令人愉悦的。

诗人在这首诗用了六个动词：采、有、掇、捋、袺、襭，这六个字是按照顺序描写了采摘车前草的过程。可见这位诗人确实有采摘的劳动经验，所以才能说得这么清楚。

最终，这首诗不但生动描写采摘的过程，人们欢快的心情，这种多次重复，也意味着这群劳动者一定是满载而归，收获可观。

整首诗没有一句诗歌是正面描写人们的心情，读者却通过诗句感受到这些劳动者心情愉快，这就是隐藏在这首诗背后的情绪在起作用。这种通过动作、语言来反映出来的情绪，比那种直白的说法，“啊，今天我们劳动多开心”，不知道要高明多少。

当时的人认为车前草是可以治病的，那么家里有人生病，还如此兴高采烈，似乎有点不可理喻。清代学者郝懿行在《尔雅义疏》中认为，民间贫苦的人以此为食物。这么说，又有一种苦中作乐、坚韧不拔的意味在其中。

更多的学者比如闻一多先生，认为诗歌中写的芣苢就是薏仁，本来就是可以食用的，这样就可以解释为什么那么多人在采摘过程中如此兴高采烈。

对于隔着数千年光阴的现代读者而言，更多的是通过这首诗，看到了遥远的过去，我们的祖先集体劳动的一个场面。春日迟迟，他们在田野中一起唱着歌儿劳作，兴高采烈。

隐藏在这首歌背后的那种富有感染力的快乐，这种并不直白的表述，令人回味无穷。

《国风·召南》之一：甘棠遗爱，要留盛世在人间

《国风·召南》一共十四篇诗歌，是指召公统治的南方地区的诗歌。召公，又称召伯，是西周宗室，与周武王、周公旦是同辈，名为姬奭（shì）。

召公曾经跟随周武王参加了著名的牧野之战。在牧野之战中，他们击败了商朝末代君主——商纣王帝辛，商纣王自焚而死。根据《史记》记载，在周武王的祭社大礼上，周公旦手持大钺，召公手持小钺，威风凛凛，完成了这次重要的祭祀。

在周武王随后的分封中，召公被分封到了蓟（今北京市），他所建立的诸侯国名为燕国。但召公自己没有亲自去封地，而是派长子姬克前往燕国治理，自己还留在镐京辅佐周武王。周武王又将京畿之地（国都及其附近地区）召封给弟弟，所以这才将姬奭称之为召公。

周武王十二年，周武王英年早逝，他的儿子姬诵即位，是为周成王。周成王在丰地时，召公奉命修建了洛邑，这是完成周武王的遗愿。后来，召公又担任了三公之一的太保。三公作为古代的高级官员，历来有很多说法，但有一点可以肯定，凡位列三公者，必定是天子之下，整个国家最高的管理者。《春秋·公羊传》明确记载：

“天子三公者何？天子之相也。天子之相则何以三？自陕而东者，周公主之；自陕而西者，召公主之；一相出乎内。”

召公为官，特别具有责任感。据说由于周成王刚即位时还年幼，所以

由周公代理朝政。当时召公对此有所怀疑，周公旦还专门写了《君奭》解释。周公旦阐述的是贤臣对于国家的重要性。不言而喻，周公是准备做贤臣的。这才让召公放心。后来，也并没有如后世权谋编剧写的那样，发生兄弟争权，把持朝政，最终取而代之的狗血剧情。

召公管理封地尽心尽力。他巡行乡间，就在一棵棠梨树下判案，非常公正。

周成王去世之前，对太子姬钊能否胜任周天子的职位很担心，于是命召公和毕公辅佐。毕公是周文王第十五个儿子，名叫姬高。

临危受命的召公和毕公辅佐姬钊即位，是为周康王。召公还特地嘱咐周康王，一定要继承周文王、周武王的遗志，接好父亲周成王的班。关键在于节俭，要没有贪欲，用专志诚信统治天下。

召公还创作了《顾命》。

召公对于周康王的嘱托，还是强调责任感教育。他希望周康王继承先王遗志，这是对于先王的责任感，他希望周康王要用专志诚信统治天下，这是身为周天子对于天下臣民的责任感。

召公所强调的节俭，控制贪欲，则是希望周康王身为周天子，要为天下人服务，不是让天下人为周天子服务。所谓“专志诚信”，“专志”，就是要专注于治理天下，希图天下大治的宏伟理想。“诚信”，是希望周康王对于天下百姓要有诚信，从而起到示范作用，才能在天下提倡诚信，形成良好的社会氛围。

召公辅佐了周成王、周康王两代君主，在当时成就了一个奇迹：这期间四十多年大周没有用过刑罚，被后人称为“成康之治”。为后来周朝的统治奠定了坚实的基础。

召公心目中的理想盛世，他对于周康王的期待，都做到了。

召公去世之后，老百姓思念他的恩德，怀念那棵甘棠树不敢砍伐。这在典故中被称为“甘棠遗爱”。《诗经·召南》就有一篇名为《甘棠》的诗歌，专门称颂召公。

蔽芾[1]甘棠，勿翦[2]勿伐，召伯所茇[3]。

蔽芾甘棠，勿翦勿败[4]，召伯所憩[5]。

蔽芾甘棠，勿翦勿拜[6]，召伯所说[7]。

注释

（1）芾（fèi）：树叶密集细小的样子。（2）翦：同“伐”，砍伐。（3）茇（bá）：草舍，这里是动词，居住。（4）败：毁坏。（5）憩：休息。（6）拜：折断。（7）说：通“税”，歇宿。

意思是，枝繁叶茂的甘棠树，不要砍伐它要细心养护，它曾经是召伯居住的地方。

枝繁叶茂的甘棠树，不要砍伐它要细心养护，它曾是召伯休息的地方。

枝繁叶茂的甘棠树，不要砍伐它要细心养护，它曾是召伯歇宿的地方。

这首诗写的是甘棠树，表达的是民众对召公的怀念，传达的是一种“爱屋及乌”的情感。《尚书》曾经有这样的记载：“爱人者，兼其屋上之乌。”

人们对召公曾经在其下办公和休息过的甘棠树都这样珍视，那对于召公其人呢？自然不言而喻。

这首诗用一连串的铺排，不但请求大家不要对甘棠树砍伐，甚至也别对甘棠树攀爬伤害，为什么？因为这是召公曾经休息、居住的地方。

足见老百姓对于召公的尊敬、思念。

这首诗没有写召公的功绩，却通过对甘棠树的深厚情感，留给读者想象的空间——召公究竟当时做过什么，才让老百姓如此怀念？

每个人都会有自己的说法，但即便是三千年之后，也可以肯定，召公赢得了当时老百姓的全心爱戴。从眼前的甘棠树，引人联想到召公的功绩，联想到召公对于百姓的仁爱之心，这不能不说是以实写虚的典范。

这首诗的情感真挚动人，寓意深远，引人回味。召公的仁爱之心令人感动，百姓对于召公的爱戴之情令人动容。

召公已逝三千余年，这首诗依然在神州大地传唱，依然为后人传颂，这是老百姓对于一心为民的召公最好的纪念。

《国风·召南》之二：刚烈或柔韧，女性说“不”的两种方式

在《诗经·周南》中，《关雎》中的窈窕淑女内外兼美，《卷耳》中想念丈夫的妻子思念绵长。但最令人惊喜的，就是看到敢于对暴行说“不”的坚强女性，这就是诗歌《行露》。

行露，指的是道路上的露水。行，是道路的意思。

厌浥[(1)]行露，岂不夙夜[(2)]？谓[(3)]行多露。

谁谓雀无角[(4)]？何以穿[(5)]我屋？谁谓女[(6)]无家[(7)]？何以速[(8)]我狱[(9)]？虽速我狱，室家[(10)]不足！

谁谓鼠无牙[(11)]？何以穿我墉[(12)]？谁谓女无家？何以速我讼[(13)]？虽速我讼，亦不女从！

注释

（1）浥：水很多，潮湿的样子。（2）夙夜：早夜，指早早起来赶路。（3）谓：通“畏”，指害怕行道多露。（4）角：鸟喙。（5）穿：穿透。（6）女：同汝，你。（7）家：家庭，家室。（8）速：招致。（9）狱：案件，打官司。（10）室家：夫妻，此处指结婚。（11）牙：粗壮的牙齿。（12）墉：高墙。（13）讼：诉讼。

意思是，道路上的露水多又湿，我岂不想早早起来赶路？只是我内心畏惧行道上丰沛的露水。

谁说鸟雀没有嘴！为什么它能穿透我的房屋？谁说你没有家庭，为何招致我进监狱？虽然抓我进官府，结婚的理由也不充足！

谁说老鼠没有牙！为什么它能穿透我的墙？谁说你没有家，为什么逼我被诉讼？虽然让我应诉讼，也不听从你的意愿！

这首诗用“行露”起兴，写到“夙夜”，是这首诗歌的背景。试想，这位被逼迫的女子，在当时的感受难道不就是如同暗夜行走在野地里？险象环生，任何人都希望赶快脱离险境，这位女子也是一样。但她之所以此时还不能走，就是害怕那道路上湿漉漉的露水。

这里的露水，比喻的就是外界对于这女子的迫害。

诗歌一开篇，这位女子一个人孤零零走在野外，这种情况是非常危险的。按照正常逻辑发展，接下来，这位女子应该会胆怯，甚至哭泣。因为女人总是弱小的。

然而这首诗从第二章开始却发生了转折，在人生最艰难的时刻，这女子以雀角鼠牙为比喻，痛斥恶徒对自己的迫害，表达了自己一定会誓死维护自己人格和婚姻的决心。

诗歌中的暴徒无耻又暴力，虽然自己已经有了家室，却依然对女子穷追不舍。女主人公面对这种恶徒的纠缠，她的选择是倔强不认输。她明确说，就算你把我抓到衙门，让我陷入诉讼，我也绝不会屈服于你。

女主人公是弱势的一方，她正在遭受恶徒的威胁，你要不从，就将你诬陷诽谤，将你陷入诉讼牢狱之灾。女主人公的坚决反抗与她的弱势群体身份形成了鲜明对比。

全诗由于女主人公的奋起反抗，具有了高昂的格调和难能可贵的风骨。这不仅仅是一个女子在捍卫自己的尊严，更代表了在久远的古代，人们可贵的人格独立意识。

女主人公的“弱”，和她对于暴力反抗的“坚定”，二者之间形成了感人的艺术张力。全诗的复沓句式，加重了对这种表达的强调。清代牛运震在《诗志》中评价这首诗，说：“雀鼠骂得痛快而风流。”

《行露》的女主人公，身弱志坚，是一位勇敢对恶徒说“不”的女子。在诗歌《江有汜》中，则描写了一位被遗弃的女子。这首诗歌中的“江”，指的是长江，而“汜”，则是从主流分出然后又汇合的河水。

江有汜，之子归(1)，不我以(2)！不我以，其后也悔。
江有渚(3)，之子归，不我与(4)！不我与，其后也处(5)。
江有沱(6)，之子归，不我过(7)！不我过，其啸(8)也歌。

注释

（1）归：荣归故里。（2）以：带着。（3）渚：水中的小洲。（4）与：相聚。（5）处：忧愁。（6）沱：长江支流。（7）过：至，到。（8）啸：啸歌，因内心痛苦发出一边哭一边倾诉的悲声。

意思是，流出又返回的江水啊，心上人要荣归故里，荣归故里却不带我。不带上我，以后你总会后悔。

江水中的小洲啊，心上人要荣归故里，荣归故里再也不和我相聚。不和我相聚，总有一天你会内心忧郁。

江水分路成支流啊，心上人要荣归故里，荣归故里再也不到我这里来。不到我这里来，我用啸歌哭诉内心痛苦。

在《毛诗正义》中，这首诗前面原本有一则小序：

《江有汜》，美媵也。勤而无怨，嫡能悔过也。文王之时，江沱之间，有嫡不以其媵备数，媵遇劳而无怨，嫡亦自悔也。

从小序中可以看出，这是一首弃妇之歌。这首诗写一位勤而无怨却被抛弃，不能与嫡妻同归的美媵。媵，是指古代贵族女子出嫁时陪嫁的人，也就是妾。

这位女子在她的家庭中地位低下，并且最终被抛弃了。离别之际她用歌声抒发自己的情感。在这位女子的歌声中，她的丈夫在荣归故里之际，先是“不我以”，就是不一起回去；继而是“不我与”，走之前也不和她在一起；“不我过”，则是根本对她不闻不问。

用现在的说法形容，这位男主人公，是一位不折不扣的“渣男”。

女子对于抛弃自己的丈夫怀着一种怎样的情感呢？

她认为没有自己的陪伴，总有一天，这男子会后悔。当然，这是出于自己一厢情愿的想象。可以看出，这位女子内心还是期望能够有和丈夫和好的一天，但又痛苦地认识到，这一点是不可能的。她对于再也不能相见的丈夫，只能用一唱三叹表达内心的痛苦。

这位女子是软弱又善良，可怜又坚强。读这首诗，让人感受到柔中带刚，感受到古代女子善良又坚强的内心世界。

那到底是谁造成了这样的悲剧？

仅仅是当时的社会环境吗？

如果说媵为陪嫁是当时的普遍情况，那是不是每一家的男主人都抛弃了媵？

当然不是。

回到诗歌中可以发现，造成悲剧的原因，就是这位男主人的“不我过”，也就是男子负心薄情。这首诗中的男主人公和刚才那首《行露》中的男主人公真是各有各的“渣”，“渣”的各有千秋。

这两位女主人公，一个刚烈，一个柔韧，却代表了那时两种不同性格女子的反抗。

这两位女主人公最后遭遇如何？诗人没有写，应该不会太美好。两位女主人公要摆脱困境，恐怕需要发生奇迹。

但唯有在人生的至暗时刻，那种为了保全自尊和人格发出的呐喊，才最为动人心魄，令人感动。

《国风·邶风》之一：此愁无计可消除

《国风·邶风》一共有十九篇诗歌，也是《诗经》中的十五国风之一。

邶，大约在今天的河南省淇县以北，汤阴县东南一带。据说周武王“以商治商”，曾经将殷纣王之子武庚封在这里。

武庚，子姓，武氏，名庚，是商纣王帝辛之子。据说武庚聪明好学，将商朝旧地（河南安阳）管理得井井有条，获得了当地老百姓的拥戴。周武王为了防备武庚叛乱，在朝歌东部设立了卫国，以管叔鲜为卫王；在西南部设立了鄘国，派蔡叔为鄘王；北面为邶国，霍叔为邶王，共同监视武庚。

但周武王没想到的是，在这样密不透风的包围和监视下，正是他派去监视武庚的亲信，背叛了周王室。

周武王去世之后，管叔、蔡叔不满周公代理国事，就造谣说周公想篡位。这之后，管叔和蔡叔联合武庚起兵造反。这就是历史上著名的管蔡之乱，也叫三监之乱。周武王派去监视武庚的三个监视者，反而联合被监视者一起造反了。

最终，这次叛乱被周公亲征平乱，武庚兵败被杀，周公又斩管叔、蔡叔，贬霍叔。那些朝歌的“殷顽”被迁徙到洛阳管教。

武庚是一个非常矛盾的角色。说他平庸，他却将属地治理得很好，而且获得了老百姓的尊敬爱戴；说他精明，他却看不清当时的政治形势，上了管叔和蔡叔的贼船，最终被周公剿灭。

从精明能干这个角度衡量，管叔、蔡叔、霍叔，加上武庚，四个人都比不上周公。何况周公最终定礼仪，加上勤政爱民的召公，最终兴周八百年。

非要说这四个人哪一点比周公强，那只能是野心和自负。

武庚的身份在周代是尴尬的，他的一点小才华，反而让他的处境更加危险。

在《邶风》中，出现了一些独具特色的诗歌。比如《柏舟》，写的就是爱国忧己之情。柏舟，就是柏木做的独木舟。

泛(1)彼柏舟，亦(2)泛其流(3)。耿耿(4)不寐，如有隐忧(5)。微(6)我无酒，以敖(7)以游。

注释

（1）泛：漂浮，随水冲走。（2）亦：助词。（3）流：中流，水中间。（4）耿耿：心中慌乱不安。（5）隐忧：深忧，隐：痛。（6）微：不是。（7）敖：同“遨”。

意思是，柏木小船漂流在水上，船儿在河水中流随水漂浮。内心慌乱难以入睡，深深忧虑在我心头。不是我没有好酒，姑且前去遨游。

我心匪(1)鉴(2)，不可以茹(3)。亦有兄弟，不可以据(4)。薄言(5)往愬(6)，逢彼之怒。

注释

（1）匪：同“非”。（2）鉴：铜镜。（3）茹：容纳。（4）据：依靠。（5）薄言：助词。（6）愬（sū）：同“诉”，告诉。

这一章意思是，我心不是青铜镜，不可美丑全包容。我也有兄弟，却难以依靠。我去找兄弟们诉苦，却碰巧兄弟们在发怒。

我心匪石，不可转也。我心匪席，不可卷也。威仪棣棣[(1)]，不可选也[(2)]。

注释

（1）棣（dì）：雍容文雅的样子。（2）选：通“算”，计算，引申为屈从退让。

意思是，我的心不是石头，不能随便翻转；我的心不是草席，不能随意翻卷。我本人雍容娴雅仪表堂堂，不能退让被人欺。

忧心悄悄[(1)]，愠[(2)]于群小[(3)]。觏[(4)]闵[(5)]既多，受侮不少。静言[(6)]思之，寤[(7)]辟[(8)]有摽[(9)]。

注释

（1）悄悄：忧愁的样子。（2）愠：恼怒、怨恨。（3）群小：成群的小人。（4）觏：同“遘”，遭受。（5）闵：忧伤，悲伤。（6）言：而，助词。（7）寤：交互。（8）辟：同“擗”，捶胸。（9）摽（biào）：锤，打。

意思是，我内心深感忧愁，小人对我怨恨不已。我遭到的患难很多，受到的侮辱更不少。静下来仔细思考，我拍着胸膛忽然醒悟。

日居[(1)]月诸[(2)]，胡迭[(3)]而微[(4)]？心之忧矣，如匪浣衣。静言思之，不能奋飞[(5)]。

注释

（1）居：语气助词。（2）诸：语气助词。（3）迭：交替更动。（4）微：亏缺，指日食，月食。（5）奋飞：振翅高飞。

意思是，天上的太阳和月亮，为什么会交替更迭、有所亏缺？我心里那些无尽忧愁，如同没有洗干净的衣服。静下来仔细思考，不能振翅高飞。

这首诗读来朗朗上口，声情并茂。俞平伯先生赞这首诗为："通篇措辞委婉幽抑，取喻起兴巧密工细，在朴素的《诗经》中，是不可多得之作。"

诗人从"泛彼柏舟，亦泛其流"写起，这是虚写。诗人并非真的泛舟河上，而是在模拟这种情景。他这种心境，如同在小舟上漂流，是不是给人一种飘飘悠悠，不可捉摸，心里没底的感觉？

正因为心境飘飘荡荡，无所依从，所以才会"耿耿不寐，如有隐忧"，而"隐忧"则是这首诗的诗眼。《柏舟》这首诗，全诗都是围绕"隐忧"来写的。

本来诗人是想要借酒浇愁的，但是却不愿沉醉，所以暂且外出遨游。也就是我们现代人说的外出散心。

这次外出散心想要心情变好的目的达到了吗？

恐怕没有。

诗人想到，为什么没有人替自己分忧呢？

虽然有兄弟，但是不可以"据"。这好像是《红楼梦里》贾宝玉笑称薛宝钗像杨妃，宝钗怒了，说："我倒是想当杨贵妃，只可惜没有一个好兄弟！"这句回答让贾宝玉非常难堪。

诗人从内心的“隐忧”联想到自己的身世，虽然有兄弟，也不可依靠，反而更让人黯然神伤，反而让内心的“隐忧”更加浓重。

然而怎么办？向命运低头吗？

在反复思量中，诗人绝地反击，认为自己不可能改变志向。也就是：“我心匪石，不可转也。我心匪席，不可卷也。”

这个转折是非常坚定的。所以诗人继续思考，“隐忧”从何而来？来自于“群小”，也就是一群小人。不但遇到患难，而且被侮辱了很多次。

诗人最终的决定是不向小人低头。诗人内心百转千折，虽然有鸿鹄之志，却无高飞之力。

这首诗将诗人内心的百转千回、无可奈何描写得栩栩如生。

关于这首《柏舟》的主题在历史上有很多争论，以今文诗学而论，就有不同说法。《鲁诗》认为这是“贞女不二心以数变，故有匪石之诗”。意思是女子感情受挫，导致内心隐忧。但是《毛诗序》认为这首诗是写“卫倾公时，仁人不遇，小人在侧”。也就是写贤臣对于国家的忧患。

这两种意见一直争论不休，现代学者大多认为该诗是女子所作。

也许对于主题的争论，千载而下各有各的说法。但是《柏舟》对主人公情绪的把握，那种内心的隐痛，对于身世的联想，委婉的痛和斩钉截铁的反抗都令读者耳目一新，难以忘怀。

《国风·邶风》之二：卫国的故事总是很悲伤

在《邶风》中，除了最常见的爱情诗，还出现了很多新的题材。比如我国历史上最早的送别诗——《燕燕》。题目中的“燕燕”，就是燕子的意思。

燕燕于飞，差池[(1)]其羽。之子于归，远送于野。瞻[(2)]望弗及，泣涕如雨。

燕燕于飞，颉[(3)]之颃[(4)]之。之子于归，远于将[(5)]之。瞻望弗及，伫[(6)]立以泣。

燕燕于飞，下上其音。之子于归，远送于南。瞻望弗及，实劳我心。

仲[(7)]氏任只[(8)]，其心塞[(9)]渊[(10)]。终温[(11)]且惠[(12)]，淑慎[(13)]其身。先君[(14)]之思，以勖[(15)]寡人[(16)]。

注释

（1）差（cī）池：参差，不整齐的样子。（2）瞻：往前看。（3）颉：上飞。（4）颃（háng）：下飞。（5）将：送。（6）伫：久立等待。（7）仲：兄弟或姐妹中排第二。（8）只：语助词。（9）塞（sè）：诚实。（10）渊：深厚。（11）温：温柔。（12）惠：和顺。（13）淑：美好；慎：谨慎。（14）先君：已故的国君。（15）勖：勉励。（16）寡人：寡德之人，古代国君对自己的谦称。

意思是，燕子在天空展翅翱翔，它的翅膀参差不齐。送你大归，远远送你到郊野。向前看已经看不到你，泣涕零落如雨。

燕子在天空展翅翱翔，它的身影忽上忽下。送你大归，远远地来送别你。向前看已经看不到你，久久站立哭泣着舍不得你。

燕子在天空展翅翱翔，它发出高高低低的鸣叫。送你大归，远远地送你去南方。向前看已经看不到你，实在让我内心惦记难以安宁。

二妹诚实可信，心地诚实宽厚。为人既温柔又和顺，善良又谨慎。千万别忘记先君，她的劝勉记在心。

关于这首诗的主题，有两种主要观点。《毛诗序》认为这是“卫庄姜送归妾也”。根据《左传》记载，卫庄公的夫人庄姜没有儿子，就将卫庄公的妾陈女戴妫之子——卫完认为自己的儿子。卫完即位，是为卫桓公。后来，卫国发生了州吁叛乱，卫桓公也被州吁杀死了。因为儿子卫桓公遇刺，所以戴妫要离开卫国，这在古代被称为“大归”，即从此不再回卫国。庄姜送别戴妫的时候，写了这首诗。

还有一种说法，是《鲁诗》的观点，认为卫定公的夫人定姜儿子去世，儿媳妇服丧三年之后，定姜送儿媳妇回娘家，离别之际，创作了这首诗。

总之，这是一首卫国夫人为卫国失去亲人又回归娘家的伤心人的送别之作。

诗歌开始以翩翩飞舞的小燕子起兴，诗人描写了燕子的飞翔姿势，是“差池其羽”“颉之颃之”，听到的鸣叫声是“下上其音”，非常生动地描写了春日燕子嬉戏飞翔的图景。然而在这样的欢快图景下，要送别的，却是这样一位伤心人。这种对比以喜衬忧，更让人感受到这种内心的忧伤无可言说。

在这个欢乐的背景下，送别的人却是“瞻望弗及，泣涕如雨”，“伫立以泣”，“实劳我心”。

为什么这样悲伤？

不但是因为这次回娘家，是在发生了人生悲剧的前提下回去，而且这次回娘家是“大归”，以后再也不会回来，永无再见之日。送别的人因此异常悲伤，哀叹身世之忧，悲叹命运多舛，造化弄人。

诗歌的前三章写出了一个欢乐的大背景，在这个欢乐大背景之下的人，却是伤心人。

到第四章，诗人笔锋一转，写到了被送的人。即将离别，身世堪忧，但是她依然劝说鼓励前来送行的人，不要忘记先王的嘱托，要成为一个好国君。这样一个身世凄惨的女性，却如此善良，不能不让人为之感动。

前三章虚写，写的是气氛；第四章实写，写的是人品。

所以送别诗绝不仅仅是眼泪鼻涕一大把，送别诗包含着说不出的深情厚谊，和人生再不能重逢的悲哀。

这首诗中的瞻望弗及、伫立以泣成为后来送别的典型意境，出现在之后几千年中国人的送别诗作之中。清代王士祯称这首诗是“万古送别之祖”。

说到卫国，不但有州吁刺杀异母兄长卫桓公，后来还有爱鹤亡国的卫懿公。卫懿公喜爱仙鹤，甚至给仙鹤都安排了职位。在卫国，仙鹤是有编制的正式公务员。等到赤狄攻打卫国的时候，卫懿公让老百姓抵抗，老百姓反驳他说：“何不让仙鹤去抵御狄人？仙鹤不是有俸禄吗？”

在国破家亡的关键时刻，卫懿公才明白自己错了。

最终，卫懿公在战斗中死去，卫国也被攻破。后来多亏了齐桓公的帮助，卫国才复国。

《邶风·北风》，就是描写卫国贵族逃亡的事。

北风其凉[1]，雨雪[2]其雱[3]。惠而[4]好我[5]，携手同行。其[6]虚其邪？既亟只且[7]！

北风其喈[8]，雨雪其霏[9]。惠而好我，携手同归。其虚其邪？既亟只且！

莫赤匪[10]狐[11]，莫黑匪乌[12]。惠而好我，携手同车。其虚其邪？既亟只且。

注释

（1）凉：凉凉，形容风寒冷。（2）雨（yù）雪：下雪，动词。（3）雱（pāng）：雱雱，雪很大的样子。（4）惠而：惠然。（5）好我：同我友好。（6）其：同岂。（7）既：已经。亟：急。且（jū）：语气助词。（8）喈（jiē）：寒冻。（9）霏：雨雪纷飞。（10）匪：没有。（11）狐：狐狸，比喻坏人。（12）乌：乌鸦，比喻坏人。

意思是，北风刮起天寒凉，大雪纷飞天地苍茫。你赞成我，是我的好朋友，我们携起手来快逃走。岂能慢条斯理地走呢？事情已经非常紧急了！

北风刮起天寒凉，大雪纷飞漫天扬。你赞成我，是我的好朋友，我们携起手来快到别的国家去。岂能慢条斯理地走呢？事情已经非常紧急了！

没有不红的狐狸，没有不黑的乌鸦。你赞成我，是我的好朋友，我们携起手来快同车离开。岂能慢条斯理地走呢？事情已经非常紧急了！

这首诗的背景是冷酷又紧迫的雪天。此刻的卫国北风寒凉，“雨雪其雱”，一场暴风雪已经来临。这场暴风雪从“雨雪其雱”发展到“雨雪其霏”，预示着环境越来越恶劣。

而诗人的朋友，此刻却在犹豫，拖延行动。诗人万分焦虑，只能催促朋友，“其虚其邪？既亟只且”。现在情况紧急，你还犹豫什么？必须赶紧走了！

这首诗中的北风、大雪，其实不只是描述自然环境，更是当时卫国环境的比喻，是兴体兼有比体。加上后面对于狐狸、乌鸦的比喻，让这首诗意蕴丰富。

卫国的灾祸，如同这漫天大雪，即将到来。朱熹评价这首诗是“气象愁惨”。

从诗人即将与朋友乘车离去，可以看出这二位是卫国的贵族。

这首诗对于后来的诗人影响也很大，南朝著名诗人鲍照就曾经直接化用这首诗，写下了“北风凉，雨雪雱”的诗句。

大难临头，贵族逃跑，留下承担责任和所有一切的，唯有无处可逃的卫国民众。

《国风·鄘风》之一：卫文公招贤纳士

鄘，是周武王为防备武庚，在朝歌南面设立的诸侯国。当时，周武王派他的弟弟蔡叔管理此地。周武王去世之后，管叔、蔡叔、霍叔联合他们的监视对象武庚叛乱，反对周公，结果被周公亲征打败。周公将三地合而为一，封给了康叔，为卫国。

这就是卫国的来历。

在《左传》中曾经有过这样的记载，吴国公子季札是当时的文化名流，他听鲁国乐队演唱了邶风、鄘风、卫风之后，评论的时候将这三国的民歌统称为“卫风”。所以在《鄘风》中，也有讲述卫国故事的诗歌，尤其是关于卫文公的。

由于卫懿公爱鹤亡国，卫国被赤狄攻破灭国。幸亏有齐桓公相助，卫国得以复国。在卫国百废待兴重建的过程中，卫文公起到了凝聚民心的领导作用。《鄘风·干旄》就是赞美卫文公招贤纳士的一首诗。题目中的干旄，是用牦牛尾装饰的旗杆，树立在车后面，用来壮大威仪。干，通“杆”，旄，通“牦”。

孑孑(1)干旄，在浚(2)之郊。素丝(3)纰(4)之，良马四之(5)。彼姝(6)者子(7)，何以畀(8)之？

注释

（1）孑孑：突出的样子。（2）浚（xùn）：卫国的城邑。（3）素丝：白丝。（4）纰（pí）：连缀，在衣冠、旗帜上镶边。（5）四之：以四匹马为聘礼。（6）姝：美好。（7）子：贤者。（8）畀（bì）：给予。

孑孑干旟[1]，在浚之都[2]。素丝组之[3]，良马五之。彼姝者子，何以予[4]之？

注释

（1）旟（yú）：画有鹰雕花纹的旗帜。（2）都：近郊名。《毛传》曾有记载，“下邑曰都。”下邑，近城。（3）组之：编织，束丝的一种方法。（4）予：给予。

孑孑干旌[1]，在浚之城。素丝祝[2]之，良马六之。彼姝者子，何以告[3]之？

注释

（1）旌：旗的一种，竿头挂牦牛尾，下面有五彩鸟羽。（2）祝：通“属”，编连。（3）告：赠予。

意思是，牦牛尾旗子高高飘扬，人马来到浚地郊外。素丝连缀一束束，良马四匹为聘礼。那位美好的的贤者，你用什么来回敬？

鹰纹大旗高高飞舞，人马来到浚地近郊。素丝编织一束束，良马五匹为聘礼。那位美好的贤者，你用什么来回报？

鸟羽大旗高高飘扬，人马来到浚地城内。素丝缝合叠成堆，良马六匹为聘礼。那位美好的贤者，你有什么好计来建议？

这首诗写招纳贤臣，却写得格调欢快，意气风发。

诗人在开篇写到了旗帜和马车，在古代礼仪规定中，“旗”“车”都有特定的使用标准，代表着使用者的身份。《毛诗传》认为这是代表士大夫驾车而行。

这首诗第一章写到的旗子是牛尾之旗，然后是鹰纹大旗，再然后是鸟羽旗帜。而诗人驾车的马也是从四匹、五匹到六匹，从少到多，突出了招揽贤者的不懈努力。所以每段结尾，诗人都会发出真诚的询问：彼姝者子，何以告之？

这首诗重章叠句，生动再现了卫国寻访“姝者”，也就是贤者的努力和赤诚之心。

在卫国危难之际挺身而出，带领民众复国的卫文公，也有很多窘迫的时候，必须依靠别国的援助，比如卫国都城的重建就是依靠齐桓公的帮助。公元前658年，卫国在齐国帮助下，在楚丘兴建新的都城和宫室。

由于卫文公本人能够和老百姓同甘共苦，慎用刑罚，减轻赋税，所以赢得了卫国百姓的拥戴。《鄘风·定之方中》就是赞颂卫文公的一首诗。

题目中的“定”是星宿名，定星又叫营室星。根据东汉儒学大师郑玄的解释，每年农历十月，定星昏中而正（指营室在黄昏位于正南方的季节——小雪），于是可以营制宫室，故谓之营室。

这是古人用天文学指导生活、生产的智慧。

小雪时节，农忙结束了，天气也不是特别冷，所以正好适合征集百姓，修筑宫室。

定之方中，作于(1)楚宫(2)。揆(3)之以日(4)，作于楚室。树(5)之榛栗，椅桐梓漆(6)，爰(7)伐琴瑟。

注释

（1）于：通“为”。（2）楚宫：在楚丘地方营建宫宅。楚丘在今河南省滑县以东、濮阳以西。（3）揆（kuí）：测量。（4）日：日影。（5）树：种植。（6）椅桐梓漆：四种适合做琴瑟的树木。（7）爰（yuán）：于是。

升[(1)]彼虚[(2)]矣，以望[(3)]楚矣。望楚与堂[(4)]，景山[(5)]与京[(6)]。降[(7)]观[(8)]于桑。卜云其吉，终焉允[(9)]臧[(10)]。

注释

（1）升：登。（2）虚（qū）：故城。（3）望：眺望。（4）堂：楚丘旁边的城邑。（5）景山：大山。（6）京：高丘。（7）降：从高处下来。（8）观：考察。（9）允：确实。（10）臧：好，善。

灵[(1)]雨既零[(2)]，命彼倌人[(3)]。星言[(4)]夙[(5)]驾，说[(6)]于桑田。匪直[(7)]也人，秉心[(8)]塞渊[(9)]，騋牝[(10)]三千[(11)]。

注释

（1）灵：好。（2）零：慢慢落下来。（3）倌人：驾车的小臣。（4）星言：晴焉。（5）夙：早上。（6）说：通“税”，歇息停留。（7）直：正直。（8）秉心：用心。（9）塞渊：踏实深远。（10）騋：七尺以上的马。牝：母马。（11）三千：表示众多。

意思是，定星出现在天空正中，楚丘宫室开始动工。用日影仔细测量，兴建楚丘的宫室。人们种植榛树和栗树，还有梓树、梧桐和漆树，这些都是做琴瑟的好材料。

登上故都的丘墟，远远眺望楚丘。可以看到楚丘和堂邑，还有大山和高丘。下山后再考察桑田，占卜的结果非常吉利，前程确实很美好。

好雨刚落下，命令管车小臣。披着星光早早驾车，就在桑田歇息。他不仅一心为百姓，用心踏实又深远，健壮的种马和母马都要养到三千！

这首诗一共三章，生动描写了卫国人在楚丘重建都城的过程。第一章写专业人员观察定星，勘测方位，打好地基，栽种树木，进行修筑宗庙的基础工作。

这里有一个有趣的现象，卫国人栽种的四种树木：梓、漆、椅、桐，是可以制作琴瑟的；而其中的榛树、栗树是可供祭祀的，这说明卫国人在兴建这所宗庙的时候，心里敬畏祖先，也要发展精神文明建设。刚刚经历过的历史令卫国人心伤，但他们依然对未来充满了乐观精神。这样一个宏大的工程，自然令人想到，是谁为卫国人描画出这一幅未来的美好蓝图？

正是这首诗要歌颂的主人公——卫文公。

诗歌第二章就写卫文公登上故城丘墟，他先是“望”，然后“观”。卫文公看到的是楚丘和堂邑附近的高丘、山岗，看到田地里的庄稼和桑树。这证明卫国百姓已经走上了生产发展的正轨。卫文公此行的目的却不是观赏美景，而是对未来进行占卜，这也是卫国当时下定决心能够在楚丘重建都城的一个重要程序。所幸占卜结果非常好，这是上天肯定，可以兴建宫室和都城的地方。

诗歌第三章，写卫文公在刚下过雨的夜里，命令赶车的小官快马加鞭。为什么夜里也不休息呢？因为卫文公要招揽贤才，心里有一个发展的目标，“匪直也人，秉心塞渊，騋牝三千”。

最后关于卫文公理想的描写非常感人，这是一个人为了理想而奋斗的动力所在。在这样宏伟目标的激励下，卫文公将要率领卫国百姓甩开膀子，大干一场了。

虽然卫国刚刚重新修建了都城，百废待兴，但卫文公对于卫国的将来已经有了长远规划，并且为之付出切实努力，夙兴夜寐。在卫文公的带领下，卫国几年后获得了新的发展，一改之前的颓废之象。

这种面对困难不言败，心中有理想，脚下有道路，身上有干劲的人物，值得后代称颂学习。

《国风·鄘风》之二：我的祖国和我，像海和浪花一朵

在卫国曲折的发展历史上，卫懿公爱鹤亡国，是一件非常重大的历史事件。卫懿公对仙鹤超常宠爱，甚至任命仙鹤为大夫，高官厚禄奉养仙鹤，导致卫国民众人心涣散。所以在赤狄打过来的时候，卫国遭受了灭顶之灾。

《鄘风·载驰》记载的就是卫国被赤狄占领之后，许穆夫人听说了祖国遭受灭顶之灾，连夜赶到曹邑吊唁祖国。相传这首诗就是当时许穆夫人的悲愤之作。

许穆夫人是卫宣公和宣姜的女儿，但其实是卫宣公的儿了公了顽与宣姜的私生女。许穆夫人有两个哥哥，就是卫懿公去世之后先后继任的戴公和卫文公，还有两个姐姐，分别是齐子和宋桓公夫人。

相传许穆夫人及笄的时候，许穆公和齐桓公同时来向她求婚。在《列女传·仁智篇》曾经记载，说许穆夫人本人当时同意齐国的求婚。她认为齐国强大，而且距离卫国近，一旦卫国发生战事，只要自己在齐国，可以成为国之助力。可见，这位夫人很有政治眼光，是一位女中豪杰。

但是当时的卫侯却有自己的小算盘，将她许配给了许穆公。

卫国被赤狄攻破之后，许穆夫人的姐夫宋桓公派人将卫国难民接走，渡过了黄河。当时逃出来的卫国百姓一共是七百三十人，再加上共、滕两个别邑，一共五千人，大家拥立戴公即位。谁知戴公即位一个月就去世了，卫国的未来到底如何？前途未卜。

就是在这个时候，许穆夫人到曹邑吊唁。许国大夫则前来阻止许穆夫人归宁，在这种复杂的心情下，许穆夫人创作了这首诗歌。诗歌的题目《载驰》，其中“载”是语气助词，而驰，按照《孔颖达疏》，“走马谓之驰，策马谓之驱。”

载驰载驱，归唁(1)卫侯。驱马悠悠(2)，言至于漕(3)。大夫(4)跋涉，我心则忧。

注释

（1）唁：向死者家属表示慰问。这里不但是指吊唁戴公，还有凭吊宗国危亡的意思。（2）悠悠：形容道路很长。（3）漕：卫国东邑。（4）大夫：指许国阻止许穆夫人归宁的大臣。

既不我嘉(1)，不能旋反(2)。视(3)而不臧(4)，我思(5)不远(6)。既不我嘉，不能旋济(7)。视而不臧，我思不閟(8)。

注释

（1）嘉：赞许。（2）反：同“返”，回归。（3）视：比较。（4）臧：好。（5）思：忧思。（6）远：摆脱。（7）济：止。（8）閟：同“闭”，闭塞不通。

陟彼阿丘(1)，言采其蝱(2)。女子善怀，亦各有行(3)。许人尤(4)之，众(5)穉(6)且狂。

注释

（1）阿丘：有一边偏高的山丘。（2）蝱（méng）：贝母草，用采贝母草治病比喻设法救国。（3）行：道理。（4）尤：责怪。（5）众：通“终”，既。（6）穉：同“稚”。

我行其野，芃芃[1]其麦。控[2]于大邦，谁因[3]谁极[4]？大夫君子，无我有尤。百尔所思，不如我所之[5]。

注释

（1）芃芃（péng）：草长得茂盛的样子。（2）控：去告诉，去请求。（3）因：依靠。（4）极：到，指救援者到来。（5）之：去，指行动。

意思是，驾驶着车子策马扬鞭，回到故国吊唁卫侯。策马扬鞭路途遥远，终于到达卫国曹邑。许国大夫跋山涉水，他们阻止我归国令我担忧。

既然不赞同我的做法，我又不能返回许国。比起你们心存不良，我对故国的忧思却不能摆脱。既然不赞同我的做法，我也无法停止回归故里。比起你们存心不良，我对祖国的忧思不能停止。

登上那高高的山岗，采摘贝母草疗忧伤。女子总是柔肠百结，却各有道理。许国人责备我，他们既幼稚又狂妄。

我漫步在田野上，看那麦苗郁郁葱葱。想到大国去控诉，谁能依靠谁又能来救援？许国的大夫君子们，不要对我心怀不满。你们考虑再多，也不如我亲自去一次。

这首诗对于许穆夫人内心的情感描写非常真实，读起来特别令人感动。

诗歌中有矛盾对立的双方——许穆夫人和阻止她归宁的许国大夫形成了对比。遭遇亡国之痛的许穆夫人，她的行动是坚决的，她的意志不可动摇。因为这是她在为自己遭难的祖国而奔走，没有人可以让她对祖国的灾难坐视不理。那些来阻止她回去的许国大夫，这一群阻挠者背后那个没出现的身影，那个指使许国大夫前来阻挠的人，就是许穆公。

这么比起来，同样是卫国的女婿，许穆公可比宋桓公差远了。

面对这月夜下的阻挠，许穆夫人胆怯了吗？

并没有。许穆夫人心念祖国，她斥责许国来阻挠自己的大夫，“许人尤之，众稺且狂”。

这种冲突，更将许穆夫人对于祖国的深厚情感外化，让读者看到了许穆夫人救助祖国的坚定信念。

不过，许穆夫人这种爱国的行动是大胆又危险的。她违背了许穆公的意思，坚持帮助卫国，将来她还能回到许国吗？身为女子，她的内心也是矛盾重重的，所以她时而“言采其蝱”，时而看到“芃芃其麦”。这种景物的纷繁变化，其实正象征着诗人内心的烦躁不安。

翻滚的麦浪，难道不就是诗人澎湃内心的写照吗？

这样一个有思想、有担当的女子，堪称时代楷模。和其他的贵族女子相比，许穆夫人的确是一位飒爽英姿又很有思想的女性。

更多的时候，人们对于当时黑暗的社会愤恨不平。在《鄘风》中有一首诗，被誉为《诗经》中骂人最解恨、最直白的诗。汉代儒家称这首诗是“嫌于虐且俚矣”。意思是，这首诗骂人太粗陋了，并不符合《诗经》一贯含蓄的风格。

这首诗就是《相鼠》。题目中的“相”，是看的意思。

相鼠有皮，人而无仪(1)**。人而无仪，不死何为**(2)**？**
相鼠有齿，人而无止(3)**。人而无止，不死何俟**(5)**？**
相鼠有体(5)**，人而无礼。人而无礼，胡不遄**(6)**死？**

注释

（1）仪：威仪，指人举止大方正派，外表威严。（2）何为：为何，为什么。（3）止：节制，用礼仪约束自己的行为。（4）俟：等待。（5）体：肢体。（6）遄（chuán）：快速。

意思是，看那老鼠还有皮，为人却没有威仪。做人没威仪，为什么还不去死？

看那老鼠还有齿，为人却没有节制。做人没节制，不去死还等什么？

看那老鼠还有肢体，为人反而没有礼仪。为人如果没有礼仪，为什么还不快去死？

这首诗是把国家中身居高位却毫无礼仪品行的达官贵人，比喻成老鼠痛骂。老鼠在生活中本来就是小偷的代表，行为龌龊。在这首诗歌中，诗人痛斥的那些家伙还不如老鼠。因为老鼠还有皮、有齿、有体，这些人却是毫无礼仪节制。说句文言文骂人，那就是“非人哉”。

这是来自民间百姓对于卫国贵族上层龌龊行为的怒斥，想一想卫国的历史，州吁刺杀了自己的兄长篡位，卫宣公强娶太子的未婚妻，卫宣公还因此谋害太子，卫懿公爱鹤亡国，哪一件不是寡廉鲜耻？哪一件不是罪大恶极？

有这样的国君，卫国能有好吗？卫国老百姓能过上好日子吗？所以，纵然是怒骂，这种来自民间的声音，也是正义的声音，也带有对自己的祖国“哀其不幸，怒其不争”的复杂情感。

尤其是这首诗重章叠句，反复类比，让这种愤怒的情感达到了顶峰。特别是第一章最后那句反问：“不死何为？”真带有双方骂战的色彩。

这也是一种对于自己祖国的热爱，因为个人和祖国不可分割的亲密关系，如同浪花与大海，所以才会怒斥这些寄生在祖国大家庭中的“老鼠”，甚至诅咒它们“胡不遄死”。

《国风·卫风》之一：投我以木瓜，报之以琼琚

卫国被赤狄灭国之后，是齐桓公帮助卫国复国。当时卫国新任国君戴公在曹地，齐桓公派出公子无亏帅车三百乘、甲士三千人戍守曹地。为什么要派公子无亏去呢？因为公子无亏的母亲是卫姬，这也算是公子无亏对自己姥爷家尽一点义务。这还不算，齐桓公还赠送给戴公乘马、祭服五乘，牛、羊、猪、鸡、狗各三百只，还送给卫国鱼轩，就是以鱼皮为装饰的精美车子，还有重锦三十两。三十两，其实就是三十匹。因为当时是每匹布四丈，分为两段，两两合卷，所以叫“两”。

从齐桓公的安排可以看出，齐桓公对于当时一穷二白的卫国帮助是周到而且细致的。中国有句俗语说：“穷在闹市无人问，富在深山有远亲。”在卫国国破家亡之际，得到齐桓公鼎力相助，卫国的百姓感激涕零。

等到卫文公即位，卫国希望在楚丘重新修建都城，又是齐桓公帮助卫国修筑了新城。正是因为有了齐桓公的无私帮助，卫国这样一个已经被消灭的诸侯国，才得以重建。

滴水之恩，涌泉相报。

复国之恩，何以为报？

关于诗歌《木瓜》的创作背景，古往今来有很多种说法。有一种说法是卫国人为了赞颂齐桓公的美德而创作的诗歌。题目中的木瓜是一种果实椭圆形，颜色发黄，味道很香的植物。一般这种木瓜的果实是蒸煮或者制

为蜜饯食用。现在我们看到的木瓜，全称是番木瓜，直接可以生吃，和这首诗里的木瓜不是一种。

投[1]我以木瓜，报之以琼琚[2]。匪[3]报也，永以为好也。
投我以木桃，报之以琼瑶[4]。匪报也，永以为好也。
投我以木李[5]，报之以琼玖[6]。匪报也，永以为好也。

注释

（1）投：赠送。（2）琼琚：佩玉。（3）匪：通“非”。（4）琼瑶：美玉。（5）木李：果子名，又叫木梨。（6）琼玖：美玉。

意思是，你赠送我木瓜，我回报你佩玉。不是为了答谢你，而是表明情谊地久天长。

你赠送我木桃，我回报你美玉。不是为了答谢你，而是表明情谊地久天长。

你赠送我木李，我回报你宝玉。不是为了答谢你，而是表明情谊地久天长。

读这首诗，给人一种美好真诚的感受。诗人没有使用《诗经》中常见的四字句，却带给读者跌宕起伏的韵味。尤其是其中的重复，像“琼琚”“琼瑶”“琼玖”，在含义上差别不大。这种高度的重复，带给读者一种对美好情感的反复吟咏。让这种真挚的情感，在一次次重复中达到了升华。

更为难能可贵的是，诗人对于互相赠送礼物的行为，从相互之间的好意，升华到了人与人之间真挚的情谊，对对方情感的珍重和理解。本来别人送给你木瓜，你回馈别人琼琚，这是一种对对方情谊的珍视。然而诗人真正想要表达得更进一层，是心与心的碰撞，情对情的回馈。

试问这样纯粹、珍贵的情谊谁不向往呢？

这首诗也是现在流传最广的《诗经》名篇之一，逐渐从《木瓜》这首诗产生了“臣子对君主的尽忠”“友人馈赠情意深长”和“男女互相赠答”等主题的猜测。但无论是哪种说法，读者在阅读这首诗的时候，总能感受到那种真诚，那种情感之间的回应和交流是非常难能可贵的。

《国风·卫风》之二：隐士与《瓦尔登湖》

在《卫风》现存的十首诗歌中，除了人们所熟知的《木瓜》、弃妇自诉的《氓》，还有一首很有意思，是赞颂隐士的《考槃》。题目中的“考”，是筑成、建成的意思，而“槃”通“盘”，指盛水的木制器皿，这里是修建木屋的意思。题目的含义是隐居避世。

考槃在涧(1)，硕人(2)之宽(3)。独寐寤(4)言，永矢(5)弗谖(7)。

考槃在阿(7)，硕人之薖(8)。独寐寤歌，永矢弗过(9)。

考槃在陆(10)，硕人之轴(11)。独寐寤宿，永矢弗告(12)。

注释

(1) 涧：朱熹《诗集传》记载，山夹水曰“涧”。(2) 硕人：大人，指形象高大丰满的人，外貌和品德都很美。这里更主要指人品德高尚。(3) 宽：心宽。(4) 寐：睡醒；寤：睡着。(5) 矢：同“誓”。(6) 谖 (xuān)：忘记。(7) 阿：山阿。(8) 薖 (kē)：指心境宽。(9) 过：过往，从前。(10) 陆：高平的地方。(11) 轴：徘徊往复，独自盘桓。(12) 告：诉苦。

意思是，在山涧间修建木屋，贤者居住于此天地也宽。他独自休息独自醒来独自言语，这快乐永远不能忘却。

在山坡修筑木屋，贤者居住于此好比安乐窝。他独自休息独自醒来独自啸歌，永远不会过问世事。

在高原修筑木屋，贤者居住于此独自盘桓。他独自休息独自醒来独自住宿，此中乐趣永不会告诉别人。

这是一首赞美隐士的诗歌。诗歌中的隐士是“硕人”的形象，他身材高大，思想高尚。这和现代教育倡导的健康体魄、科学精神不谋而合。诗歌中的“硕人”具体又是怎样一个人呢？这位“硕人”，心宽貌美，独自往来。这位看起来各方面都趋于完美的人，与自然同在，他活动的地点是山涧旁、山坡上，还有宽阔的高原。这些地方都具有独特的自然风光，却人迹罕至。这样一位隐士，在人烟稀少的山林间，自得其乐，是很快乐的。

这首诗令人想起美国作家梭罗的《瓦尔登湖》，当时是19世纪上半叶，美国处于从农业社会向工业社会转型的开始阶段，拜金主义和享乐主义席卷了整个美国。梭罗却来到瓦尔登湖，在这里与自然独处。在两年零两个月的光阴中，梭罗在瓦尔登湖寻找到了自己的精神家园。他在散文中的主张就是回归自然。

如果说梭罗的《瓦尔登湖》与周围的大环境是对抗的，那么《卫风·考槃》中的隐士则是与自然为友，乐在其中。《卫风·考槃》这首诗，四字一韵，描写一个独居隐士的心境。他在这片天地间悠然自得，所以可以安心体会自然之美，遗世独立。自然山水是整体环境的一分子，隐士则成为山水自然中的一分子，与周围环境更为和谐。仔细品味这首诗，如同一幅水墨画，那画中山，山中人，无不潇洒风流，浑然一体。

这首诗也是我国古代最早涉及隐逸题材的文学作品之一，创作这首诗的诗人，一定有一颗敏感的心灵，能够发现这个独特的现象，又能将隐士心思体会得入木三分。

《卫风·考槃》是一首飘然淡泊的出世之诗，而《卫风·河广》则是一首感情充沛的思归之诗。这首诗很短，但纸短情长，想象奇特，特别具有感染人的魅力。诗歌中的“河”，指的就是“黄河”。

谁谓河广？一苇(1)杭(2)之。谁谓宋远？跂(3)予望之。

谁谓河广？曾(4)不容刀(5)。谁谓宋远？曾不崇朝(6)。

注释

（1）苇：用芦苇编的筏子。（2）杭：通“航”，渡河。（3）跂（qǐ）：通“企”，踮起脚尖。（4）曾：竟。（5）刀：通“舠（dāo）”，小船。（6）崇朝：终朝，自旦至食时，形容时间短。

意思是，谁说黄河很宽广？一片芦苇编的筏子就能渡过。谁说宋国距离遥远？我踮起脚尖就能看见。

谁说黄河很宽广？竟然容不下小木船。谁说宋国距离遥远？我一早上就能到。

这首诗是一个旅居在卫国的宋国人的思乡之作。在这首非常短的诗歌中，诗人却展现出惊人的想象力和夸张。因为太想念故乡了，所以诗人觉得那横亘在卫国和宋国之间的黄河宽窄也是随着心情变化的。

在诗歌开头，诗人质问道：“谁谓河广？一苇杭之！”没错，说的就是“黄河之水天上来，奔流到海不复回”的万里黄河，在急于归乡的诗人心中，黄河有什么宽广的？一只苇筏就渡过去了。这不但有一种思乡的迫切，更有一种大无畏的浪漫主义精神。

也许读者要笑诗人狂妄，但紧跟着，诗人给出了他的答案。他为什么这么说呢？因为“谁谓宋远？跂予望之。”诗人之所以这么藐视黄河，那是因为想要赶快从卫国回到黄河对岸的宋国去。

等到第二章，诗人又进行了完全相反的想象，“谁谓河广，曾不容刀。”谁说黄河宽广无边呢，黄河都容不下我回乡的一条小船。这与第一章完全相反方向的夸张，真要让读者感叹诗人的奇思妙想。

人在思念故乡到极致的时候，的确会产生种种联想，也许这种联想漫无边际，夸张奇特，却充满着思乡的真挚感情。这首短诗，正是用飞扬的想象力，肆无忌惮的夸张和设问，击中了所有思乡人的心。

这首诗其实毫无道理，夸张到了极致。不过，虽然无理至极，却情深义重，令人动容。

《国风·王风》之一：众人皆醉我独醒的“痛”

《王风》是周平王迁都洛邑之后的王畿诗歌。平王东迁之后，周王室再不是那个周王室，周天子也再不是那个周天子，诸侯国群雄争霸，周天子的实力和威望却日益衰落。这种巨大的变化，让王畿的诗歌不再“雅”，于是成了王国的变风。“《王风》哀以思，周道荡无章”，这种急剧变化的社会动向，让《王风》充满了哀伤忧思，又象征着周朝即将覆亡，是一个王朝在灭亡之前发出的最后哀音。

在《王风》现存的十首诗歌中，《黍离》是一首有感于家国兴亡的代表作。题日中的“黍”，就是黄米。

彼黍离离(1)，彼稷(2)之苗。行迈(3)靡靡(4)，中心(5)摇摇(6)。知我者，谓我心忧，不知我者，谓我何求。悠悠苍天！此何人哉？

彼黍离离，彼稷之穗。行迈靡靡，中心如醉。知我者，谓我心忧，不知我者，谓我何求。悠悠苍天！此何人哉？

彼黍离离，彼稷之实。行迈靡靡，中心如噎(7)。知我者，谓我心忧，不知我者，谓我何求。悠悠苍天！此何人哉？

注释

（1）离离：一行行的样子。（2）稷：农作物高粱。（3）行迈：行走。（4）靡靡：走路迟缓的样子。（5）中心：心中。（6）摇摇：心神不定的样子。

（7）噎：堵塞，以食物卡在食管的状态比喻难以呼吸。

意思是，田地里的黍子长成行，高粱幼苗在成长。踏上故土慢慢行，内心忧伤无主张。理解我的人说我内心忧愁。不理解我的人问我有何求？悠悠苍天，是谁害我出走四方？

田地里的黍子长成行，高粱穗子在生长。踏上故土慢慢行，内心好像喝醉酒。理解我的人说我内心忧愁。不理解我的人问我有何求？悠悠苍天，是谁害我出走四方？

田地里的黍子一行行，高粱穗子结果实。踏上故土慢慢行，内心深处如鲠在喉。理解我的人说我内心忧愁。不理解我的人问我有何求？悠悠苍天，是谁害我出走四方？

关于这首诗的主题有很多争论，《毛诗序》认为是周朝的一位大夫路过宗庙宫室，看到周围的禾黍，想到周王朝的现状，有感而发。现代诗人郭沫若先生认为是旧贵族悲伤自己的破产，余冠英先生认为是流浪者在倾诉忧思。

从《王风》选诗的标准来看，是由于周平王东迁造成的周王朝不再有《雅》乐，所以才有了哀伤的《王风》。从这点来看，《毛诗序》的说法比较可取。

这位周朝的大夫，目睹了宗庙宫室的禾苗青青，怀念的却是曾经西周的繁荣昌盛，所以他会悲伤，会心忧，会心潮澎湃。

这首诗分为三章，每一章写诗人看到的不同景物，当然都是黍、稷，在诗人的三次行程中，这些农作物从小苗长到出穗，再到结出果实，但丰收的果实却并没有带给诗人喜悦的情感，反而让他思绪难安。

诗人看到此情此景，心神不宁，如痴如醉，如鲠在喉。

到底为什么这么难过？

“知我者谓我心忧，不知我者谓我何求”。这份悲伤不但说不出来，即便是说出来了，也得不到别人的理解。所谓“众人皆醉我独醒”。

这位诗人内心苦闷，却仍然要问苍天，悠悠苍天，此何人哉！这是一个内心苦闷的人，发出的怒吼和不甘心的质问。这种说不出的痛苦，即便说出来也无人能理解的痛苦，比普通的痛苦又更上一层楼。

这首诗描写了黍、稷的生长，这种实写，塑造了一个郁闷却不肯与世人苟同的抒情主人公形象。这位诗人是痛苦的，也是具有独立思想的，他对当时的东周充满了深深的失望，所以最终只能含泪问苍天。

阅读这首诗，给人一种沉郁顿挫的感受。《王风·黍离》这种不能宣之于口的痛苦，深刻影响了后代诗人。后代文人的咏史怀古之作，很多沿袭了《王风·黍离》的基调。

比如诗人屈原的爱国主义诗歌，屈原诗作中那种对于国家即将灭亡的悲痛，对于无人理解自己的内心痛苦，与《王风·黍离》如出一辙。

或许，这是同样生活在神州大地上不同文化中，爱国情怀最真挚的南北呼应吧！

“黍离”，也成了历代诗人感叹亡国的常用典故。

《国风·王风》之二：人类的悲欢离合并不相通

《国风·王风》中有很多悲伤的诗，其中《兔爰》这首诗，就充满了生不逢时的愤慨和失望情绪。

有兔爰爰[(1)]，雉离[(2)]于罗[(3)]。我生之初，尚无为[(4)]；我生之后，逢此百罹[(5)]。尚寐无吪[(6)]！

有兔爰爰，雉离于罦[(7)]。我生之初，尚无造[(8)]；我生之后，逢此百忧。尚寐无觉[(9)]！

有兔爰爰，雉离于罿[(10)]。我生之初，尚无庸[(11)]；我生之后，逢此百凶。尚寐无聪[(12)]！

注释

（1）爰爰：同“缓缓”，逍遥自在。（2）离：同“罹”，陷落。（3）罗：罗网。（4）无为：无事。（5）百罹：很多忧患。（6）无吪（é）：不说话。（7）罦（fú）：又名覆车网，一种带有机关，可以自动捕捉鸟兽的网。（8）造：徭役。（9）觉：清醒。（10）罿（chōng）：捕兽网。（11）庸：劳役。（12）聪：听觉。

意思是，看那野兔自由自在，雉鸡却陷入罗网。我刚出生的时候还没有战事。我出生之后，却遭受百般战乱，真希望永远沉睡不再言语！

看那野兔自由自在，雉鸡却陷入覆车网。我刚出生的时候还没有徭役。我出生之后，却遭受百般苦难，真希望永远沉睡不再醒来！

看那野兔自由自在，雉鸡却陷入捕兽网。我刚出生的时候还没有劳役。我出生之后，却遭遇多种祸患，真希望永远沉睡再也听不到！

这首诗是感时伤乱之作。这首诗的作者应该见识过西周的太平岁月，所以才对如今东周王室的没落和百姓的流离失所深感悲痛。

这首诗一共是三章，每一章都用野兔和雉鸡作比。朱熹在《诗集传》提出了比喻背后的深意，那就是野兔和雉鸡分别象征着小人与君子。

中国人常说“狡兔三窟”，兔子是一种狡猾的小动物，所以野兔才能在每次灾祸中逃出生天。所以诗人在这里其实是用野兔比喻“小人”，相对应的，雉鸡比喻“君子”。既然是捕捉鸟兽的捕兽网，如野兔般狡猾的小人总能侥幸逃脱，能抓住的每次都是忠厚老实的君子。

这种社会现象也意味着当时东周社会的黑暗。

作者的愤懑不平之处在于，“我生之初，尚无为；我生之后，逢此百罹。”诗人刚出生的时候，或许正是西周末年，尚可见清平世界。然而等到诗人长大成人，伴随着平王东迁，东周日益落寞，沉重的劳役和赋税，无休止的战争，诸侯争权夺利，扩大地盘，付出惨痛代价的却总是老百姓。

所以诗人是在为身处乱世中的人民发声。

但是对于这样的乱世，诸侯争霸，烽烟四起，老百姓又能如何呢？诗人对此是悲伤无力的，只能发出伤感地喟叹：“尚寐无觉！”但愿长睡不愿醒。

在风格悲凉的字句背后，诗人陷入无法解决的困境。在诗人的背后，还有千千万万个这样无奈、生不如死的百姓。这首诗其实与《黍离》一样，也是亡国之音。清代方玉润在《诗经原始》中指出，这首诗中凄怆的风格，对于三国时期诗人阮籍影响很大。

在《王风》中，这样风格凄怆的诗歌不在少数。当人民大众痛苦不堪的时候，贵族们却在翩翩起舞，喜气洋洋。这在诗歌《君子阳阳》中有所体现。

君子阳阳，左执簧(1)，右招我由房(2)。其乐只且(3)！

君子陶陶(4)，左执翿(5)，右招我由敖(6)。其乐只且！

注释

（1）簧：古代竹制吹奏乐器，外形和笙相似。（2）由房：房中乐，舞蹈。（3）只且（jū）：语气助词。（4）陶陶：和乐舒畅的样子。（5）翿（dào）：用五彩野鸡羽毛做成的扇子形道具。（6）由敖：同“遨”，舞曲名字。

意思是，君子跳舞喜气洋洋，他左手拿着簧，右手召唤我一起跳由房舞，我们大家其乐无边！

君子跳舞和乐舒畅，他左手拿着羽毛旗，右手召唤我一起跳由敖舞，我们大家其乐无边！

这首诗写贵族之间欢乐宴饮的场面。这位贵族男子，左手拿着舞蹈道具，右手还在招呼同伴一起跟他舞蹈，在场的人与他翩翩起舞，其乐融融。

根据清代庶吉士胡承珙在《毛诗后笺》中的记载，“由房者，房中，对庙朝言之。”也就是说，这首诗中提到的“由房”，与庙堂的雅乐对应，是人们生活中演奏的乐曲。

这样欢快活泼的乐曲，君子载歌载舞，乐在其中。

具有讽刺性的是，当《王风》中的《黍离》作者回顾过往，忧心忡忡的时候，当《兔爰》的作者哀叹时运不济，人生苦难的时候，《君子阳阳》中的贵族君子，却依然是歌舞升平，欢欣鼓舞。

这也许正应了那句话：人类的悲欢离合并不相通。

然而正是当时大多数人痛苦的生活，铸就了《王风》悲凉凄怆的基调，那些没功夫优雅度日的老百姓，他们的痛苦，决定了东周即将日落西山。

贵族老爷们的欢乐，也只能是“偷得浮生半日闲”，提前预支未来的快乐罢了。

超越大众痛苦的快乐，注定不会长久。

《国风·郑风》之一：三哥去打猎，狩猎进行时

公元前806年，周宣王同父异母的弟弟姬友被册封在西周都城镐京附近，国号是“郑”，姬友被称为郑桓公。郑国就此诞生了。

到了郑庄公时期，由于郑庄公睿智又有谋略，所以郑国在诸侯中第一个崭露头角。郑庄公被称为“春秋小霸”，甚至周平王为了证明自己并没有想要将郑庄公的权力分给虢公，都要派出王子狐去郑国为人质。当然，郑国作为交换也派出了郑庄公的儿子公子忽到周王室为人质。周天子和诸侯交换人质，这在历史上还是前所未有，这件事在历史上被称为“周郑交质”。这意味着周天子的权力彻底落寞了。

后来郑国的相国子产治国有方，郑国达到了路不拾遗、蓬勃发展的阶段。但子产之后，伴随着晋国崛起，郑国面临着巨大的危机。郑国国内争权夺势，政变频繁，公元前375年，郑国最终被韩国灭亡。

《郑风》现存二十一篇。在《国风·郑风》中，有两首关于打猎的诗歌特别引人注目。因为这两首诗的主人公都被后来的评论家怀疑是郑庄公的弟弟——太叔段。太叔段和郑庄公是同父同母的亲兄弟，但不同的是，弟弟太叔段更得母亲的宠爱。哥哥郑庄公却是那个一出生就被母亲武姜嫌弃的孩子。在郑庄公即位之前，他的母亲武姜就曾经请求他的父亲郑武公传位于太叔段，被郑武公拒绝了。郑庄公即位之后，武姜又支持太叔段起兵谋逆，推翻郑庄公。所幸郑庄公虽然从小被母亲嫌弃，却很有政治家的

谋略和思想。他放任太叔段的发展，最终在太叔段起事谋逆时将太叔段一举歼灭，斩草除根。

这两首描写打猎的诗歌——《叔于田》和《大叔于田》，被后世很多评论家认为是特指“太叔段”。后人认为，郑庄公放任弟弟太叔段一步步走上了谋逆的道路，却没有在问题开始时教育他，所以《郑风》中这两首诗是专门讽刺郑庄公的。但也有另外一派评论者认为，这两首诗其实就是在写郑国的两位青年猎手的诗歌。这种论断更为现代评论家支持。

《叔于田》题目中为什么说“叔”，是谁的叔叔呢？其实这是按照古代兄弟的次序来写，古人兄弟排列顺序为伯、仲、叔、季，排行老三的被称为“叔”，诗歌中指年轻的猎人。于，是去的意思。田同“畋”，是打猎的意思。

叔于田，巷(1)无居人。岂无居人？不如叔也，洵(2)美且仁(3)。

叔于狩(4)，巷无饮酒(5)。岂无饮酒？不如叔也，洵美且好(6)。

叔适野(7)，巷无服马(8)。岂无服马？不如叔也，洵美且武(9)。

注释

（1）巷：居所处的小路。（2）洵：真正的，的确。（3）仁：温厚，慈爱。（4）狩：冬季打猎为“狩”，此处通称田猎。（5）饮酒：宴饮。（6）好：性格和善，人品好。（7）野：郊外。（8）服马：骑马的人。（9）武：英武。

意思是，年轻的猎人去打猎，巷子里就像没有住人。巷子里真的没住人？都不如那猎人，他相貌英俊人温厚。

年轻的猎人去打猎，巷里没人在宴饮。真的没人在宴饮？都不如那猎人，他相貌英俊人和善。

年轻的猎人去郊外，巷子里没人会骑马。真的没人会骑马？都不如那猎人，他相貌英俊人英武。

这首诗采用复沓形式，生动塑造了一位优秀的猎人外出打猎情况。最有趣的是，诗人每一章都采用了设问的方式，“岂无居人”“岂无饮酒”“岂无服马”，表现出这位青年猎人的与众不同。通过这些诗句，可以看到这个年轻猎人相貌英俊、心地仁慈又力大无穷。

这样完美的一个人，称得上美好到了极致。

这首诗虽然很短，却波澜起伏，每一章都是先否定（巷无居人），再设问（岂无居人），又回答（不如叔也），最后探究原因（洵美且仁），将年轻猎人的特点描绘得很生动。诗人在这首诗中展现出的写作逻辑，将人物形象塑造得栩栩如生，令读者印象深刻。

钱钟书先生在《管锥编》中曾经写道，韩愈的文章《送温处士赴河阳军序》中写，“伯乐一过冀北之野，而马群遂空。……非无马也，无良马也。”文章中采用的先否定后说明的写作逻辑就出自这首诗。

同样是《郑风》中的诗歌，同样是赞美年轻的猎人，《大叔于田》展现的就是不一样的特点。

叔于田，乘乘马(1)。执辔(2)如组(3)，两骖(4)如舞。叔在薮(5)，火烈(6)具(7)举。襢裼(8)暴(9)虎，献于公所。将(10)叔勿狃(11)，戒其伤女。

注释

（1）乘（chéng）乘（shèng）马：驾着四匹马。第一个“乘”是动词，驾车；第二个“乘”是量词，一车四马为“乘”。（2）辔：驾驭马匹的嚼子和缰绳。（3）组：编织平行排列的经线。（4）两骖：驾车的四匹马中外侧两边的马。（5）薮（sǒu）：低湿草木繁茂的沼泽地带。（6）烈：打猎时放火烧草。

（7）具：同“俱”。（8）襢（tǎn）裼（xī）：脱衣袒露身体。（9）暴：通“搏”，搏斗。（10）将（qiāng）：请。（11）狃：反复做，习以为常。

叔于田，乘乘黄（1）。两服（2）上襄（3），两骖雁行（4）。叔在薮，火烈具扬。叔善射忌（5），又良御（6）忌。抑磬控（7）忌，抑纵送（8）忌。

注释

（1）黄：黄马。（2）两服：驾车的四马中间的两匹。（3）襄：同“骧”，奔跑的马抬起头。（4）雁行：骖马比服马稍后，如同大雁飞行的行列。（5）忌：语尾助词。（6）良御：擅长骑马驾车。（7）抑：发语词。“磬”指让马儿驰骋，“控”指勒马使缓步或停步。（8）纵送：纵马奔跑。

叔于田，乘乘鸨（1）。两服齐首，两骖如手（2）。叔在薮，火烈具阜（3）。叔马慢忌，叔发罕忌，抑释掤（4）忌，抑鬯（5）弓忌。

注释

（1）鸨：有黑白杂毛的马，马的颜色如同大鸨这种鸟，故此得名。（2）如手：指驾车技术娴熟，好像两手左右自如。（3）阜：旺盛。（4）释：打开。掤（bīng）：箭筒盖。（5）鬯（chàng）：弓囊，此处用作动词。

意思是，三哥去打猎，他驾驶着四马战车。他手拉缰绳好像织带条理分明，骖马驰骋如同起舞。三哥驶进沼泽地，烈火熊熊在燃烧。他赤裸着上身勇斗猛虎，将那猎物献到君侯面前。请求三哥别大意，小心猛虎将你伤。

三哥去打猎，他驾驶着黄马战车。服马奔驰头高扬，骖马奔跑如同大雁飞翔。三哥驶进沼泽地，烈火熊熊在飞扬。三哥箭术真高超，驾车本领也高明。他弯腰如磬勒住马，又放松缰绳纵马奔腾。

三哥去打猎，他驾驶着杂色马车。服马奔跑齐头并进，骖马如同双手自如。三哥驶进沼泽地，烈火熊熊烧得旺。三哥控马慢慢行，三哥射箭逐渐少。他打开箭筒收好箭，打开弓囊放好弓。

这首诗生动描绘了一位年轻猎手狩猎的景象。在第一章，诗人写到猎人驾驶着四匹马拉的车，纵横驰骋，深入草地。这位年轻的猎人艺高人胆大，赤膊上阵，勇斗猛虎，并且将猛虎献给了主公，也就是郑侯。

到诗歌第二章，猎人参加了声势浩大的围猎，因为诗人写道，“火烈具扬”。这位猎人擅长射箭，成为众人瞩目的焦点。在第三章，诗人写猎人打猎收放自如，在持续狩猎之后，猎人的箭越来越少，他收拾好箭筒和弓囊，预示着这次狩猎的结束。

读这首诗，我们仿佛可以看到当年那个英姿勃发的猎人。他擅长骑射，一马当先，勇斗猛虎，潇洒不凡。诗人好像一个高明的摄影师，用几个特写镜头，将猎人驾车、猎虎、射箭这几个场景展现在了读者面前。

诗人铺陈描绘了猎人参加狩猎的全部过程，充满着对猎人昂扬斗志、充沛活力、高超武艺的憧憬。全诗张弛有度，画面鲜明，将猎人的英姿描绘得栩栩如生。

清代学者姚际恒认为这首诗是后来西汉杨雄《长杨赋》《羽猎赋》等专门描写田猎的辞赋之祖。

这两首诗同样是写郑国的猎人狩猎，却带给读者截然不同的感受。《叔于田》中的年轻猎人是完美的，而《大叔于田》中的猎人却是孔武有力、武艺高超的。这两个优秀的年轻猎人，在诗歌中一个是静态的，口口相传；一个却是动态的，虎虎生风。

同样的题材，不一样的诗歌，别具一格，这就是文学所独有的魅力。

《国风·郑风》之二：被遗忘的军队

在春秋诸侯发展过程中，郑庄公被誉为是“春秋小霸”，他的政治智慧让郑国率先焕发出发展的勃勃生机。但随着郑庄公去世，郑国国内贵族们争权夺利，其他诸侯却逐渐发展起来。到了春秋末年，郑国成为晋国和楚国两个大国争霸的筹码，处境尴尬。到郑文公当政时期，郑国已经失去了往日的威风，沦为诸侯中的二流角色，经常受到大国欺凌。楚成王就曾经因为郑国偏向齐国，派出令尹公子元率领楚国大军攻打郑国。幸亏当时郑国的正卿叔詹是一位优秀的政治家，使出了“空城计”，楚国军队这才不战而退。

《郑风·清人》就是一首讽刺郑文公的诗歌。公元前660年，狄人入侵卫国，由于卫国在黄河北面，郑国在黄河南面，郑文公对这场战争非常关注，他特别害怕狄人打顺了手，直接渡过黄河打到郑国来。于是，郑文公派出大臣高克率领清邑的士兵到黄河边防御敌人。时间久了，郑文公也不召回军队。这支军队成了一支被遗忘的军队，军纪败坏，整天东游西逛。最后，这支来自清邑的军队居然溃不成军，就连带领他们的将军高克都逃到陈国避难去了。

一支肩负着保家卫国重任的军队，最终被一国之君忘记，甚至作鸟兽散，这简直是个天大的笑话。所以郑国的诗人创作了这首《清人》，对此进行讽刺。题目中的“清人”，就是指郑国大臣高克带领的清邑士兵。

清人在彭[1]，驷介[2]旁旁。二矛[3]重英[4]，河上乎翱翔[5]。

清人在消[6]，驷介麃麃[7]。二矛重乔[8]，河上乎逍遥[9]。

清人在轴[10]，驷介陶陶[11]。左旋[12]右抽[13]，中军作好[14]。

注释

（1）彭：郑国地名。（2）驷介：披甲的四匹马，介：甲。（3）二矛：指酋矛、夷矛，插在车子两边。（4）英：矛上用于装饰的缨。（5）翱翔：游戏的样子。（6）消：郑国地名，在黄河边上。（7）麃麃（biāo）：英勇威武的样子。（8）乔：雉鸟的羽毛，用于装饰矛柄。（9）逍遥：指清邑的士兵闲散无事，驾着战车游逛。（10）轴：郑国地名，在黄河边上。（11）陶陶：和乐的样子。（12）旋：转车。（13）抽：拔刀。（14）作好：专门使表面功夫。

意思是，清邑的军队驻扎在彭地，驷马身披铠甲好威风。璎珞重重装饰二矛，他们在黄河边上驾着战车游遨。

清邑的军队驻扎在消地，驷马身披铠甲好威武。雉毛重叠装饰二矛，他们在黄河边上乐逍遥。

清邑的军队驻扎在轴地，驷马身披铠甲快乐奔跑。御者驾车向左勇士向右抽刀，军中将士看起来像准备好。

这首诗读了之后，谁能不赞叹一声，清邑的军队好不威风凛凛，果然金玉其外！在这种赞美的语言下，隐藏着诗人对这支散漫军队深刻地讽刺。

诗歌的第一章，诗人写到了清邑军队威风凛凛，他们的矛都装饰着双重璎珞，在黄河边上漫步；第二章，写到清邑军队的马，披着甲，威风又骄傲，他们在黄河边上逍遥自在。第三章，写清邑军队任马疾跑，军队看起来好像是准备好了。

但可惜，这样一支没有组织性、纪律性的军队怎么能在战场上获胜呢？军队获得胜利，并不是比谁的服装漂亮，军容威武，而是看谁的武艺高强，铁血凶猛。

看起来精致漂亮的清邑军队，一不训练，二不观察敌人。他们精美的服装和华丽的武器，恰恰是对他们不务正业的反讽。

诗人将反讽运用到了极致，他越是赞美清邑之军的矛怎么漂亮，马怎么威风，说这支军队翱翔、逍遥，越让人看透了这支军队的散漫，这就是人们常说的，绣花枕头——一包草。

这种看似褒扬的讽刺，如同绵里针，让人忍俊不禁。而反复的咏叹，又让这首诗的讽刺效果得到了加强。这首诗让后人看到郑国这样一个在春秋时代有良好开端的国家，沉沦散漫的一个侧面，不得不为诗人明褒实贬的讽刺艺术拍手叫好。

在《郑风》中，还有一首诗因为这种隐藏在字面之下的艺术引人注目，那就是诗歌——《羔裘》。题目中的“羔裘”，是指羔羊皮裘，是古代大夫的朝服。

羔裘如濡(1)，洵(2)直且侯(3)。彼其(4)之子，舍命不渝(5)。

羔裘豹饰(6)，孔武(7)有力。彼其之子，邦之司直(8)。

羔裘晏(9)兮，三英(10)粲兮。彼其之子，邦之彦(11)兮。

注释

（1）濡：形容羔裘柔软又有光泽。（2）洵：的确。（3）侯：美。（4）其：助词。（5）渝：改变。（6）豹饰：用豹皮装饰羊皮袄的袖口。（7）孔武：特别勇武。孔：很。（8）司直：负责正人过失的官员。（9）晏：鲜艳的样子。（10）三英：装饰羊皮袄袖口的三道豹皮镶边。（11）彦：贤能之人。

意思是，他穿着羔羊皮裘软又光，为人正直品性好。他就是这样的人，用生命为国操劳不改变。

他穿着豹饰羔羊皮裘，身体强壮武艺高。他就是这样的人，担任国家司直主持公道。

他穿着羔羊皮裘真鲜艳，三道豹皮装饰更灿烂。他就是这样的人，是国家的贤能之士。

诗歌中的这件羔裘润泽光滑，又带有豹皮装饰，非常华丽。诗人从羔裘写到了穿着这件羔裘的主人——朝廷的官员，他为人正直美好，又孔武有力，能够一心为国。这件华贵的羔裘衣服正是这位官员人品和才能的象征。诗人用一件可以看到的衣服，来暗示看不见的官员的品质和能力，这种比喻自然生动。虽然不知道这位官员名字是什么，也不知道他为郑国立下了什么功劳，但是通过这首诗歌，能想到，在郑国的确有这样任劳任怨、一心为国的贤达人士存在。

《清人》和《羔裘》这两首诗，虽然一首是讽刺，一首是褒扬，但创作手法却都是这样的含蓄隽永，绝无平铺直叙，令人回味无穷。

《国风·齐风》之一：谁有资格在齐国睡懒觉

公元前1046年，战国七雄之一齐国建国。姜子牙辅佐周武王灭商之后，被封国建邦，齐国的位置在今天山东省大部和河北省南部。如果用一个字概括齐国，那就是“富”，富得流油。从姜太公建国以来，齐国就煮盐垦荒，成为诸侯中有名的富裕国家。到齐桓公时期，齐国被当时的人称为“海王之国”。

公元前386年，齐国的田和被周安王册封为诸侯，姜姓齐国为田氏取代。

《齐风》现存诗歌十一篇，其中有一首《鸡鸣》，是劝诫要早起，不要贪睡的诗歌，非常有趣。

鸡既鸣矣，朝(1)既盈(2)矣。匪(3)鸡则鸣，苍蝇之声。

东方明矣，朝既昌(4)矣。匪东方则明，月出之光。

虫飞薨薨(5)，甘(6)与子同梦。会且归(8)矣，无庶(8)予子憎。

注释

（1）朝：朝堂。（2）盈：满，此处指大臣上朝。（3）匪：同“非”，不是。（4）昌：人多。（5）薨薨（hōng）：指飞虫飞翔扇动翅膀的声音。（6）甘：甘心。（7）会：朝会；且：将要；归：散会。（8）无庶：同“庶无”，不要让。

意思是，公鸡早起在鸣叫，官员们上朝站满了朝堂。这不是公鸡在鸣叫，而是那苍蝇嗡嗡声。

东方天空现光明，官员们上朝人数众多。这不是东方天亮，是明月光辉在映照。

虫子飞舞嗡嗡响，愿意与你同好梦。上朝官员即将散会，希望没人憎恨你我！

这首诗生动有趣，用一对官员夫妻的对话描绘出清晨早起的景象。妻子说公鸡叫啦，丈夫却说不过是苍蝇在嗡嗡；妻子说东方亮了，丈夫却说是明月的光芒；最后妻子只能说，这都快散朝了，你我就别当遭人怨恨的人了吧！

这首诗放到现代，完全可以看作是对话组成的剧本，具有散文化的特点，非常生动。《毛诗序》认为这首诗是“思贤妃”所作，由于齐哀公荒淫怠慢，所以陈贤妃为了警戒齐哀公创作了这首诗。朱熹认为，这首诗就是直接赞美贤妃的。而清代方玉润则认为是贤妇警戒丈夫早朝。

读这首诗，可以看到古人也有赖床不愿早起的习惯，几千年来这个人类独有的习惯绵延至今。

不过，能赖床的在那时候都是贵族老爷，普通的劳动民众是没有资格睡懒觉的。在诗歌《东方未明》中，同样是齐国，同样是起床，却有截然不同的景象。

东方未明，颠倒衣裳(1)。颠之倒之，自公(2)召之。

东方未晞(3)，颠倒裳衣。倒之颠之，自公令之。

折柳樊圃(4)，狂夫瞿瞿(5)。不能辰(6)夜，不夙(7)则莫(8)。

注释

（1）衣裳：古代服装中上衣叫“衣”，下衣叫“裳”。（2）公：公家。（3）晞：天刚亮。（4）樊：通“藩”，篱笆。圃：菜园。（5）狂夫：指监工。瞿瞿：眼睛瞪着看的样子。（6）辰：通“晨”，指白天。（7）夙：早上。（8）莫：通“暮”，晚上。

意思是，东方天还没明，上衣下裳颠倒着穿上。颠倒着穿上衣裳，因为公家召唤我太急。

东方还没破晓，上衣下裳错乱穿上。错乱着穿上衣裳，因为公家命令让我恐慌。

折断柳条扎篱笆，看那监工怒目相视。分不清白天和晚上，不是早起就是晚睡真辛劳。

这首诗没有写劳动者劳动时有多辛苦，而是从侧面描写。那劳累了一天的人们，根本没有休息的时间。太阳还没出来，监工就来督促这些劳动者上工了。劳动者仓促慌乱之中，连衣服和裤子都穿错了。这也可以看出，劳动者对于监工是非常惧怕的。这些劳动者白天辛苦劳动，晚上连睡觉的时间都没有，日复一日，人的身体和精神已经疲惫到了极点。

他们对于自己这种悲苦的生活有反思吗？

当然有。

虽然身份决定了他们的生活是艰难的，但是他们也有自己的思想。因为就在这首诗歌中，诗人提到“自公召之”和“自公令之”。虽然身处齐国社会的最底层，虽然生活艰难，但是他们心里也明白，造成自己苦难的根源就在于——“公”，高高在上的齐国公室，造成了这些劳动者就连睡一个好觉都成了奢侈的现状。

再和《鸡鸣》中赖床的官员相比较，不得不让人感叹，同样在齐国，人与人的生活差距就是这么大！

这首诗歌中的愤懑情绪是劳动者普遍的情绪，假如齐国的贵族们不反思、不改正，那么这些已经初步觉悟的劳动者，总有一天不堪忍受，等到揭竿而起的那一天，高高在上的齐王和贵族老爷们，就再不能在奢侈的床榻上睡懒觉了。

《国风·齐风》之二：往事不堪回首月明中

“春秋首霸”齐桓公让所有人敬佩，但齐桓公的异母兄长齐襄公却是所有齐国人不愿提起的耻辱。

齐襄公名叫诸儿，是齐僖公的长子。齐僖公还在位时，诸儿就被立为太子。公元前698年，齐僖公去世之后，诸儿即位，是为齐襄公。

齐襄公一生最大的污点，就是杀害了鲁国和郑国两国的国君。

让齐国人无法启齿的是，齐襄公还是太子的时候，就与异母妹妹文姜私通。后来文姜嫁给了鲁桓公，齐襄公就和文姜一直没有见面。齐襄公四年，齐襄公与鲁桓公在泺地会见。这一次，齐襄公终于有机会和文姜私下见面，鲁桓公知道这件事情后责备了妻子文姜，但是他万万没有想到，文姜暗中将此事又告诉了齐襄公。这年四月初十，齐襄公设宴款待鲁桓公，在酒席上灌醉了鲁桓公，命令公子彭生将鲁桓公勒死。

国君无辜被害，这成为鲁国奇耻大辱。鲁国向齐国问罪，请求诛杀彭生，齐襄公就杀死了彭生。

还是在这一年七月份，齐襄公在首止（今河南省睢县东南）召集诸侯会盟，郑国的国君子亹（wěi）带领大臣高渠弥参加了这次会盟。子亹在年轻时曾经与齐襄公发生过争斗，双方有仇。在这次会盟中，齐襄公暗中埋伏了士兵杀死了子亹，还将高渠弥五马分尸。

从这两件事情来看，齐襄公是一个身在齐国君主之位，却利用权势满足私欲的人。在齐襄公心目中，个人利益高于国家利益，所以他才为所欲为，丝毫不考虑自己这样随心所欲会对齐国造成怎样的影响。

在《齐风》中，有好几篇诗歌都是讽刺齐襄公和文姜的不伦之恋，比如诗歌《南山》《载驱》和《敝笱》。《敝笱》中的“敝”是破的意思，笱，是竹制的鱼篓，敝笱，合起来就是质量不那么好的鱼篓，对制止鱼儿的来往无能为力，其实就是影射齐襄公与文姜的来往不合礼法。

敝笱在梁（1），其鱼鲂鳏（2）。齐子（3）归止，其从如云。
敝笱在梁，其鱼鲂鱮（4）。齐子归止，其从如雨（5）。
敝笱在梁，其鱼唯唯（6）。齐子归止，其从如水（7）。

注释

（1）梁：河里的水坝，中间有缺口，嵌入笱，让鱼能进不能出。（2）鲂（fáng）：鳊鱼。鳏（guān）：鲲鱼，或大鱼的夸张说法。（3）齐子：指文姜。（4）鱮（xù）：鲢鱼。（5）如雨：形容随从很多。（6）唯唯：形容鱼儿跟随前来的样子。（7）如水：随从像水流不间断。

意思是，破鱼篓子支在捕鱼水坝上，鲂鱼鳏鱼自在出入，齐姜回到了齐国，跟随她的随从多如天上的云彩数不胜数。

破鱼篓子支在捕鱼水坝上，鲂鱼鲢鱼自在游水，齐姜回到了齐国，跟随她的随从多如天上的雨点数不胜数。

破鱼篓子支在捕鱼水坝上，鱼儿在水中游来游去，齐姜回到齐国，跟随她的随从如水流不断多得不可胜数。

这首诗用“敝笱在梁”起兴，意味深长。中国人总说，“法网恢恢，疏而不漏”。捕鱼也需要一个好鱼篓，但齐国现在的情况，就好像一个破鱼篓子，没人管得了齐襄公。这个起兴，也让人想到齐国法纪的败坏。

诗人没有对文姜进行正面描写，这位身份尊贵的“齐子”，回到齐国之后，身边仆从如云。但这样尊贵的身份，身边有这么多的随从，文姜还是要暗中和齐襄公见面私会。身份上的尊贵和行为上的无耻形成了强烈反差。诗人没有对齐襄公和文姜进行任何抨击，讽刺却溢于言表。

不动声色的嘲讽，比直接痛斥更令人深思。在《齐风》中，对于齐襄公和文姜的讽刺诗歌有好几首。对于齐国人而言，齐襄公的这段随心所欲的不伦之恋，已经成为齐国人忍无可忍又必须面对的耻辱。

在《齐风》中，也有关于猎人打猎的诗歌，其中《还》是一首很有特点的诗歌，这首诗是讲两位猎人相遇，互相称赞对方本领高强的诗歌。题目《还》，通“旋”，意思是轻便灵活。

子之还兮，遭(1)我乎猺(2)之间兮。并驱从两肩(4)兮，揖(4)我谓我儇(4)兮。

子之茂(6)兮，遭我乎猺之道兮。并驱从两牡(7)兮，揖我谓我好兮。

子之昌(8)兮，遭我乎猺之阳(9)兮。并驱从两狼兮，揖我谓我臧(10)兮。

注释

（1）遭：相遇。（2）猺（náo）：齐国山名，在今山东省淄博市东。（3）肩：通“豜（jiān）”，大兽。（4）揖：作揖。（5）儇（xuān）：轻快便捷。（6）茂：美，指猎人武艺高强。（7）牡：雄性的禽兽。（8）昌：强壮有力。（9）阳：山的南面。（10）臧：好，强壮。

意思是，猎人大哥敏捷灵活！我们打猎在猺山凹相遇。我们并肩追逐捕猎到两头野兽，他接连作揖夸我轻快敏捷！

猎人大哥风姿美！我们打猎在猺山路上相遇。我们并肩追逐捕猎到两头雄兽，他接连作揖夸我武艺高强！

猎人大哥身强体壮！我们打猎在猺山南面相遇。我们并肩追逐捕猎到两头狼，他接连作揖夸我身体强壮！

这首诗写两位猎人在山中打猎时相遇，所谓英雄惜英雄，两位猎人都对对方发出了由衷的赞叹。他们的赞美从对方的体魄身手，到两个人合作打猎的过程，再到双方发自内心的互相夸赞，可见这是一次非常愉快的合作。

诗歌每句都用韵，读起来有一唱三叹的感受。阅读这首诗，仿佛看到这两位优秀的猎人在山间相遇，两个人一样的优秀，一样身手不凡，洋溢着蓬勃的生命力。

这种来自同行之间的夸赞，和之前《国风》中诗人对于猎人本领、狩猎现场的描述不同，让读者领略到在当时，打猎其实是一种非常普遍的生活方式，感受到同行之间的真心夸赞——能够从事这项活动的猎人，都是生命力蓬勃，乐观向上的。

《国风·魏风》之一：苦恨年年压金线，为他人作嫁衣裳

魏国是战国七雄之一，魏国的成立和发展历史堪称跌宕起伏，充满传奇色彩。

根据《史记·魏世家》记载，魏国的先祖是毕公高的后代毕万。毕公高是周文王第十五个儿子，因封地在毕而得姓。毕国在西周末年为西戎所灭，毕万就成了平民。

公元前661年，毕万奉晋献公之命，灭了姬姓魏国。毕万因这项军功，受封地于魏地（今山西芮城县一带）。当时晋国的卜官郭偃为此事进行了占卜，郭偃说："毕万将来一定可以壮大。万，是满数，魏，同巍，大名也。天子曰兆民，诸侯曰万民。今命之大，以从满数，其必有众。"郭偃觉得毕万被封魏地，符合天意，将来肯定会兴旺发达。

后来，毕万的儿子魏犨跟随公子重耳流亡在外十九年，立下大功，晋文公回国当上国君后，封其为大夫，袭魏邑。

公元前453年，韩、赵、魏三家分晋局面形成，当时魏国出了一个著名的君主，那就是后来的魏文侯——魏斯。魏文侯有雄图大志，变法图强。他以子夏为老师，以田子方、段干木等人为友，一时之间魏国群贤毕至，秦国人不敢窥视河西之地。在魏文侯期间，魏国率先在战国称雄，奠定了百年基业。

但在这之后，魏国在包围赵国和马陵之战中都输给了齐国，实力削弱，沦为二流国家。在合纵、连横策略之争中，魏国参加了合纵。公元

前318年，魏、赵、韩、燕、楚五国合纵攻秦，并推举楚怀王为纵长。不过，实际上只有韩、赵、魏与秦国交战，最终由于组织不严密，合纵失败。

公元前293年，秦国为了打开东进中原的道路，派大将军白起在伊阙（今河南省洛阳市龙门镇）发动了歼灭魏韩联军的战斗。这一次，白起全歼魏韩联军24万。因为这次战斗，韩国损失了全部精锐部队，韩、赵、魏三国不得不再次团结一致，对付秦国。

公元前260年，在长平之战中，赵国用赵括取代了老将廉颇，结果40多万赵国士兵被秦国坑杀，赵国经此一战元气大伤，丧失了抵抗秦国的有生力量。

公元前257年，秦国包围了赵国都城邯郸，平原君多次向魏国求救未果。最终，信陵君窃符救赵，并率领楚、魏、赵三国联军击败了秦军。然而这却让魏王猜忌信陵君。信陵君最终郁郁寡欢，沉迷酒色而死。信陵君，这个魏国在战国时期最为耀眼的将军、政治家，就这样慢慢毁灭于失望之中。

秦王嬴政即位之后，加强了对魏国的征伐。公元前225年，秦国将军王贲水淹魏都大梁，魏国灭亡。

这样一段荡气回肠的魏国历史，有明君，有贤臣，有志士。反映在《魏风》中，一共是七篇诗歌，都很有个性。比如诗歌《葛屦》，是缝衣女工对于贵妇人的吐槽。题目中的“葛屦”，是一种夏天所穿，用葛绳编成的鞋子。

纠纠(1)葛屦，可以履(2)霜。掺掺(3)女手，可以缝裳(4)。要(5)之襋(6)之，好人(7)服之。

好人提提(8)，宛然左辟(9)，佩其象揥(10)。维(11)是褊心，是以为

刺[12]。

注释

（1）纠纠：缠绕交错。（2）可以：怎么能。可：通“何”。履：踩。（3）掺掺：同“纤纤”，形容女子的手柔弱纤细。（4）裳（cháng）：古人指衣服。（5）要（yāo）：衣服的腰身。此处是动词，缝好腰身。（6）襋（jí）：衣领，这里是动词，缝好衣领。（7）好人：美人，指女主人。（8）提提：同“媞媞”，安逸、舒服的样子。（9）辟：同“避”。（10）揥（tì）：古代的首饰，类似于发篦。（11）维：因为。（12）刺：讽刺。

意思是，缠绕纠结的葛藤鞋，怎么能踩踏寒霜。女子柔弱纤细的双手，怎么能缝衣裳。她缝好衣服的腰身和衣领，服侍尊贵的女主人将衣服穿在身上。

富家女主人安然享受，姿势优美向左转身。她头戴首饰真华丽，为人心地却狭隘，因此写诗讽刺她。

这首诗很短，只有两章，却把魏国的贫富差距描绘得淋漓尽致。

诗歌开始聚焦于一个贫苦的缝衣女身上。时至深秋，她脚上还穿着夏天穿的葛藤编的鞋子。冰冷刺骨的感受一定从缝衣女的脚底涌上了心头。这是一个无比寒冷乃至心灰意冷的人，然而她却不能停止工作，因为她还要为尊贵的女主人缝制衣服。接下来诗歌描写了这位缝衣女用纤细的手，缝制出漂亮的衣裳，并为贵妇人穿上。

这位不劳而获、生活安然富贵的贵妇人，她的神态坦然舒适。可见，当时的贫富差距、等级地位是非常森严的。这位贵妇人扭动腰肢，头上戴着精美的首饰，与之前为她服务的缝衣女悲苦的生活形成了鲜明对比。

所以诗人实在忍无可忍了，必须跳出来说一句：你看看这个贵妇人，她的心地多么狭隘自私，所以我一定要讽刺她！

诗歌中将缝衣女和贵妇人的形象、动作进行了对比，同样是魏国的女子，但一贫一富形成了鲜明对照。

诗歌最后两句的评论是这首诗的点睛之笔，对全诗的题旨进行了点题，让讽刺意味跃然纸上。

读这首诗，不禁让人想到唐代诗人秦韬玉的诗歌《贫女》中的后两句：

敢将十指夸针巧，不把双眉斗画长。
苦恨年年压金线，为他人作嫁衣裳。

贫穷的女子，隐藏了女子爱美的天性，用艰辛的劳动为自己、为家人的生存换取一碗饭食；然而那些饱食终日的贵族女子，傲慢到好像人生只剩下了装扮自己这一件事情。

《国风·魏风》之二：小溪潺潺与雷霆震怒

《魏风·葛屦》是为魏国缝衣女发声的诗歌，《魏风》中还有一首描写魏国采桑女的诗歌——《十亩之间》。题目中的十亩，是形容土地广大，并不是确指。十亩之间，指的就是郊外的场圃。

十亩之间兮，桑者闲闲兮(1)。行(2)与子还兮。

十亩之外兮，桑者泄泄(3)兮。行与子逝(4)兮。

注释

（1）桑者：采桑的人。闲闲：悠闲的样子。（2）行：走。（3）泄泄（yì）：人多的样子。（4）逝：返回。

意思是，那片桑园真辽阔，姑娘们采桑好悠闲。采完桑叶，她们一起走着把家回。

那片桑园真辽阔，姑娘们采桑结成群。采完桑叶，她们连说带笑把家回。

这首诗歌描写的是魏国采桑女欢快劳动的场景。采桑的姑娘们经过了一天的劳动，呼朋唤友，唱着歌儿回家。这首诗四字一句，隔句有一个“兮”字，形成重章叠句的咏叹，暗示着经历一天劳动的女子们放松、愉快的心情。这样欢快的氛围，可以想见她们劳动场面的欢乐。

这首诗只有短短三十个字，却将采桑女的心情描绘得栩栩如生，与诗歌的诗境、语境浑然一体，带给人一种质朴无华的美。

在《魏风》中另一首同样讲劳动的诗歌，却充满思想的觉醒和愤怒的质问，与这首《十亩之间》的情调截然相反，那就是为后人熟知的诗歌——《伐檀》。如果说《十亩之间》如同山间小溪潺潺流过，那么《伐檀》，就如同天上的雷击，爆发出劳动者愤懑不平的呐喊。

坎坎(1)伐檀兮，置(2)之河之干(3)兮，河水清且涟猗(4)。
不稼不穑(5)，胡取禾三百廛(6)兮？
不狩不猎(7)，胡瞻尔庭有县貆(8)兮？
彼君子(9)兮，不素餐(10)兮！

注释

（1）坎坎：象声词，伐木的声音。（2）置：放置。（3）干：水边，河岸。（4）涟：水的波纹。猗：同“兮”，语气助词。（5）稼：播种。穑：收获。（6）胡：为什么。禾：谷物。三百：指很多。廛：同“缠”，古代度量单位，束。（7）狩：冬天打猎。猎：夜晚打猎。这里泛指打猎。（8）县：通“悬”，悬挂。貆（huán）：猪獾。（9）君子：这里指有权有势的人。（10）素餐：白吃饭，指不劳而获。

坎坎伐辐(1)兮，置之河之侧兮，河水清且直(2)猗。
不稼不穑，胡取禾三百亿(3)兮？
不狩不猎，胡瞻(4)尔庭有县特(5)兮？
彼君子兮，不素食兮！

注释

（1）辐：车轮上的辐条。（2）直：水流平直。（3）亿：通“束”。（4）瞻：向前或向上看。（5）特：大兽。

坎坎伐轮兮，置之河之漘[(1)]兮，河水清且沦[(2)]猗。
不稼不穑，胡取禾三百囷[(3)]兮？
不狩不猎，胡瞻尔庭有县鹑兮？
彼君子兮，不素飧[(4)]兮！

注释

（1）漘（chún）：水边。（2）沦：水面的小波纹。（3）囷（qūn）：束，一说圆形的谷仓。（4）飧（sūn）：熟食，泛指吃饭。

意思是，听那坎坎伐檀树的声音，砍倒檀树放置在河边，河水清清有波澜。既不种地又不收割，为什么那么多捆谷物搬回家？既不冬狩又不夜猎，为什么看见你院子里悬挂着猪獾？你们这些君子老爷们啊，不能白吃闲饭啊！

听那坎坎伐树木做车辐的声音，砍下树木放置在河边。河水清澈水波直流。既不播种又不收割，为何那么多束谷物搬回家？既不冬狩又不夜猎，为什么看见你院子里悬挂着大兽？你们这些君子老爷们啊，不能白吃闲饭啊！

听那坎坎伐树做车轮的声音，砍下树木放置在河边。河水清澈有波纹。既不播种又不收割，为何那么多捆谷物要搬回家？既不冬狩又不夜猎，为什么看见你院子里悬挂着鹌鹑？你们这些君子老爷们啊，不能白吃闲饭啊！

这首诗是劳动者对于贵族统治者的讽刺和质问。在这首分为三章的诗歌中写道，劳动者砍下了檀树，放在河边，又将这些檀树做成了车辐和车轮，他们的劳动是非常艰苦的。劳动时，诗人看到那清清的河水，想起来尊贵的贵族——诗中的君子，你们不种庄稼也不收割，家里怎么有谷物呢？你不参加狩猎，为什么会院子里挂满了猎物呢？

这种对比是非常强烈的。最终诗人还充满嘲讽地说，你们这些君子，可不能白吃闲饭，不劳而获啊！

三章诗歌反复咏叹，互相补充，将劳动者的艰辛和贵族君子的不劳而获描写得淋漓尽致。当劳动者在忙着种庄稼，忙着狩猎，忙着制作车子的时候，君子却什么也不做，还要白白占有劳动果实。

诗歌中愤怒的情绪，对于不公正的愤恨是非常明显的。

这首诗每一章都有抒情的句子，劳动者到了河边所见引起所思，“河水清且涟猗”，也许就是到了河边，看到清澈的河水，诗人才有时间去想一想，这样不公平的事情，为什么会发生？

这首诗句式灵活多变，有四言、五言、六言、七言甚至是八言，给人灵活自如的感受，诗人的情绪如同行云流水，配合诗句的跌宕起伏，是历史上最早的杂言诗典型之作。

这是魏国人对于当时不公正的现实发出的反抗，这反抗的诗歌如同行云流水，挥洒自如。但蕴含其中的反抗精神，却如同天上响雷，振聋发聩。

《国风·唐风》之一：叔虞的子孙

《国风·唐风》的诗歌是春秋时期晋国的诗歌。这是由于晋国的第一任国君唐叔虞是周武王姬发的儿子，周成王的弟弟。唐叔虞的母亲邑姜，是姜太公的女儿。

据说周成王小时候和弟弟做游戏，把桐树的叶子削成珪的形状赐给叔虞，说用这个分封给你。珪是一种玉器，长条形，上面是三角形，下面是正方形。古代贵族在祭祀、朝聘、丧葬的时候都用这种玉器作为一种礼器。旁边的太史便请求选择吉日册封叔虞为诸侯。周成王很惊讶，说我和他做游戏呢！这时候太史就说了，天子无戏言。周成王就将唐地封给了叔虞，叔虞从此被称为唐叔虞。

这就是历史上著名的“桐叶封弟”的故事。

唐叔虞去世之后，他的儿子燮即位，将国号改为“晋”，就是我们熟知的晋国。

晋国历史上发生的一件大事，就是曲沃代翼。

晋文侯去世之后，他的儿子晋昭侯即位，并且将叔叔封到了曲沃，曲沃在今天的山西省临汾市。晋昭侯的叔叔被称为曲沃桓叔。晋昭侯永远也不会想到，他的这个举措，给自己的子孙后代埋下了一颗定时炸弹。

曲沃城比晋国的国都翼城还大，这其实已经违背了君臣礼仪。从实际角度考虑，既然曲沃如此强大，为什么还要屈居于人下？

公元前739年，晋昭侯被大臣所杀，曲沃桓叔本来想入主翼城，却遭到晋国老百姓的反对。

接下来，一代代的曲沃伯不断攻打晋国都城。

一直到公元前678年，曲沃武公又伐晋侯缗，并灭之。但曲沃武公还面临着一个现实问题，如何获得周天子的认可，成为名正言顺的晋侯？

曲沃武公将晋国的宝贝都送去贿赂周釐王。俗话说收人家的手短，周釐王就任命曲沃武公当了晋国国君，曲沃武公成为周天子认可的诸侯。

到了晋献公时代，晋献公为了避免曲沃代翼的事件再次发生，就将晋国的公子全部杀了。晋献公以“绛”为都城，这在历史上被称之为“灭桓庄之族”。

后来，晋献公宠爱骊姬。骊姬为了让自己的儿子成为晋献公的继承人，设计冤枉世子申生意图暗杀晋献公。世子申生因此自杀，这也导致公子重耳等人出奔。晋国混乱了近十年。还是多亏了秦穆公的正义相助，晋国在公子重耳即位后得以步入发展正轨。

在晋国称霸的过程中，先后和秦国发生过韩原之战、崤之战，和楚国发生过城濮之战。在晋文公之后，晋国也出现过晋襄公、晋悼公这样强悍的君主，也有赵盾这样的权臣。

伴随着晋国六卿的势力壮大，在公元前433年，韩、赵、魏三家分晋。最终，公元前376年，晋静公被废为平民。曾经的一代霸主晋国，退出了历史的舞台。

《唐风》是先秦时唐地的民歌，现存十二篇。在《唐风》中，不乏对于贵族的描写，其中很有趣的一首，就是对于贵族“守财奴”的讽刺，这首诗名为《山有枢》，枢是刺榆的意思。

山有枢，隰(1)有榆。子有衣裳(2)，弗曳弗娄(3)。子有车马，弗驰弗驱(4)。宛其死矣，他人是愉。

山有栲[5]，隰有杻[6]。子有廷内[7]，弗洒弗埽[8]。子有钟鼓，弗鼓弗考[9]。宛其死矣，他人是保。

山有漆，隰有栗。子有酒食，何不日鼓瑟？且以喜乐，且以永日[10]。宛其死矣，他人入室。

注释

（1）隰（xí）：又低又湿的地方。（2）衣裳（cháng）：古时候“衣”特指上衣，“裳”指下裙。（3）弗曳（yè）弗娄：有好衣服却不穿。曳：拖；娄：通“搂”，牵拉。古代长袍拖地，需要提着走。（4）驱：车马快走。（5）栲：山樗。（6）杻：檍树，木材坚韧。（7）廷：同“庭”，庭院。内：厅堂和内室。（8）埽：同“扫”，打扫。（9）考：敲击。（10）永日：整日。

意思是，山上长着刺榆，洼地长着白榆。你有华贵的衣裳，却不见你穿戴。你有马儿和车子，却不让车马奔走。要是有一天你死去，都是别人来享受。

山上长着栲树，洼地长着檍树。你家有庭院和厅堂，却不见你去打扫。你家还有钟鼓乐器，却不见人去演奏。要是有一天你死去，这些都归别人所有。

山上长着漆树，洼地长着栗树。你家有美酒佳肴，为什么不每天鼓瑟开宴会？姑且以此为娱乐，整天享乐多开心。要是有一天你死去，他人占据你的家。

这首诗中的主人公非常富有。他有锦绣的衣裳，还有高车骏马，家里的住房也很宽敞，甚至还有编钟这样精致复杂的乐器，当然也少不了美酒佳肴。

但是所有的这一切，这位富有的贵族都舍不得享受。这就很奇怪了，这位富有的贵族为什么会如此吝啬呢？其实在诗歌第二章已经揭晓了秘密，因为“子有钟鼓，弗鼓弗考”“子有廷内，弗洒弗埽”。富人家里的房屋，没有洒扫，富人家里的乐器，也没人敲击。可见这位主人并非风雅之人。一个爱好音乐的人，再忙，怎么舍得让心爱的乐器蒙尘呢？

贵族生活中令人羡慕的衣食住行，吃喝玩乐，这位富人都没有时间去享受。所以诗人用讽刺的口吻，挖苦这位富人，你既然不享受生活，为什么还要积聚财富呢？

按照守财奴的心理去推断，这位富人要不就是对于收敛财富有难以抗拒的爱好，要不就是热衷于收殓财富留给子孙后代。这是一位被物质财富“物化”的贵族。他收敛财富，财富却主宰了他的人生，从而成了财富的奴隶。

这种守财奴的形象，在《国风》中独树一帜。

《国风·唐风》之二：道德高尚的篡位者

在晋国曾经发生过曲沃伯势力壮大，最终篡位的重大事件。这在诗歌《扬之水》中有巧妙的表现。题目中的“扬”，是激扬的意思。

这首诗创作于曲沃桓叔政变前。公元前745年，晋昭侯封他的叔叔到曲沃，号桓叔。曲沃是晋国的大邑，甚至面积比晋国的都城翼还要大。这对于晋昭侯来说，是一次严重的决策失误。

曲沃桓叔上任之后，广施恩德。很快，曲沃就迅速发展，更加壮大，成为晋国城邑中的强者。司马迁在《史记》中记载，“晋国之众归焉”。曲沃已经构成了对晋国宗室的威胁。

果然，六年之后，公元前739年，晋国的大臣潘父弑君，想要迎立桓叔。桓叔在曲沃广施恩惠，早有目的。他早就觊觎晋侯之位，所以当弑君的大臣潘父迎接他，才能一拍即合。

但是当桓叔准备进入都城时遭遇了晋国人的抵抗。桓叔在战斗中败下阵来，只能退回曲沃。

扬之水，白石凿凿[(1)]。素衣朱襮[(2)]，从子于沃[(3)]。既见君子，云何不乐？

扬之水，白石皓皓[(4)]。素衣朱绣，从子于鹄[(5)]。既见君子，云何其忧？

扬之水，白石粼粼（6）。我闻有命，不敢以告人。

注释

（1）凿凿：鲜明的样子。（2）襮（bó）：绣有黼文的衣领。黼：古代礼服上绣的黑白相间的花纹。（3）沃：曲沃，今山西省闻喜县东北。（4）皓皓：洁白的样子。（5）鹄：曲沃的城邑。（6）粼粼：清澈的样子。

意思是，小河淌水水花飞扬，洁白的石头被河水冲刷。士兵身穿红领白衣，即将跟随他从曲沃上战场。已经见到君子桓叔，还有什么不快乐？

小河淌水水花飞扬，山石在河水中发白光。士兵身穿着绣花红领白衣，即将跟随他从鹄邑上战场。已经见到君子桓叔，还有什么可担忧？

小河淌水水花飞扬，白色的石头在水底好清澈。刚刚得到命令，却不敢告诉别人。

这首诗歌以“扬之水”起兴，在波澜不惊的氛围下，小河流水潺潺，河底清澈见底，可以看到河床上的白石，给人一种宁静的感受。然而河边是什么人呢？是士兵。他们在做什么？他们整装待发，即将奔赴战场。在这样岁月静好的背后，隐藏着巨大的危机，战争即将爆发。

环境、人物和即将要发生的事件形成了鲜明对比。诗人没有直接陈述，却让读者隐约对危险有了感受。

这些士兵对于即将发生的危险是什么态度呢？

他们内心对此是充满了期待，非常高兴。因为每一章的最后都有一个反问，“既见君子，云何不乐？”这个君子，当然指的就是他们的领导——桓叔。

为什么面对即将发生的危险他们还能感到高兴呢？桓叔怎么有这么大的魅力呢？

诗歌中提到的服装，素衣朱襮，素衣朱绣。这在当时都是诸侯专有的服装。这些士兵，期待着他们的领导能够穿上诸侯的服装，成为晋国的主人。作为曲沃桓叔的追随者，这些士兵当然也会获得相应的奖励。

朱熹在《诗集传》中曾经点评，说这首诗是用水流缓慢而石头凿凿，比喻晋侯的衰微和曲沃的强大。用诸侯服装，隐喻桓叔的行动。“闻其命而不敢以告人者，为之隐也”。

从这一点来看，那位道德高尚的桓叔，早就动了篡位的心思。所以在他行动的时候，士兵得到命令却不能告诉旁人，目的是秘而不宣，希望此事成功。

桓叔野心勃勃又隐藏至深，晋国的内战少不了。

战争、徭役，都是令当时老百姓头疼的问题。

所以在《唐风》中，也有控诉因为繁重的徭役带给人民的痛苦，这首诗就是《鸨羽》。鸨，是一种鸟，样子长得像大雁，但是体型更大。一般是群居在有水草的地方，不习惯住在树上。

肃肃(1)鸨羽，集于苞栩(2)。王事靡盬(3)，不能蓺稷黍(4)。父母何怙(5)？悠悠苍天，曷其有所(6)？

肃肃鸨翼，集于苞棘(7)。王事靡盬，不能蓺黍稷。父母何食？悠悠苍天，曷其有极(8)？

肃肃鸨行(9)，集于苞桑。王事靡盬，不能蓺稻粱。父母何尝(10)？悠悠苍天，曷其有常(11)？

注释

（1）肃肃：鸟扇动翅膀的响声。（2）苞：丛生的柞树。栩：栎树。（3）靡：没有。盬（gǔ）：休止。（4）蓺（yì)：种植。稷：高粱。黍：黄米。（5）怙（hù）：依靠。（6）所：住所。（7）棘：酸枣树。（8）极：尽头。

（9）行：行列。（10）尝：吃。（11）常：正常的生活。

意思是，大鸨飞翔翅膀肃肃响，它们成群结队栖息在柞树上。君王的徭役无休止，我不能回家种高粱和黍子。我的父母要靠什么生活？高高在上的老天爷啊，什么时候我才能返回我的家？

大鸨飞翔翅膀肃肃响，它们成群结队落在一丛丛酸枣树上。君王的徭役无休止，我不能回家种高粱和黍子。我的父母要吃什么活着？高高在上的老天爷啊，什么时候这忙碌才到头？

大鸨飞翔翅膀肃肃响，它们成群结队落在一丛丛桑树上。君王的徭役无休止，我不能回家种稻谷和高粱。我的父母吃什么啊？高高在上的老天爷啊，什么时候才能过上正常的生活？

诗人看到大鸨这样一种不会在树上栖息的鸟儿如今却栖息到了树上，这种反常的现象，寓意着老百姓当时反常的生活。服劳役的人日日辛苦劳作，自己地里的庄稼却没有时间去种，内心惦念的父母也不知道依靠什么生活。这种高强度劳作的生活，和内心的痛苦形成了一种割裂，让诗人整个人陷入痛苦之中。然而更可怕的是，这样的日子不知道什么时候是个头。

没有办法耕田种地，更没办法孝敬父母的老百姓，如同不会上树的大鸨，如今必须要栖息在树上。这种生活是违反天性的，也是非常痛苦的。

所以诗人才会质问，悠悠苍天，曷其有极？

诗人感念父母，祈求上天，却都没办法得到回复。这种苦难的生活，寓意着老百姓在水深火热中煎熬。这也是对于春秋战国时期，战火连天、诸侯争霸生活的一种反映。

《国风·秦风》之一：从牧马人到一统天下

提起秦，你会想到什么？是统一六国的强大，还是焚书坑儒的专制？回顾秦的历史就会发现，“秦”的发展也是一个坚持不懈、后来者居上的故事。秦人最大的特点，用现在的话说，“生，冷，硬，倔”，但在倔强向理想前进的时候，秦人总是会在关键时刻明智地转弯，走到正确的方向。这种对于理想坚定不移，在奋斗前行的路途上多方寻找，或许才是秦能够统一六国的关键原因。

秦朝的国号来自地名。根据《史记》记载，秦的先祖是大费，是黄帝的孙子颛顼的后裔。据说大费曾经辅佐大禹治水，辅佐舜调训鸟兽，舜赐名大费姓嬴。

到周穆王时期，大费的后代造父担任周穆王御。御，就是为周穆王驾车的大夫。传说造父曾经辅佐周穆王平定徐国叛乱，周穆王将造父封在赵城（今山西洪洞）。造父也是赵氏的始祖。

后来秦人由于给周天子养马有功，被周孝王封在了秦地。所以秦在最开始的时候，其实是周王室御用的养马人。周幽王由于宠爱褒姒，烽火戏诸侯，犬戎攻破了镐京。当时秦襄公由于保卫王室有功，所以被正式封为诸侯。这是秦人从周天子的牧马人华丽转身，成为诸侯的开始。

秦国地理位置偏僻，秦国的君主出身也不高贵，所以在诸侯中经常被鄙视。但秦国的君主都有一颗图强的心。秦国第九位国君——秦穆公，为人正直，心胸开阔，曾经三定晋君。即便他帮助过的晋惠公忘恩负义，但晋国发生饥荒时，秦穆公依然发动泛舟之役，帮助晋国的老百姓度过饥荒。即便在后来崤之战等战争中输给晋国之后，也是屡败屡战，绝不放弃。当发现没办法彻底战胜晋国，就转而向西发展，最终平定西戎，成为春秋五霸之一。

秦孝公曾经颁布《求贤令》，说“宾客群臣有能出奇计强秦者，吾且尊官，与之分土”。这是非常有诚心的命令，所以《求贤令》一出，群贤毕至。其中最有名的贤士，就是商鞅。

商鞅变法之后，秦国人“勇于公战而怯于私斗”，秦国成为当时的军事强国，军队最多达到了“带甲百万，车千乘，骑万匹”。秦国出现了白起、王翦、蒙恬等著名的将军。这期间秦国出现了几个重要的丞相，或者说战略策划者，让秦国在战国时期诸侯混战的局势中每一次都采取了正确的策略。

第一位是张仪。张仪运用连横策略，成功对抗了六国针对秦国的合纵。第二位是范雎。范雎建议秦国远交近攻，并且要消灭敌人有生力量，使得秦国一步步将六国蚕食殆尽。

秦国先灭韩国，将韩国的土地设置为颍川郡；后灭赵国，将赵国土地设置为邯郸郡、巨鹿郡、太原郡；接下来灭掉的国家依次是魏国、楚国、燕国、齐国。

这是以一对六的胜利，更是连横对抗合纵的终章。

六国破灭的原因众说纷纭，后世有很多文学家专门写文章论述过六国灭亡的原因。苏洵的《六国论》，认为六国灭亡，“弊在赂秦”，因为六国都希望通过贿赂秦国，换取一日平安，六国都没有坚决对抗秦国的决心。苏辙的《六国论》，认为六国灭亡的原因，是“见利之浅，且不知天下之势”。是因为六国不了解天下的情势，没看清秦国“远交近攻”的策略和最终吞并天下的目的。

无论如何，秦国灭亡六国，都是震惊千古的壮举。从周天子的牧马人，再到千古一帝，秦国的跨越，值得后人思考。

秦国，绝不仅仅是赳赳武夫。

中华民族封建王朝大一统的开始，威风八面，实力强悍。

《秦风》就是秦地的民歌，总共十篇。在《秦风》中，当然少不了对秦国尚武的描写，诗歌《小戎》就是其中代表。小戎是一种兵车，这种兵车的车厢比较小，所以称为“小戎”。

小戎俴收(1)，五楘梁辀(2)。游环胁驱(3)，阴靷鋈续(4)。文茵畅毂(5)，驾我骐馵(6)。言念君子(7)，温其如玉。在其板屋(8)，乱我心曲(9)。

注释

（1）俴（jiàn）：浅。收：车后面轸木上的车厢板。轸：四面束舆的木头。（2）五：同“午”，交错缠绕。五楘（mù）：皮革交错缠绕的车辕。梁辀（zhōu）：曲辕。（3）游环：活动的环，在辕马背上。胁驱：驾马具，以皮革制成。（4）阴：车轼前的横板。靷（yǐn）：引车前行的皮带或绳索。鋈（wù）：白铜。鋈续：白铜镀的环紧紧扣住皮带。（5）文茵：虎皮的车垫。畅毂：长毂。毂：车轮中心的圆木，中间有圆孔，用来插车轴。（6）骐：青色像棋盘格子纹路的马。馵（zhù）：左后蹄或者四蹄都是白色的马。（7）言：语气助词。君子：指从军的丈夫。（8）板屋：用木板建造的房屋，是西戎民俗。（9）心曲：内心深处。

四牡孔阜(1)，六辔(2)在手。骐駵(3)是中，騧骊是骖(4)。龙盾(5)之合，鋈以觼軜(6)。言念君子，温其在邑(7)。方何为期？胡然(8)我念之！

注释

（1）牡：公马。孔：很。阜：肥大。（2）六辔：缰绳。一车四马，里面两个马各有一辔，外面二马各有两辔，一共是六辔。（3）駵：同骝，赤身黑鬃的马。（4）騧（guā）：黄身黑嘴的马。骊：纯黑色的马。骖：车辕外侧的两匹马。（5）龙盾：画着龙的盾牌。（6）觼（jué）：有舌的环。軜（nà）：内侧两匹马的辔。（7）邑：郡邑，指家乡。（8）胡然：为什么这样。

俴驷孔群[1]，厹矛鋈錞[2]。蒙伐有苑[3]，虎韔镂膺[4]。交韔二弓，竹闭绲縢[5]。言念君子，载[6]寝载兴。厌厌良人[7]，秩秩德音[8]。

注释

（1）俴驷：披着薄金甲的四匹马。孔群：指群马很协调。（2）厹（qiú）矛：头部有三棱锋刃的长矛。鋈錞（duì）：矛柄下端的金属套。（3）蒙：画杂乱的羽纹。伐：通“瞂”，大盾牌。苑：花纹的样子。（4）虎韔（chàng）：虎皮的弓囊。镂膺：装饰着金属花纹的箭袋。（5）竹闭：保护弓箭不走形的竹制器具。绲（gǔn）縢：绳索。（6）载（zài）：再，又。（7）厌厌：安静柔和的样子。良人：女子的丈夫。（8）秩秩：有礼节。德音：好声誉。

意思是，小小战车车厢浅，曲辕上皮带交错缠绕。马背上有游环马身上有胁驱，车前横板有白铜环紧紧扣皮带。车垫上有花纹呀车毂长长，驾驶着我的青黑马呀马儿四蹄真雪白。思念我从军的丈夫，人品温和如同美玉。他住在木板建造的房屋里，让我内心好烦忧。

四匹公马好强壮，手中紧握六条缰绳。青马红马在中间，黄马黑马在两边。龙纹盾牌合一起，白铜环扣束缰绳。思念我从军的丈夫，他在家时多温暖。他将在何时归来？为什么这样思念他！

身披薄金甲的四匹马很协调，长矛上有三棱刃矛柄下有白铜套。大盾牌上羽纹美，虎皮弓囊上有金属花纹。两张弓交错插入弓囊，竹闭用绳索捆扎好。思念我从军的丈夫，睡下又起来心焦躁。夫君安静又柔和，为人重礼声誉好。

这首诗写一位秦国的妻子思念出征的丈夫。这位妻子在思念丈夫时，回忆起当时送丈夫出征的场景。从这位妻子描写的秦军出征，可以想见当年威武雄壮的场面。这首诗有三章，每章十句，其中每章的前六句都是妻子在回忆自己所见的秦军出征场面。第一章，写到了车制，第二章写驾车的马，第三章写到了兵器。从这位妻子的描述可见，秦国的军队装备是非常好的，兵强马壮，甚至车、马、兵器都非常豪华。

在每一章诗歌的后四句，都写妻子对丈夫的思念。她想到自己的丈夫温润如玉，安静柔和，但是他此刻却在你死我活的战场上。越是美好的一个人，身处危险境地，就更让人牵肠挂肚。所以这位妻子辗转反侧，忧虑难眠。

这首诗以军属的身份，展开对秦国军队征战的侧面描写。秦国军队的确非常强大，秦国国风尚武，民风强悍，即便是这位妻子，也是在期盼丈夫早日立功归来。所谓“德音”，就是希望丈夫立功，有好的声誉。

这位军人的妻子虽然思念丈夫，却并没有流露出担心甚至幽怨的情绪，整首诗歌的情绪是昂扬向上的，这也与后来的征人诗歌有不同之处。

也许正是因为秦国的铁血豪情已经深入到了百姓心中，甚至是一个柔弱女子，也绝不肯发出哀怨之声。这样一个性格强悍的国家，虽然地处偏远，却不可战胜。

《国风·秦风》之二："秦穆杀三良"居心何在

秦国尚武，而且民风好战。然而，商鞅变法之后，秦国人"勇于公战而怯于私斗"。在秦国，人们在为国战斗的时候，心中也有一杆秤，一杆称量是非的道德之秤。

《秦风》中的诗歌《黄鸟》，就是秦国人对于秦穆公去世，却让秦国的车氏三子殉葬的控诉。秦穆公一生南征北战，成为春秋五霸之一。但是他去世之后，却让大夫奄息、仲行、针虎殉葬。包括这三位秦国著名的贤臣，这次葬礼一共有殉葬者一百七十七人。这件事，在《左传》和《史记》中都有详细记载。

用活人殉葬已经非常残忍了，为什么秦穆公这样的一位明君，还非要让秦国著名的"三良"为自己殉葬呢？要知道，这兄弟三人，可是为秦国立过汗马功劳的。

在《史记·三家注》中曾经有这样的记载，秦穆公有一次大宴群臣，忽然心生感慨，对臣子说："生共此乐，死共此哀。"意思是，我们大家活着的时候一起开心，死了也希望能一起。当时车氏三兄弟也在这次宴会上，马上就表示自己愿意和秦穆公一起死。

车氏三兄弟言行一致，值得人称赞。但是此举却让秦国一下子损失了三个贤臣，秦国的民众对此也非常悲伤。

这件事成为历史上著名的典故，那就是"秦穆杀三良"。

秦国人为了表示对三良的哀痛，创作了《黄鸟》这首诗。黄鸟，就是春秋时期人口中的黄雀。

交交[(1)]黄鸟，止于棘[(2)]。谁从[(3)]穆公？子车奄息[(4)]。维此奄息，百夫之特[(5)]。临其穴[(6)]，惴惴其栗。彼苍者天，歼我良人[(7)]！如可赎兮，人百其身！

交交黄鸟，止于桑[(8)]。谁从穆公？子车仲行。维此仲行，百夫之防[(9)]。临其穴，惴惴其栗。彼苍者天，歼我良人！如可赎兮，人百其身！

交交黄鸟，止于楚[(10)]。谁从穆公？子车针虎。维此针虎，百夫之御[(11)]。临其穴，惴惴其栗。彼苍者天，歼我良人！如可赎兮，人百其身！

注释

（1）交交：鸟鸣的声音。（2）棘：荆棘。此处是双关，有“急”的意思。（3）从：从死。（4）子车：是复姓。奄息：字奄名息。（5）百夫：多位男子，百，是虚指，意思是很多。特：优秀杰出。（6）穴：墓穴。（7）良人：好人。（8）桑：桑树。此处是双关，意思是“丧”。（9）防：通“方”，当。一人当百夫。（10）楚：荆树，双关意指：痛楚。（11）御：相当。

意思是，黄鸟交交鸣叫，它栖息在荆棘树上。是谁去殉葬穆公？他是子车奄息。唯有那奄息，百人之中最雄俊。大家来到那墓穴，浑身战栗难止住。那高高在上的老天爷啊，为何要坑杀我们的良人！如果可以将他赎回，百人愿意救赎他性命！

黄鸟交交鸣叫，它栖息在桑树上。是谁去殉葬穆公？他是子车仲行。唯有那仲行，一人可当百夫。大家来到那墓穴，浑身战栗难止住。那高高在上的老天爷啊，为何要坑杀我们的良人！如果可以将他赎回，百人愿意救赎他性命！

黄鸟交交鸣叫，它栖息在荆树上。是谁去殉葬穆公？他是子车针虎。唯有那针虎，一人可比得上百人。大家来到那墓穴，浑身战栗难止住。那高高在上的老天爷啊，为何要坑杀我们的良人！如果可以将他赎回，百人愿意救赎他性命！

秦国的老百姓对于车氏三良为秦穆公殉葬是痛心疾首的，他们赞颂心目中的贤臣，认为车氏三良一个人顶得上一百个人。甚至为了救下车氏三良，秦国的百姓甘愿赴死。

这首诗有三章，其实每一章都有三层意思，诗歌开始用黄鸟起兴，讲述殉葬的事情，紧跟着是对车氏三良殉葬的痛心，诗歌中采用了“棘”“桑”“楚”这样的双关词语，表示诗人内心的急迫、悲痛却无可奈何。最后，诗人发出向苍天的呼号，表示秦国人愿意用一百个人去代替一个车家之子活下来。

当然结果是无法更改的。为秦穆公殉葬的一百七十七个人，都无辜送命。

但秦穆公为什么要用“三良”殉葬？难道他不知道，一下子殉葬三个贤臣，会让秦国实力大损吗？

后来有一种观点认为，这是秦穆公在防止日后大夫对宗室权力的掠夺，鲁国的“三桓”，晋国的“六卿”，不都是让这些大国被瓜分的罪魁祸首吗？

但秦穆公并没有预言战国历史的超能力，他让“三良”殉葬，绝对不是出于对大夫的控制。

从秦穆公本人来说，他三定晋君，虽然也有出于和晋国搞好关系的目的，试问春秋时期，哪个国家的君主能够对邻国鼎力相助？即便是晋惠公背信弃义，当晋国发生饥荒的时候，秦穆公也是号召全国的百姓，发起

“泛舟之役”，救援晋国百姓。三百个山下的野人，也就是当地的农民，偷吃了秦穆公的马，秦穆公不但不怪罪他们，还送好酒给他们喝。说吃了马肉，要喝好酒，身体方不生病。最终在和晋惠公交战的关键时刻，这些偷马肉的人，在秦穆公即将被俘虏的时候，救了秦穆公。

秦穆公是一个仁慈君主。孔子也曾经评价秦穆公，“其国虽小，其志大；处虽僻，而其政中。”

秦穆公之所以坦然接受“三良”殉葬，原因就是殉葬制度在秦国是普遍的。秦国靠近西戎，生活方式上很多与戎人相似，和中原地区并不能相提并论。当时诸侯也都鄙视秦国，《史记》中曾经记载，说“秦始小国僻远，诸夏宾之，比于戎狄”。所以当中原诸侯开始逐渐废弃殉葬制度的时候，秦国却正是殉葬制度的鼎盛时期。秦武公去世时殉葬六十六人，秦穆公去世时殉葬一百七十七人，秦景公去世时殉葬一百八十六人，而根据《左传》记载，晋景公去世时殉葬一人，楚灵王去世时殉葬两人。

这种惊人的差异，显示了风俗的不同。

一直到秦献公被迫流亡到魏国，目睹了魏国通过变法发展强大的过程，才深受震撼。秦献公回国即位后，开始变法图强。在秦献公的变法中，很重要的一点就是取消活人殉葬。

所以，秦穆公坦然接受“三良”殉葬，就是因为落后的思想观念和风俗决定的。

司马迁在《史记》中借“君子”之口发表了自己的看法，他认为这就是秦穆公能够称霸西戎却不能成为中原盟主的原因。

《国风·陈风》之一：背靠大树者，未必好乘凉

陈国是一个存续了千年之久的国家，曾经两度亡国又两度复国。最具有传奇性的还数陈国的公子完，他出奔到齐国之后，成为田氏始祖。公元前386年，田齐取代了姜子牙的后代——姜齐，历史上称之为田氏代齐。

陈国不是春秋诸侯中最强大的一个，但绝对是富于传奇色彩的一个。

相传陈国君主是舜的后代。周武王灭商之后寻访前朝君主后代，找到了舜的后代——妫满。周武王把自己的长女大姬嫁给了妫满，将妫满封在陈的株野（今河南柘城），后来又迁都到宛丘（今河南省周口市）。周武王命令妫满奉守舜的宗祀。根据《左传》记载，秉承“胙土命氏”的原则，也就是诸侯国的国君以国为氏，妫满于是称陈氏，谥号胡公。陈胡公，就是陈国、陈氏的始祖。

陈国与蔡国相邻，北面是夏的后裔杞和商的后裔宋，西南是楚和徐。

陈国地理位置位于中原地区，是诸侯各国来往的交通枢纽。

陈国人很聪明，利用这种优越的地理位置开始经商。当时西周分封的诸侯中，爵位分为公、侯、伯、子、男五等，陈胡公当时被封为侯爵，陈国的爵位还是很高的。在当时那个实力决定一切的时代，陈国长袖善舞，非常注意和其他国家搞好对外关系。在大部分时间，陈国与宋国、蔡国、卫国都是统一战线。

到了春秋初期，陈国西北方的郑国崛起。郑庄公当政时期，陈国受郑国影响很大。郑庄公去世之后，陈国开始亲近楚国。城濮之战后，晋国击

败楚国，成为中原霸主，陈国于是开始臣服于晋国。

但陈国没料到的是，楚国因为陈国倒向晋国，开始报复陈国。陈国没办法，只能和楚国修好。但是晋国又因此对陈国不满，开始讨伐陈国。

就这样，原本想背靠大树好乘凉的陈国，结果搬起石头砸了自己的脚。如此看来，想在复杂的环境中投机取巧背靠大树者，未必好乘凉。

当时的陈国、郑国都成为晋楚争霸夹缝中的国家。

对于没有实力争霸的小国而言，过早加入某个大国团体，只能让自己成为大国争霸的打击对象。

不过，陈国对于这一点并没有进行反思。

当吴国崛起之后，陈国又向吴国示好。最终，吴国被越国灭亡，而陈国，最终为楚国所灭。唯有陈国的公子完在齐桓公时出奔到了齐国，他的后代以封地为姓，是为田氏。后来，田氏取代了姜太公的后代，成为齐国君主。

《国风·陈风》一共有十篇诗歌，其中《墓门》这首诗，是对陈文公之子陈佗的讽刺。

陈佗是陈文公的儿子，他和哥哥陈桓公是同年出生，而且都是庶子。陈桓公十岁即位，陈佗却只是一个公子。

在《左传》中有这样的记载，郑庄公派使者来陈国议和，但陈桓公不同意。当时陈佗劝说哥哥陈桓公，说睦邻友好是安邦之道，您还是答应郑国吧！但陈桓公坚持不同意，说自己并不害怕郑国。

果然，到了公元前716年，郑庄公出兵攻打陈国，陈国大败。

一年后，陈桓公派陈佗去郑国与郑庄公讲和结盟。在结盟的时候，陈佗居然忘记了要将牛血抹到自己的嘴唇上，也就是俗称的“歃血”。当时郑国很多大臣都觉得这个陈佗脑子愚笨，这么简单的工作都做不好。

其实聪明睿智如陈佗，或许当时已经有了异心，所以才如此失态。

公元前707年，陈国国都宛丘发生动乱，陈桓公病重，陈佗杀死桓公太子而代之。一年后，陈桓公的儿子公子跃掌握了陈佗经常去蔡国寻欢作乐的消息，趁机杀死了陈佗。

陈佗是一个聪明又有野心的篡位者。

《墓门》，题目意思就是“墓道的门”，这首诗就是对于陈佗的讽刺。

墓门有棘(1)，斧以斯(2)之。夫(3)也不良，国人知之。知而不已(4)，谁昔然(5)矣。

墓门有梅，有鸮萃(6)止。夫也不良，歌以讯(7)之。讯予不顾，颠倒(8)思予。

注释

（1）棘：酸枣树。（2）斯：砍开。（3）夫：这个人，指诗歌中讽刺的此人。（4）不已：不止，指不改恶行。（5）昔：往昔。然：这样。（6）鸮（xiāo）：猫头鹰。萃：栖息。（7）讯：责备。（8）颠倒：指国事纷乱。

意思是，墓门前长着酸枣树，拿起斧子砍掉它。那人秉性不善良，国人无人不知晓。知道这点他也不改，从前他就是这样子。

墓门前长着梅树，猫头鹰栖息在树上。那人秉性不善良，唱着歌儿告诫他。责备他也不在意，跌倒的时候才能想到我们的忠告。

这首诗分为两章，一共十二句，非常短小。在短小的篇幅内，却将诗人的讥讽、告诫表达得淋漓尽致。这两章诗歌都是以植物起兴，诗人要讽刺的这个人，砍掉墓门前的酸枣树，又像猫头鹰住在树上，不是善良之辈。此人对于诗人的告诫置之不理，完全听不进去。所以诗人说，等你想起来的时候，就是大难临头的时候。

诗人对于这种道德败坏的人态度坚决，有告诫，有痛斥。这背后，还隐藏着对于陈国国家的失望和痛心。能够让这样的恶人横行霸道，这样的国家可以想象到底是什么样子。

诗人采用的象征手法，又让这首诗在直言卑劣的同时，多了一分含蓄和深沉。

一个人的恶行，造成了一个国家的苦难，这种恶行，必须得到痛斥。

《国风·陈风》之二：热烈而隐秘，中华文明的基因

陈国有一个特别的风俗，那就是喜好巫觋（男巫师）祭祀歌舞。这是由于陈国立国的原因，就是周武王出于希望有商人后代能够祭祀舜一族。舜的文化更接近于商文化，也就是以巫鬼文化为主。

关于《陈风·宛丘》这首诗有许多不同看法。清代思想家魏源等人认为这首诗是讥讽陈国弥漫全国的巫卜习俗，新文化运动之后，很多学者认为这首诗是表达一位诗人对于一个巫女舞蹈家的爱慕之情。

诗歌题目中的“宛丘”，是四周高，中间平坦的土山。

子(1)之汤(2)兮，宛丘之上兮。洵有情(3)兮，而无望(4)兮。
坎其(5)击鼓，宛丘之下。无冬无夏，值(6)其鹭羽(6)。
坎其击缶(8)，宛丘之道。无冬无夏，值其鹭翿(9)。

注释

（1）子：你，指巫女。（2）汤：通“荡”，指舞动的样子。（3）洵：确实。有情：尽情欢乐。（4）望：德望。一说仰望。（5）坎其：即“坎坎”，指击鼓的声音。（6）值：持，或戴。（7）鹭羽：用白鹭的羽毛做成的舞蹈道具。（8）缶：一种瓦器，口小腹大，是盛酒水的容器。（9）鹭翿（dào）：用鹭羽制作的伞形舞蹈道具，将鸟羽聚集在柄头，下垂如盖。

意思是，你挥洒舞姿，就在平坦的土山上起舞。确实纵情欢乐，却只

敢把你仰望。

鼓声坎坎动心魄，就在那平坦的土山下。无论冬天还是夏天，你都手持洁白的鹭羽起舞。

缶声坎坎动心魂，就在那平坦的土山路上。无论冬天还是夏天，你都手持洁白的鹭翿起舞。

读这首诗，仿佛能跟随诗人看到巫女动人心魄的舞蹈，舞姿优美，充满了生命活力。巫女舞蹈的道具也很特别，是洁白的鹭羽，和鹭羽制作的鹭翿。

这首诗有音乐、鼓声、击缶的声音，也有舞姿。诗人虽然没有直接表白自己的欣赏，仰慕，但是从“洵有情兮，而无望兮”这句，确实可以感受到这位仰慕者的炽烈情感。

巫女的舞蹈是充满活力的，仰慕者的情绪是热烈而隐秘的。巫女无论寒冬酷暑都在为人们祝祷而舞，想来男子也没有停止他欣赏的眼神吧！

这首诗情感热烈而隐秘，同样在陈国，也有反映隐士之乐的诗歌——《衡门》。题目中的“衡”通“横”，衡门就是陈国城门的名字。《毛诗故训传》中认为，“衡门，横木为门，言浅陋也。”

衡门之下，可以栖迟(1)。泌之洋洋(2)，可以乐饥(3)。
岂其食鱼，必河之鲂(4)？岂其取(6)妻，必齐之姜(6)？
岂其食鱼，必河之鲤？岂其取妻，必宋之子(7)？

注释

(1)可以：何以。栖迟：栖息，安身。(2)泌：水名。洋洋：水势盛大的样子。(3)乐饥：充饥。(4)鲂（fáng）：一种鱼。(5)取：同“娶”。(6)齐之姜：指齐国姜姓贵族女子。(7)宋之子：宋国子姓的贵族女子。

意思是，横木为门居所简陋，可以安身居住。泌水流淌声势大，河水也可以充饥。

难道要吃鱼，就必须吃黄河的鲂鱼？难道要娶妻，必须娶齐国贵族姜姓女子？

难道要吃鱼，就必须吃黄河鲤鱼？难道要娶妻，必须娶宋国贵族子姓姑娘？

朱熹在《诗集传》中这样评价这首诗，“此隐居自乐而无求者之词。言衡门虽浅陋，然亦可以游息；泌水虽不可饱，然亦可以玩乐而忘饥也。”

这首诗先叙事，后议论，诗人畅谈自己对于生活的看法。诗歌中表露出的安贫乐道精神，在之后两千多年内都成为中国人所追求的人生境界中的一种。儒家所倡导的“达则兼济天下，穷则独善其身”，无数文人墨客所遵从的行为准则，“安贫乐道”都是其中重要的一点。

这种精神，也是中华民族在长达几千年的历史中，遭遇坎坷却总能凝心聚力、克服困难的重要精神。

安贫乐道，知足常乐，或许是我们中华文明能够绵延至今的重要文化基因。

即便是在今天，现代人在追求创造文明社会、物质生活极大丰富的同时，也应该为自己的心灵寻找安身立命之所。

《国风·桧风》：车水马龙，自有伤心人独立

桧国是春秋时期的一个小国，位置在今天河南新郑、荥阳附近，据说桧国君主是高辛氏火正祝融的后代。东周初年，桧国被郑武公，也就是郑庄公的父亲所灭。桧国虽小却历史悠久，从西周初年到东周，不乏能人。桧国的贤人们在桧国危机发生之初，就关注到国内危机的苗头，并且用诗歌的形式记载下来。春秋时期诸侯国众多，但是小小的桧国，却能位列“十五国风”之一，桧国文人的优秀由此可见一斑。

诗歌《羔裘》，描写了桧国君子对于桧君的忧心，隐藏着诗人深切的忧患意识。

羔裘逍遥(1)，狐裘以朝(2)。岂不尔思？劳心忉忉(3)。

羔裘翱翔(4)，狐裘在堂(5)。岂不尔思？我心忧伤。

羔裘如膏(6)，日出有曜(7)。岂不尔思？中心是悼。

注释

（1）逍遥：悠闲地走来走去。（2）朝：上朝。（3）忉忉（dāo）：忧愁的样子。（4）翱翔：鸟儿在天空盘旋飞舞，比喻人悠闲自得。（5）堂：朝堂。（6）膏（gào）：涂上油。（7）曜：闪闪发光的样子。

意思是，身穿羊羔皮袄好逍遥，身穿狐皮裘衣去上朝。这怎能不让人

为你思虑？内心忧愁费思量。

身穿羊羔皮袄来回逛，身穿狐皮裘衣去朝堂。这怎能不让人为你思虑？想起此事我心忧伤。

羊羔皮袄好比涂油脂，太阳照着光闪耀。这怎能不让人为你思虑？想起此事我心悲伤。

诗歌开头第一句“羔裘逍遥”，诗人将“逍遥”作为写作的重点。“狐裘以朝”，这位尊贵的桧君，人生要务第一是“逍遥”。这样一位国君，可想而知会将一个国家引向何方。

东周初年，周天子的权威逐渐没落，各个诸侯国粉墨登场，即将开始对霸主的争夺。然而桧这样一个小国，君主居然在这样的危急时刻一心逍遥自在，可想而知那些心明眼亮的贤者会怎么想。所以诗人写下“劳心忉忉”。

一方面是国家即将灭亡的危急时刻，一方面是桧君的逍遥自在，这两种状态形成了强烈的对比。诗人对此虽然忧心忡忡，却无可奈何，只能在清醒的状态下，眼睁睁看着桧国走向灭亡。这种无力感，带给诗人更大的痛苦。

当桧国走向灭亡之际，人们的生活即将发生巨大变化。曾经为诸侯信奉的周天子似乎情况也不妙。这种时代大潮鼓动下的生活，平静中隐藏着动乱，人们的内心也难以平静。

诗歌《匪风》就是描述当时人们内心动荡的佳作。题目中的“匪”通“彼”。匪风，意思就是那风。

匪风发(1)兮，匪车偈(2)兮。顾瞻周道(3)，中心怛(4)兮。

匪风飘(5)兮，匪车嘌(6)兮。顾瞻周道，中心吊(7)兮。

谁能亨[8]鱼？溉之釜鬵[9]。谁将西归？怀之好音[10]。

注释

（1）发：即发发，风快吹的声音。（2）偈（jié）：疾驰的样子。（3）瞻：回头望。周道：大道。（4）怛（dá）：痛苦悲伤。（5）飘：风急速回旋的样子。（6）嘌：轻快的样子。（7）吊：悲伤。（8）亨：通“烹”，煮。（9）鬵（xín）：大锅。（10）怀：带给。好音：平安的消息。

意思是，那狂风大作呼呼吹，那车子飞奔速度快。回头看看大道，心中痛苦悲难言。

那大风呼啸风回旋，那车子飞奔好轻快。回顾看看大道，我心中悲伤苦难言。

谁能烹煮河中鲤鱼？我来洗涤做饭大锅。谁将要向西归乡？为我带信报平安。

这首诗读后给人心中迷茫的感觉。诗歌的前两章直抒胸臆，诗人坐在疾驰的车中，感受到的是飞速刮过去的风，回头看尘土飞扬，向前看前途未卜，所以诗人不能不心怀忧伤。快速从身边经过的车、风，和下车伫立的诗人形成了鲜明对比，让人看到一个内心迷茫、忧伤，身边事物却飞速发展、运动的场面。

这一幕似曾相识，好像现代电影中，一个伤心人行走在繁华街头，身边车水马龙，但这个伤心人却置若罔闻。周围的“动”，和诗人内心挥之不去的静止的“悲”形成了鲜明对比。

所以诗人只能回顾那渐行渐远的大道，内心发出痛苦的呐喊。

诗歌中所写的“周道”其实有两层意思，一方面是诗人看到的大道，另外又隐含着“王道”，也就是文武之道。第三章诗人写到的“烹鱼”，比喻的是治国之道。老子曾经说过："治大国若烹小鲜。"

在诗歌第三章，诗人发自内心的询问也是一种求援，"谁将西归？怀之好音。"但这种求援也只能是内心的一种期盼，一种永远不会实现的期盼。

毕竟，在这些贤士忧国忧民，为了国家的前途命运担心的时候，尊贵的桧君还在悠闲度日，享受生活。

这样的桧国，谁能拯救？

明知无人能救，还要期盼有人来救，不能不说这是诗人对桧国的一片赤诚爱国之心所致。

《国风·曹风》之一：诸侯中的堂吉诃德

曹国都城在陶丘（今山东省菏泽市定陶区），西周初期，周武王将弟弟曹叔振铎分封到了曹国，爵位是伯爵。

曹国在诸侯中地理位置优越。《史记》记载曹国的都城陶丘，是春秋战国时期的“天下之中”，好比白菜心一样珍贵。曹国的领土“襟带河济，扼控鲁宋”。春秋时期，凡是要开展外交活动、对外经济交流活动的诸侯，必须经过曹国。

周武王非常倚重曹叔。根据《史记》记载，周武王灭商纣王，随后入城。当时，曹叔振铎“陈常车”，也就是摆开仪仗车。

看起来曹国将会有一个光明的未来。可惜曹国却没有抓住发展的良机，反而逆水行舟，不进则退，成为诸侯中的二流国家。

齐桓公称霸时期，曹昭公曾经跟随齐桓公击退狄人，也曾经积极参加过齐桓公对邢国、卫国的重建。齐桓公去世之后，齐国的公子们为了争夺继承权导致齐国大乱，曹共公曾经跟随宋襄公平定齐国内乱。

按照这个发展趋势，曹国即便不能成为诸侯霸主，至少也能成为紧跟第一梯队的诸侯国，不会太差。但曹共公这个人狂妄无礼，终于因为自己的好奇心，让整个国家付出了惨痛的代价。

曹公十年（公元前641年），由于宋襄公野心膨胀，先后邀请诸侯在曹南会盟。按道理曹共公身为东道主应该负责招待，但是他却没有尽到礼数。说到底，是因为曹共公内心深处不服宋襄公。曹共公这种赤裸裸的不配合，导致宋襄公出兵讨伐曹国。这是曹共公带给曹国的第一次灾难。

第二次发生在曹共公十六年（公元前637年），一个落魄的出奔公子来到了曹国。曹共公早就听说这位公子是“骈肋”（肋骨紧密相连如同整体），居然要在这位公子洗澡的时候偷窥他，看个究竟。这位被侮辱的公子，就是晋国的公子重耳，也就是后来大名鼎鼎的晋文公。

五年后，晋文公讨伐曹国。出人意料的是，曹国战斗力惊人，居然让晋国损失惨重。曹国将晋军的尸体陈列在城上，晋文公很担心。后来晋文公听从了舆人的建议，放出消息，要在曹国墓地安营扎寨。曹国人方寸大乱，害怕晋国人挖了自己的祖坟。于是，曹国人将晋国牺牲将士的尸体放到棺材中偷运出来，这让晋国抓住了机会，一举击败曹国。

城濮之战后，晋国战胜了楚国，曹国也成了晋国附庸。

春秋末年，曹国发生内乱。就在这样混乱的局势下，曹伯阳居然听从了公孙彊的称霸之道，和晋国断交，并攻打宋国。

这样的行动实在是太疯狂了，曹国纯属螳臂当车。一年后，宋景公灭曹，曹伯阳和公孙彊都被俘并被杀。曹国也因此灭亡。

曹国的国君身份高贵，却好高骛远，既看不清其他国家的实力，更不明白自己的能力。曹国好像是春秋诸侯中的堂吉诃德，把风车当作巨人，把羊群当作军队，进行殊死搏斗。

不过，根据《汉书·地理志》的记载，“昔尧作游成阳（今鄄城东南），舜渔雷泽（今菏泽东北），汤止于亳（今山东曹县南），故其民犹有先王遗风，重厚多君子，好稼穑，恶衣食，以致蓄藏。”曹国也曾经有过辉煌的历史，尧、舜、汤都曾经在此生活、工作。所以曹国民风淳朴，多君子，种庄稼勤勤恳恳，不图享受，一心惦记着储藏，是一把过日子的好手。

从曹国的历史，可以看到从曹共公到曹伯阳，缺乏身为领导的智慧和谋略，导致勤劳淳朴的曹国百姓一步步从“天下之中”走到了国破家亡。

《曹风》是《诗经》十五国风之一，共有四首诗歌，大多是平王东迁之后产生的。《曹风》虽然只有四首诗歌，却都别具韵味。

其中诗歌《候人》，对曹国庸人当道的社会现实进行了深刻讽刺。题目中的“候人”是官名，负责看守边境，迎送宾客，治理道路和掌管禁令。“候人”管理的事务繁杂，但是级别不高。

彼候人兮，何戈与祋[(1)]。彼其之子[(2)]，三百赤芾[(3)]。

维鹈在梁[(4)]，不濡[(5)]其翼。彼其之子，不称其服[(6)]。

维鹈在梁，不濡其咮[(7)]。彼其之子，不遂其媾[(8)]。

荟兮蔚兮[(9)]，南山朝隮[(10)]。婉兮娈兮[(11)]，季女[(12)]斯饥。

注释

（1）何（hè）：通“荷”，扛着。祋（duì）：武器，竹子做成的，长一丈二尺，有棱无刃。（2）子：那些人。（3）芾：祭祀服饰，赤芾是大夫以上官爵的待遇。（4）鹈：鹈鹕。梁：修在水里，捕鱼用的堤坝。（5）濡：沾湿。（6）服：官服。（7）咮（zhòu）：鸟的喙。（8）媾：宠爱。（9）荟、蔚：云雾弥漫的样子。（10）隮（jī）：彩虹。（11）婉、娈：柔顺美好的样子。（12）季女：指候人的幼女。

意思是，看那候人，扛着长戈和竹祋。那些朝中贵人，好几百人穿赤芾。

鹈鹕栖息在鱼梁，它的翅膀都没湿。朝中那些贵人啊，不配穿着那身官服。

鹈鹕栖息在鱼梁，它的嘴巴不沾水。朝中那些贵人们，他们得宠不合礼法。

云雾迷蒙看不清，南山早上出彩虹。柔顺美好候人之女，吃不饱饭腹内饥。

这首诗中有两种人，一是候人，还有就是“彼其之子”，也就是那些贵族。候人身份低微，工作辛苦，他的女儿甚至吃不饱饭；而那些贵族却身份显贵，服装华丽。但这些高贵的老爷们，好比捕鱼的鹈鹕，连嘴都不湿。“那些人”是在其位，不谋其事。这些身份高贵的达官贵人，处处高人一等，得到国君宠爱，不劳而获。他们奢侈的生活，完全是尊贵的地位得来的。好比守候在鱼梁上的鹈鹕，吃鱼不用入水。诗人对那些人充满了鄙视，所以说他们“不称其服”。

那些人不劳而获，而辛苦劳动的候人，他的女儿却在忍受饥饿，吃不饱肚子。这种对比，令人心痛，更让人愤怒。

能人位居人下，庸人不劳而获，甚至占据高位。欧阳修在《诗本义》中曾经这样评论，“如彼小人窃禄于高位。”正是因为这种不公平现象的存在，曹国才在诸侯都实行改革，你争我赶的发展中被淘汰。

所谓曹国争霸，不过是镜花水月，一场空罢了。

《国风·曹风》之二：纸上的镐京，绵长的思念

曹国是大周宗室，曹国人对于周天子有非同一般的情感。当西周历经近三百年风雨，逐渐没落的时候，曹国人对此总是比其他诸侯多一分感慨和悲哀。

《曹风·下泉》就是对这种情绪的真实刻画。题目中的“下泉”，就是地下涌出的泉水。

冽[(1)]彼下泉，浸彼苞稂[(2)]。忾[(3)]我寤叹，念彼周京[(4)]。

冽彼下泉，浸彼苞萧[(5)]。忾我寤叹，念彼京周。

冽彼下泉，浸彼苞蓍[(6)]。忾我寤叹，念彼京师。

芃芃[(7)]黍苗，阴雨膏[(8)]之。四国有王[(9)]，郇伯劳[(10)]之。

注释

（1）冽：寒冷。（2）苞：丛生。稂（láng）：狗尾巴草。（3）忾：叹息。（4）周京：指西周都城镐京。（5）萧：艾蒿。（6）蓍（shī）：用于占卜的草。（7）芃芃：茂盛茁壮的样子。（8）膏：滋润。（9）四国：四方诸侯。王：周天子。（10）劳：慰劳。

意思是，寒凉的泉水啊，浸透那丛生的狗尾巴草。睡醒之后长叹息，心念那大周都城镐京。

寒凉的泉水啊，浸透那丛生的艾蒿。睡醒之后长叹息，心念那大周都城镐京。

寒凉的泉水啊，浸透那丛生的蓍草。睡醒之后长叹息，心念那大周都城镐京。

黍苗长得好茂盛，阴雨连连滋润它。四方诸侯朝见周天子，多亏郇伯慰劳他们。

这首诗以寒凉的泉水淹没野草起兴，比喻周王室的内乱和衰微。诗人怀念周朝都城镐京，充满了伤感的情绪。物是人非事事休，一个国家的都城，承载了这个国家的气质和时代文化的风潮。现代人总说，巴黎浪漫，伦敦严谨，华盛顿带着新兴国家短暂历史的辉煌，而北京则承载着中华五千年文明的过往和对现代的憧憬。

西周初建时，镐京代表了当时先进的思想和文化，是整个西周人心所向的都城。在镐京，周武王分封诸侯，在镐京，周公尽心竭力辅佐成王。然而时代风云变幻，当大周走了下坡路，镐京又会如何?

诗人此时回忆和思念的，是曾经的镐京，是那个辉煌的镐京。因为在诗人心目中，镐京就代表着西周。

这首诗前三章都是泉水淹没野草的悲哀情绪，但最后一章，忽然天晴了。这个光辉灿烂的晴天，象征着诸侯来朝，西周的鼎盛时期。

这种转折令心系大周的臣民兴奋，但这种辉煌美景却只存在于想象之中。这种纸上的光辉，与现实世界形成了强烈对比，令人回味。清代牛运震在《读诗识小录》中评价这首诗说：“末章忽说到京周盛时，正有无限忾想，笔意俯仰抑扬，甚妙。”

这首感时伤怀之作不愧是《国风》中的优秀诗篇，也对后来的诗人产生了深远影响。

更多的时候，曹国人感受到的是因为国家无望引起的幻灭感。这种对于人生短暂、光阴易逝的悲叹，美丽又哀伤。

诗歌《蜉蝣》就是这样一首诗。蜉蝣这种昆虫，寿命最短，只有几个小时，古人常用以比喻人生的短暂，不知自己的归宿。

蜉蝣之羽[1]，衣裳楚楚[2]。心之忧矣，於我归处[3]。
蜉蝣之翼，采采[4]衣服。心之忧矣，於我归息。
蜉蝣掘阅[5]，麻衣[6]如雪。心之忧矣，於我归说[7]。

注释

（1）蜉蝣之羽：以此形容衣服薄而有光泽。（2）楚楚：鲜明的样子。（3）於：哪里，何处。归处：归宿。（4）采采：光洁鲜艳的样子。（5）阅：通“穴”，挖穴而出。（6）麻衣：古代诸侯、大夫穿的日常衣服，此处比喻蜉蝣的羽翼。（7）说：通“税”，居住。

意思是，蜉蝣羽翼薄又光，如同衣裳鲜明美丽。我的心啊充满忧伤，生命尽头何处是归处？

蜉蝣羽翼薄又光，如同衣裳光洁鲜艳。我的心啊充满忧伤，生命尽头何处是归息？

蜉蝣奋力挖穴而出，它羽翼如同麻衣雪白。我的心啊充满忧伤，生命尽头何处是归宿？

蜉蝣朝生暮死，这种小虫长得纤细优美，尤其喜欢在太阳快落山的时候群飞群舞。或许，那种傍晚的群舞，就是蜉蝣最后发自内心的狂欢吧！诗人从蜉蝣的翅膀，联想到华丽的衣服。这种越是美丽的事物越是纤细脆弱，更让人想到生命有限，却不容虚度。

蜉蝣这种脆弱的小生命，在诗人笔下具有了诗意，蜉蝣死前的狂欢，让诗人为之感叹。人的生命当然比蜉蝣长多了，但是也有尽头。所以诗人会想，我人生的归宿又在何方？这位诗人一定是敏感多思，所以能从蜉蝣这样的小虫联想到生命的归宿。这种对于死亡的悲伤询问，其实更证明了诗人对于生命的热爱。

或许这种迷茫、困惑，这种对于生命、死亡的思考，唯有在即将国破的曹国才可以看到。不过，这位诗人从动荡局势中引发的对于生命的哲学思考，又比单纯的恐慌心理层次高得多。

《国风·豳风》之一：大周农夫劳作记录

豳（bīn），在今天的陕西省彬州市、旬邑一带。传说五帝之一的喾帝的儿子弃喜欢种地耕田，他被尧任命为农师，后来被舜任命为后稷。后来，弃的曾孙公刘建立了豳国。又经过三百多年，豳的领袖古公亶父将豳国迁徙到了周原，后来成就了王业。

其实，古公亶父迁徙也是被迫。当时豳地受到了戎狄侵犯，戎狄第一次要财物皮帛，第二次要贵重财物，豳地都给了。但是第三次戎狄要土地，豳地人愤怒了，这是侵犯我们的国土完整，羞辱我们的尊严啊！豳地人民义愤填膺，要求和戎狄决一死战。但是古公亶父说，“我不以养人之地去害人”，于是率领族人西迁，到了岐山，改号为“周”。豳被认为是“周家立国之本”。

周武王剿灭商纣王，分封诸侯之后，回到镐京第一件大事，就是召集天下九州守牧长官，登上豳山，祭祀先祖公刘创建的豳国城邑。《史记·周本纪》对此有记载，“武王徵九牧之君，登豳之阜，以望商邑。”

《豳风》是《诗经·国风》中十五国风之一，是豳地的民歌，共有七篇。在这七首诗歌中，其中有一首对于豳地农业劳作描写的诗歌最有特色，可以说是中国古代最早的田园诗。这就是诗歌《七月》。

七月流火(1)**，九月授衣**(2)**。一之日觱发**(3)**，二之日栗烈**(4)**。无衣**

无褐[5]，何以卒岁。三之日于耜[6]，四之日举趾[7]。同我妇子，馌彼南亩[8]，田畯至喜[9]。

注释

（1）七月流火：火，或称大火，是星宿名，即心宿。农历五月，黄昏时心宿正当南方，是中心最高的位置。七月之后偏西向下，叫“流”。指农历七月天气转凉。（2）授衣：将缝制冬衣的工作交给女工。（3）一之日：十月之后第一个月的日子，夏历十一月。觱（bì）发：形容风大。（4）栗烈：形容天气寒冷。（5）褐：粗布衣服。（6）于耜（sì）：修理农具。（7）举趾：举脚而耕。（8）馌（yè）：送东西，这里指去田地里送饭。南亩：古代田地耕成很多垄，高处为亩，低处为甽，东西方向的田垄叫“东亩”，南北方向的田垄叫“南亩”。（9）田畯（jùn）：官名，主管农事的官员。喜：同“饎”，食物。

意思是，七月煋西落天转凉，九月安排妇女们缝制冬衣。十一月寒风呼呼吹，十二月出门人凛冽。没有衣裳也没有粗布衣，如何能度过年底最冷的日子？正月开始修理农具，二月去田地里播种。妻子孩子跟随我，送饭送到南亩，农正官员分食物。

诗歌第一章写七月之后农人们的辛苦劳作。妇女缝制冬衣，农人们修理农具，春日耕种。妻子和孩子们一起去送饭。农人们的劳动是按部就班，也是勤劳辛苦的。他们按照时令，每个月都有每个月急需要完成的工作。

七月流火，九月授衣。春日载阳[1]，有鸣仓庚[2]。女执懿[3]筐，遵彼微行[4]，爰求柔桑[5]。春日迟迟[6]，采蘩祁祁[7]。女心伤悲，殆及公子同归。

注释

（1）春日：指二月。载阳：开始变暖，载：始。（2）仓庚：黄鹂。（3）懿：深。（4）遵：沿着。微行：田间小路。（5）爰：助词，“曰”的意思。柔桑：初生的桑叶。（6）迟迟：指天长。（7）蘩：白蒿，古人用于祭祀。祁祁：众多，指采蘩的人。

意思是，七月心宿落西方，九月安排妇女们缝制冬衣。二月里春光暖洋洋，听那黄鹂鸟儿在歌唱。那女子提着深竹筐，沿着田间小路来行走，采摘那新生的桑叶。到了春天白日变长，众人都来采白蒿。女子心中好伤悲，害怕要跟随公子到他乡。

诗歌的第二章是一副春日采桑图。采桑的姑娘们，听着黄鹂的婉转鸣叫，背起竹筐，采摘新生的桑叶。田地里还有人们在采集祭祀时用的白蒿。好一派和平欢乐的气氛。然而诗人笔锋一转，采桑的姑娘内心却充满忧伤，因为害怕被公子带走同归。很显然，即便能够劳动，采桑姑娘却并不自由，也谈不到尊严。

七月流火，八月萑苇(1)。蚕月条桑(2)，取彼斧斨(3)。以伐远扬(4)，猗(5)彼女桑。七月鸣鵙(6)，八月载绩。载玄(7)载黄，我朱孔阳(8)，为公子裳。

注释

（1）萑（huán）苇：芦苇。（2）蚕月：夏历三月。条桑：修剪桑树。（3）斨（qiāng）：方孔的斧头。（4）远扬：长得太长因此高扬的枝条。（5）猗：手拉桑枝来采叶。（6）鸣鵙（jú）：伯劳鸟，从夏历五月叫到寒冷时分。古人赶制寒衣，在此鸟停止鸣叫之前。（7）载：且，又。玄：黑中带红。（8）朱：深红色。阳：鲜明。

意思是，七月心宿落西方，八月忙碌割芦苇。三月修剪桑树枝，取来那方孔大斧头。砍掉高高扬起的树枝，手拉着桑枝采桑叶。七月听那伯劳鸟儿叫，八月又开始纺织忙。染出的颜色有黑又有黄，我染的红色很鲜明，这丝线染好给贵人做衣裳。

诗歌第三章详细描写了劳动人民采桑养蚕，染丝织麻，缝制华丽衣裳的过程。这衣裳如此精美，颜色鲜明，经历了这么多劳动工序，是为谁而做呢？几个月艰苦的劳动，“为公子裳”。身份高贵的公子是不参加这些劳动的，但他却不劳而获，穿着最华美的衣服。至于那些辛苦了多半年的劳动者呢，他们穿什么衣服？诗人却没有提及。

四月秀葽(1)，五月鸣蜩(2)。八月其获，十月陨萚(3)。一之日于貉(4)，取彼狐狸，为公子裘。二之日其同(5)，载缵武功(6)。言私其豵(7)，献豜(8)于公。

注释

（1）秀葽（yāo）：植物名，远志。（2）蜩（tiáo）：蝉。（3）陨萚（tuò）：植物枝叶凋零。（4）貉（hé）：一种野兽，外貌像狐狸。（5）同：聚合，指狩猎前聚合众人。（6）缵（zuǎn）：继续。武功：指田猎。（7）豵（zōng）：一岁的小猪，指比较小的兽。（8）豜（jiān）：三岁的猪，代表大兽。

意思是，四月远志结果实，五月知了在鸣叫。八月庄稼开始收获，十月田野草木凋零。十一月去猎貉，猎取狐狸的皮毛，献给贵人做狐裘。十二月猎人齐聚合，继续练习打猎功夫。打到小兽归自己，猎到大兽献给公家。

诗歌第四章写农夫收获与猎人狩猎。经过了艰苦的田间劳作，到了八月份，农夫迎来了收获的季节。然而收获之后也并不能休息，到了冬天农闲的时候，大家还要苦练打猎本领，到田野里去狩猎。这些猎人经过集体操练，武艺高强。不过打来的猎物，只有小兽猎人才能留下，大兽还要献给贵族。

五月斯螽动股(1)，六月莎鸡(2)振羽。七月在野，八月在宇，九月在户，十月蟋蟀入我床下。穹窒(3)熏鼠，塞向墐(4)户。嗟我妇子，曰为改岁(5)，入此室处。

注释

（1）斯螽（zhōng）：一种虫子。动股：发出响声。（2）莎鸡：纺织娘，虫子。（3）穹窒：堵塞。（4）向：朝北的窗户。墐（jìn）：用泥涂抹。（5）改岁：一年到头，新年快到。

意思是，五月蚂蚱弹腿发声响，六月纺织娘扇动翅膀。七月蟋蟀在田野，八月来到屋宇下，九月蟋蟀进屋子，十月钻进我床下。搬空屋子堵塞鼠洞熏老鼠，封好北窗用泥涂门缝。可叹我的妻子和儿女，一年到头快新年，搬进这房子以安居。

辛苦劳作的劳动者，一年到头忙不休，快过新年的时候，才搬到用泥涂门的房屋。虽然这座房子里有蟋蟀和老鼠，破败不堪，但是这位劳动者还是为能有这样一座房子居住感叹，欣慰。在这样寒冷的日子里，住在这样的房屋中，能保暖吗？在搬进这所房子之前，他们又在何处居住？

居无定所，他们还要一直保持高强度的劳动，这又是怎样的一种悲惨生活？

六月食郁及薁[(1)]，七月亨葵及菽[(2)]。八月剥[(3)]枣，十月获稻。为此春酒[(4)]，以介眉寿[(5)]。七月食瓜，八月断壶[(6)]，九月叔苴[(7)]，采荼薪樗[(8)]，食我农夫。

注释

（1）郁：植物名，果实像李子。薁（yù），果实大如桂圆，或为野葡萄。（2）菽：豆类总称，此处指豆叶。（3）剥：通“扑”，打。（4）春酒：冬天酿造，到春天才酿成的酒。（5）介：祈求。眉寿：指长寿。老人眉间有毫毛而得名。（6）壶：葫芦。（7）叔：收。苴（jū）：秋麻的籽。（8）荼（tú）：苦菜。樗（chū）：臭椿，这里指以臭椿为柴。

意思是，六月吃的是李子和野葡萄，七月煮葵和豆叶。八月忙着去打枣，十月开始收稻谷。酿成春酒好滋味，祈求主人可长寿。七月大家一起去吃瓜，八月可以摘葫芦。九月收获秋麻籽，去采苦菜砍臭椿，用这些东西养活我们农夫。

诗歌第六章，农人们忙着采摘水果和枣，又用粮食和枣酿成春酒。主人吃的东西很丰富，水果，蔬菜，都含有丰富的维生素，还有美酒。可是劳动的人，吃的却是苦菜、瓜和豆叶。不劳而获的主人，能享受美食。日日辛苦的劳动者，却要用各种野菜果腹。二者之间生活的差距如同天上地下。即便如此，劳动者酿成春酒之后，还要以此祈祷主人可以长寿。

九月筑场圃[(1)]，十月纳禾稼[(2)]。黍稷重穋[(3)]，禾麻菽麦。嗟我农夫，我稼既同，上入执宫功[(4)]。昼尔于茅，宵尔索绹[(5)]。亟其乘屋，其始播百谷。

注释

（1）场：打谷的场地。圃：菜园。（2）纳：收进谷仓。禾稼：各种农作物。（3）重（tóng）：即“穜”先种后熟的谷物。穋（lù）：即“稑”，后种先熟的谷物。（4）宫功：建筑宫室。（5）绹（táo）：打绳子。

意思是，九月修筑打谷场和菜园，十月庄稼收进谷仓。黍稷早稻和晚稻，粟麻豆麦全收入谷仓。可叹我们这些农夫啊，庄稼刚刚收获完，又要忙着建筑官室。白天忙着割茅草，夜里还要搓绳索。赶紧建筑好这官室，马上开始播种各种谷物。

终于到了收获的季节，农夫也开始了紧张的忙碌。从九月份开始，农夫就要修筑打谷场，为即将到来的丰收作准备。到了十月份，农夫们忙着收获各种粮食，还要将粮食全部收入谷仓。所有的收获工作完备之后，还来不及喘一口气，农夫又要去给官家修筑公室。在修筑宫室的过程中，更是没日没夜的忙碌。农夫们白天割草，晚上搓麻绳片刻不得休息。这段紧锣密鼓的文字里，透露出农人生活的艰辛。他们的劳动强度大，而且安排的密不透风，完全没有片刻休息。

二之日凿冰冲冲[(1)]，三之日纳于凌阴[(2)]。四之日其蚤[(4)]，献羔祭韭。九月肃霜[(4)]，十月涤场。朋酒[(5)]斯飨，曰杀羔羊。跻彼公堂[(6)]，称彼兕觥[(7)]，万寿无疆。

注释

（1）冲冲：凿冰的声音。（2）凌：聚集的水。阴：藏冰之处。（3）蚤：通“早”，古代祭祖仪式。（4）肃霜：深秋清凉的样子。（5）朋酒：两樽酒。（6）跻（jī）：登。公堂：乡间的公共建筑，平时是学校，年终祭祀。（7）称：举起。兕（sì）觥：犀牛角的酒杯。

意思是，十二月听到那凿冰的“冲冲”声，正月将冰块储存在冰窖里。二月开始祭祖先，祭祀时献上羔羊和韭菜。九月寒霜降下好清凉，十月打扫打谷场。两樽美酒敬乡人，杀了羔羊宴会尝。登上乡间的公堂，举起酒杯共祝愿，祝福主人万寿无疆。

这章诗歌与农业生产无关，但依然是农夫们在忙碌。无休止的忙碌只有一个目的，那就是为了主人享受生活的需要。寒冷的冬天，农夫还要去凿冰，放到冰窖，以供主人夏天使用。二月份，农夫要准备主人祭祀所需物品。农事结束众人休息聚会时，还要祝福主人万寿无疆。

这首诗用八章的篇幅，以一个农夫的角度，描述了当时周部落的春种、秋收、冬藏、采桑、染织、缝衣、狩猎、建房、酿酒、劳役和祭祀，涉及当时人们生活的方方面面，非常详细、真实。

诗人用平铺直叙的手法，抓住每个月劳动的重点，进行了分门别类的讲述。诗人对于当时农夫们的生活细节了如指掌，对于农夫们的甘苦也明了于心。这一点好像现代人写日记，写手账，生动、详细记录当时农夫的生活，而且毫无枯燥之感。

阅读这首诗，仿佛在观看一部关于西周农人生活、劳动的纪录片，栩栩如生。从那些描绘劳动的生动场面，可以看到西周时农人的劳动和生活环境，并且带有中国人独特的劳动智慧。

朱熹曾经在《诗集传》中评价这首诗：“仰观星日霜露之变，俯察昆虫草木之化，以知天时，以授民事。女服事乎内，男服事乎外，上以诚爱下，下以忠利上。父父子子，夫夫妇妇，养老而慈幼，食力而助弱。其祭祀也时，其燕飨也节。此《七月》之义也。”

中国的古人，擅长观察自然宇宙，用天时指导农业生产，在生产生活中秉承自己的行为准则。

在当时，劳动者非常辛苦，生活非常艰难。诗歌第一章，好像一本书的大纲，写到了整首诗涉及的两大方面：“耕”、“织”。这是当时农业劳动的两大方面。在这之后的诗歌章节中，可以看出劳动者的劳动包含了方方面面，种地，打猎，还要盖房，酿酒，修筑公室。但是他们住的是破屋，吃的是苦菜。漂亮的采桑女，还要担惊受怕，害怕被公子掠夺。

在男耕女织的田园风光下，隐藏的却是当时劳动者苦不堪言的生活。

《国风·豳风》之二：《豳风》第一男主角

在《豳风》中，出现了一位“绝对”男主角，《豳风》收录的七首诗歌，他一个人就独占三首。这位独占鳌头的男主角，就是周公。周公，姬姓名旦，他是周文王的第四个儿子，周武王的弟弟。周公也是西周的开国元勋。

周公是一个非常有能力又有学问的人。周武王在讨伐商朝的时候曾经和周公商议，如何才能得到诸侯响应？周公回答说：“对于周人，要敬尊天命。远近诸侯都不要冒犯，和好的诸侯不要失去，继续修明道德，不要安逸无为。”在周公看来，专注自身，提高自身道德修养，是最根本的。武王伐纣，周公又辅佐武王。经过牧野之战，周武王战胜商纣王。周武王进入都城时，周公手持大钺，召公手持小钺，向上天和殷商百姓宣布商纣王的罪孽。

周武王去世之后，周公又辅佐周成王。后来管叔、蔡叔勾结商纣王的儿子武庚反叛，周公又亲自率兵平叛。这之后周公开始东征，扫除了周边五十多个诸侯国。

开疆拓土之后，周公为了加强统治，封邦建国，先后设立了七十一个封国，将周武王的十五个兄弟和十六个功臣派到封国为诸侯，以此巩固西周的统治。

为了更好地控制全国，周公经过考察，建设了新的都邑——洛邑。

为了让西周社会有序运行，周公制礼作乐，解决了尊卑贵贱的划分，也就是宗法制的确立，进一步讲就是继承权的确立。

周公是西周社会初期稳定的关键人物。在周公辅佐周成王七年之后，周成王长大成人，周公还政于周成王。这种一心为国、功成身退的精神是非常高尚的。

周公去世之后，周成王开始想要将周公葬在成周，但是天降大雷雨，禾苗扑倒，大树也被连根拔起，国人恐慌。于是，周成王将周公安葬在周文王墓地旁，表示自己不敢以周公为臣。

周公一生主张“明德慎罚”，以“礼”治国。他的很多思想也成为后来中华文明的一部分。对于这样一个道德高尚的人，民间老百姓非常怀念。

《豳风·破斧》就是赞颂周公东征的诗歌。题目中的“斧”，是一种圆孔的斧子。

既破我斧，又缺我斨(1)。周公东征，四国是皇(2)。哀我人(3)斯，亦孔之将(4)。

既破我斧，又缺我锜(5)。周公东征，四国是吪(6)。哀我人斯，亦孔之嘉。

既破我斧，又缺我銶(7)。周公东征，四国是遒(8)。哀我人斯，亦孔之休(9)。

注释

（1）斨：方孔的斧子。（2）四国：指殷、管、蔡、奄，周公东征平定的四国。皇：同“惶”，恐惧。（3）我人：我们这些人。（4）将：大。（5）锜（qí）：长把的锯子，一种兵器。（6）吪（é）：感化。（7）銶（qiú）：即锹，独头斧。（8）遒：团结，安和之意。（9）休：美好。

意思是，战斗中砍坏了我的圆孔斧子，又砍缺了我的方孔斧子。周公率领将士们东征，打得四国惶恐无边。可怜我们这些人啊，也是上天庇佑福气很大！

战斗中砍坏了我的圆孔斧子，又砍缺了我作战的锯子。周公率领将士们东征，教化四国被感动。可怜我们这些人啊，也是上天庇佑福气很好！

战斗中砍坏了我的圆孔斧子，又砍缺了我的独头斧。周公率领将士们东征，使得四国边境安定团结。可怜我们这些人啊，也是上天庇佑福气很美好！

这首诗每章开头都写到了斧、斨这样的工具。这些坚固无比的工具，在战斗中却破损了，可见战斗非常激烈和残酷。紧跟着诗人写道，是周公率领着将士们东征作战，战斗的目的是保护边境的平安。所以这是正义的战斗，参加战斗的将士们也充满斗志。

诗歌中对于战斗的对方——四国的反应也是层层递进，这四国先是“皇”，即惶恐不安，接着是“吪”，即受到教化，最终是“遒”，稳定，团结。可见周公运用作战的手段，达到了教化的目的，让对手心服口服。这与历史上对周公重视教化的记载也可以相互印证。

最终，在每章诗歌的最末句，经历了战场考验，九死一生的将士们感叹自己的幸存是上天赐福。等待他们的，是安定祥和的日子。

因为周公率领着人们东征，平定叛乱，所以安定的生活指日可待。这就是老百姓对于周公最真心诚意的赞美。诗歌中出现的“四国”成为与周公相对的存在，是叛乱的发生地。这些赞美，也是四国之民对于周公的衷心赞美。

如果说《破斧》对周公的赞美之情是含蓄的，那么诗歌《九罭》表达的对周公的爱戴之情就非常直白了。

九罭[1]之鱼，鳟鲂。我觏[2]之子，衮衣[3]绣裳。

鸿飞遵渚[4]，公归无所，於女信处[5]。

鸿飞遵陆[6]，公归不复，於女信宿。

是以有衮衣兮，无以[7]我公归兮，无使我心悲兮！

注释

（1）九罭（yù）：网眼小的渔网。九是虚数，表示网眼很多。（2）觏（gòu）：碰见。（3）衮衣：古代礼服，一般是君主或高级官员穿戴。（4）遵：沿着。渚：沙洲。（5）女：汝，你。信：再住一夜；处：住宿。（6）陆：水边的陆地。（7）无以：不要让。

意思是，手拿小眼渔网去捕鱼，鳟鱼鲂鱼都捕到。路上遇见那位高官，他身穿锦绣礼服好威严。

大雁沿着沙洲飞，老爷归去没处住，留您在此住两夜。

大雁沿着河岸飞，老爷归去不再来，留您在此住两晚。

保留您的礼服啊，不要让您回去啊，不要让我的心因此悲伤啊！

这首诗先写捕鱼，因为周公来了，所以要捕美味的鳟鱼和鲂鱼。第二章和第三章，都是重复，诗人用鸿雁比喻周公，真挚地请求周公再住一晚。大雁不会在同样的地方住两晚，明天就会展翅高飞，诗人以此比喻尊贵的周公，不会在此地停留太久。这个比喻非常巧妙。

在最后一章，诗人还要留下周公的礼服，这是古代老百姓挽留官员的一种方式，留下高级官员的礼服，表示最诚恳的挽留。到后来，这个习俗演变为“留靴”，就是留下官员的靴子，表示实在不愿意让他离去。

隐藏在诗歌中的，还有诗人变化的情绪。刚刚遇到周公，这位带给万民福祉的好官，诗人的内心自然是心潮澎湃，激动万分。然而好像大雁南归，周公又要归去了。诗人从激动转为不舍，再到真挚挽留，就请您在此处再住两晚吧！大约挽留不成，那么就请您留下您的衮衣，让我寄托我内心的惆怅和悲伤之情。

这是西周百姓对于周公发自内心的敬仰和亲近之情，这种情绪的变化自然真挚，尤为动人。

周公用自己的毕生努力，换来了万民敬仰，千古流芳。

第三章

《雅》：大周生活实录

《小雅·采薇》：三千年前，那位苦战归乡的战士

《诗经》中“雅”的部分分为大雅、小雅，其中的“雅”，是指雅乐，即正调，指当时西周都城镐京地区的诗歌。“雅”，包含着周代丰富的生活百态，也可以看到周人的精神面貌。

《小雅》中的诗歌现存七十四篇，最突出的，就是关于战争和劳役的部分。这些诗有很多是从战士的角度去描写当时战争带给普通民众的苦难。

比如大家都很熟悉的诗歌《采薇》，就是用一个返乡戍卒的口吻，描写出征将士的艰苦生活和思乡之情。题目中的“薇”，是豆科野豌豆属的一种，又叫大巢菜。

采薇采薇，薇亦作止(1)。曰(2)归曰归，岁亦莫(3)止。靡室靡家，猃狁(4)之故。不遑启居(5)，猃狁之故。

注释

（1）作：指薇菜冒出地面。止：助词，无意义。（2）曰：助词。（3）莫：通“暮”，指年末。（4）猃（xiǎn）狁（yǔn）：又叫犬戎，是旧时统治者对少数民族的称谓。（5）遑：闲暇。启：跪，坐。居：安坐。

意思是，采薇采薇，薇菜嫩芽冒出地面。说回家呀说回家，眼看又到

了年末尾。没有家呀没有家，为跟猃狁去作战。没有工夫来安坐，为跟猃狁去厮杀。

诗歌第一章，诗人在采薇时回忆因为和猃允作战离开故乡，征战沙场，思乡难回。在外作战的将士，以野菜为食，可见生活艰苦。而这位战士，唯有在采摘野菜的时候，才有时间想一想自己的故乡，可见战争的残酷和紧迫。征战沙场，有家难回，甚至连安坐的时间都没有，诗人内心无比焦虑。

采薇采薇，薇亦柔(1)止。曰归曰归，心亦忧止。忧心烈烈(2)，载(3)饥载渴。我戍(4)未定，靡使归聘(5)。

注释

（1）柔：柔嫩，指薇菜刚长出来柔嫩的样子。（2）烈烈：炽烈，形容忧心如焚。（3）载：又。（4）戍：防守的地点。（5）聘：问候的音信。

意思是，采薇采薇，薇菜出芽真柔嫩。说回家呀说回家，心里忧愁没办法。满腔愁绪忧心如焚，又饥又渴真难熬。防守地点还没定，书信没人能捎到。

在诗歌第二章，战士采到刚刚发芽的薇菜，时间比上一章野菜刚刚冒出地面，又进了一步。虽然时间流逝，但是战士还没有获得回家的机会。而且饥渴难耐，防守的地方也确定不下来，正发愁谁能给他带封信回家。

采薇采薇，薇亦刚(1)止。曰归曰归，岁亦阳(2)止。王事靡盬(3)，

不遑启处[4]。忧心孔疚[5]，我行不来！

注释

（1）刚：坚硬。（2）阳：农历四月到十月。（3）盬（gǔ）：停止，结束。（4）启处：休整。（5）疚：苦难。

意思是，采薇采薇，薇菜已经变硬变老。说回家呀说回家，时间又到了农历十月。君王差事不停止，没有时间来休整。心怀忧愁太痛苦，生怕从此不回家。

在诗歌第三章，薇菜已经长老，时间到了十月份，然而战士却根本看不到回家的希望，不知王室差事何时结束。战争每天都在继续，什么时候停止，没人知道。战士内心更加恐惧的，是在战斗中丧失生命，从此再也不能回到家乡。外部压力和内心焦虑形成了双重煎熬，他的内心每天都充满着巨大的痛苦。

彼尔维何？维常[1]之华。彼路[2]斯何？君子[3]之车。戎车既驾，四牡业业[4]。岂敢定居？一月三捷。

注释

（1）常：一种植物，棠棣。（2）路：高大的战车。（3）君子：指军中将帅。（4）牡：雄马。业业：高大的样子。

意思是，什么花儿正盛开？唯有棠棣之花。什么车子很高大？军中将帅兵车高。驾起兵车去征战，四匹雄马最威武。此地如何敢定居？一月之内战几回！

在第四章，诗人笔锋一转写到了作战，笔法雄壮。诗人看到那盛开的棠棣之花，看到军中将军乘坐的威武战车。鲜花盛开，战马奔腾，即将到来的就是将军率领士兵驰骋沙场。诗人写出了威武的军容，高昂的士气。士兵争胜，只为保护边境平安。但诗歌最后一句透露了战士内心对战争的惶恐，跟随将军征战虽然威风凛凛，但此地却并非安居之地。在这样的美景之下，鼓舞人心的大背景下，一个月内要征战几次。为了夺取战斗的胜利，可想而知，战士会付出怎样的代价。

驾彼四牡，四牡骙骙(1)。君子所依，小人所腓(2)。四牡翼翼(3)，象弭鱼服(4)。岂不日戒(5)？猃狁孔棘(6)！

注释

（1）骙骙（kuí）：强壮威武。（2）腓（féi）：庇护。（3）翼翼：整齐的样子，指军马步伐整齐。（4）象弭：用象牙装饰弓端的弭，弭是弓的一种，两端以骨角装饰。鱼服：鲨鱼皮做的箭袋。（5）日戒：每天戒备。（6）孔棘：很紧急。

意思是，驾起那四匹大公马，四匹马儿好雄壮。军中将帅靠着战车，军士也靠战车来掩护。四匹军马步伐整齐，将士配有象牙弓箭鲨鱼箭袋。怎么能不每天戒备呢？猃狁军情很紧急！

诗歌第五章，诗人用铺排的手法写到了将帅车马，武器精良。军中的战马是雄壮的，军中的战车旁站着威武的将军和以此为掩护的将士们，那威武的战马就连步伐也是整齐的，将士们的弓箭是象牙头的，他们的箭袋也是鲨鱼皮的。这支军队训练有素，装备精良，而且每天都在严阵以待，因为猃狁的军情已经很紧急。

昔我往[1]矣，杨柳依依[2]。今我来思[3]，雨雪霏霏[4]。行道迟迟[5]，载渴载饥。我心伤悲，莫知我哀！

注释

（1）往：指参军。（2）依依：指柳丝柔软，随风轻轻摆动的样子。（3）思：句末助词，无意义。（4）雨雪：动词，下雪。霏霏：雪花纷纷飘落的样子。（5）迟迟：迟缓的样子。

意思是，回想我当时参军的时候，杨柳依依随风飘拂；现在我回到家乡，天降大雪飘飘洒洒。道路泥泞走得艰难，我又饥又饿好心酸。我的内心充满悲伤。谁能体会我的悲哀！

诗歌第六章，战士从回忆回到现实，写景抒情，悲欢交集。当年从军，杨柳依依，如今归来，雨雪霏霏。当时参军的时候，正是春天，那杨柳仿佛也代替家人和家乡在挽留这位战士，战士的内心对于即将离别的故乡，也是依依难舍。如今，经历了多年征战，浴血奋战后终于可以回到家乡一解思乡之苦，却偏偏遇上这样恶劣的天气。从将士自身来看，他饥渴难耐，道路难行。那些为国征战的日子，并没有让这战士的生活好过多少，所以只能独自悲伤。

《采薇》从一个三千年前征战沙场回乡的战士角度，生动描写了当年戍卒的沙场艰难岁月。在将士的回忆与现实交替中，有对故乡的绵长思念，也有对猃狁作战必胜的信心，更有多年未归，对故乡、对家人的担忧。当年征战沙场，野菜充饥，如今道路难行，暗自悲伤，百感交集。

在《采薇》中，最宝贵的不是对于战争胜利与否的描写，而是诗人将与猃狁作战当成了诗歌背景，重点表现的是这位戍卒的苦难生活和内心悲苦。个人无力与战争对抗，但个人在战争中受到的创伤和情感却成为诗人关注的重点。

《采薇》对后来的文人产生了深远影响，尤其是那句“昔我往矣，杨柳依依；今我来思，雨雪霏霏”。成为公认的《诗经》三百首佳句之一。

在《世说新语·文学》中，曾经记载过这样一件事，“谢公因子弟集聚，问《毛诗》何句最佳？遏称曰：‘昔我往矣，杨柳依依；今我来思，雨雪霏霏。’公曰：‘訏谟定命，远猷辰告。’谓此句偏有雅人深致。’”

意思是，谢安在子侄们聚会时，问《诗经》里哪一句最好？谢玄称赞说：“‘昔我往矣，杨柳依依；今我来思，雨雪霏霏’最好。”谢安说：“‘訏谟定命，远猷辰告’最好。”他说这句诗特别有高雅士人的深远意趣。

这句话，将戍卒从出征到归乡的经历，浓缩到了两幅富有中国特色的画面中，出征时那依依不舍离开的士兵，历经百战不死，又在漫天大雪归来，成为后来无数中国人回味吟咏的画面。

杨柳留人，从这首诗成了国人文化的代表符号。

《采薇》没有一句反战言论，却让人看到了征战戍卒千疮百孔的内心，产生对于战争的厌倦和对于生活的无奈。

《小雅·鹿鸣》：周天子请客

在《小雅》中，不乏宴飨诗。西周的宴饮，不但是君臣、亲朋好友欢聚一堂的好机会，更体现着“礼”的精神。在西周这样的农业宗法制社会，社会关系的重要纽带就是宗族关系。周武王分封的诸侯，很多都是他的同姓子弟或者亲人。所以贵族之间的宴饮，不单纯是为了吃饭，也是一种宗法观念的体现。在宴饮中，当时的人们也遵守礼仪，绝对不能过度饮酒。西周宴饮，宾客尽欢，遵礼自制，这在诗歌《鹿鸣》中有生动体现。

《鹿鸣》这首诗，是周王室宴会群臣时作的乐歌，也就是当时周天子大宴群臣时，人们在宴会上演唱的歌曲。

呦呦(1)鹿鸣，食野之苹(2)。我有嘉宾(3)，鼓瑟吹笙。吹笙鼓簧(4)，承筐(5)是将(6)。人之好我，示我周行(7)。

注释

（1）呦呦：象声词，鹿的叫声。（2）苹：一种野草，名为藾蒿。（3）嘉宾：指宴会上受招待的宾客，一般是臣子或者诸侯使节。（4）簧：指乐器笙上的簧片。（5）承筐：献上礼品。（6）将：献上。（7）周行（háng）：大路，引申为大道理。

呦呦鹿鸣，食野之蒿[(1)]。我有嘉宾，德音[(2)]孔昭[(3)]。视[(4)]民不恌[(5)]，君子是则[(6)]是效。我有旨[(7)]酒，嘉宾式燕以敖[(8)]。

注释

（1）蒿：青蒿。（2）德音：美好的品德。（3）昭：明。（4）视：同“示”。（5）恌：同“佻”，轻薄，贬义词。（6）则：法则，楷模，此处作动词。（7）旨：醇厚甜美。（8）式：助词。燕：同“宴”，宴会。敖：同“遨”，嬉戏。

呦呦鹿鸣，食野之芩[(1)]。我有嘉宾，鼓瑟鼓琴。鼓瑟鼓琴，和乐且湛[(2)]。我有旨酒，以燕乐嘉宾之心。

注释

（1）芩（qín）：草，一种蒿类。（2）湛（dān）：深厚，指宴会十分欢乐。

意思是，听那鹿群呦呦叫，它们在吃那田野上的藾蒿。我有嘉宾来赴宴，演奏笙瑟来助兴。吹起笙来簧片振，客人捧筐献礼来。客人此举来示好，为我指示大道来遵行。

听那鹿群呦呦叫，它们在吃那田野上的青蒿。我有嘉宾来赴宴，客人品德美好声名高。为人榜样不轻佻，君子楷模来仿效。我有美酒滋味美，嘉宾宴饮乐逍遥。

听那鹿群呦呦叫，它们在吃那田野上的芩草。我有嘉宾来赴宴，演奏瑟来又弹琴。演奏瑟来又弹琴，和乐融融好快乐。我有美酒滋味美，嘉宾宴饮心快乐。

这首诗共有三章，每章开头都用鹿鸣起兴。自由自在的鹿在草地吃草，它们发出呦呦的鸣叫，自然和谐。鹿鸣，在这里带给宴会和谐的气氛。这首诗正是希望以鹿鸣让宴会中的宾客暂时忘却君臣之别，把酒言欢。看来这周天子的宴会，也是沟通与大臣感情的重要场合。

在鹿鸣之后，诗人写到了鼓瑟吹笙，这是当时举办宴会的标准配置。《礼记·相饮酒义》对于周代宴会如何演奏音乐，如何在演奏音乐的间歇饮酒，有着明确规定。

最后，诗人写到在欢快的宴会中，有人献礼，“承筐是将”，再进一步，还有“人之好我，示我周行”。这“行”，不但是镐京里的宽敞大路，更是大道理。这说明宴会的主人，也就是周天子，愿意采纳来自宾客——臣子的建议和道理。

诗歌最后写道，“燕乐嘉宾之心”，可见这次宴会不是简单的吃吃喝喝，而是君臣之间借此机会，沟通思想，加深感情。

《鹿鸣》这首诗，后来演变为宴会乐歌，东汉末年，曹操还将这首诗的前四句，直接用在了他的诗歌《短歌行》中。到了唐宋时期，科举考试之后，也会举办宴会，并且歌唱《小雅·鹿鸣》，这样的宴会被称之为“鹿鸣宴”。

《小雅·节南山》：权臣隐身衣与天子的近视眼

西周从周武王灭商算起，一共经历了十一代，共有十二位周天子。这期间，有周公辅政，制礼作乐，有著名的成康之治，历史上记载“刑错四十余年不用”，老百姓生活非常安定。但从周懿王开始，西周国政混乱，官员腐败，外部又面临着犬戎的多次进攻。到公元前841年爆发国人暴动，预示着这个曾经朝气蓬勃的王朝已经进入垂暮之年。

周幽王，是西周最后一位周天子。这位周幽王，当时的太史对他的评价是“暗昧”，也就是糊涂。不过周幽王只是国事糊涂，说起来享受生活，那可一点也不委屈自己。他宠爱褒姒，为了博褒姒一笑不惜烽火戏诸侯，更不惜废掉了皇后和太子。最终，申侯为给外孙子和女儿出一口气，决定和周幽王斗争到底。

但是申侯只是一方诸侯，如何能斗过周幽王呢？申侯便联系了西周的老对手——犬戎。由于申侯的这个举动，造成了历史上著名的镐京之乱。犬戎攻破镐京，周幽王被杀，西周因此而灭亡。

太子即位，是为周平王。面对被战火摧残的镐京，面对可能遇到的犬戎继续骚扰，周平王不得已迁都洛邑，拉开了东周的序幕。

生活在西周末年、乱世之中的人民是非常痛苦的。他们在苦难中挣扎，最无助的时候，会对高高在上却无所作为的周幽王进行讽刺和指责。

《小雅·节南山》这首诗，就是希望周幽王能够追究太史尹大人的暴虐，使人民安居乐业。题目中的“节”字，是形容山高峻的样子。

节彼南山，维石岩岩[(1)]。赫赫师尹[(2)]，民具[(3)]尔瞻。忧心如惔[(4)]，不敢戏谈。国既卒[(5)]斩，何用不监！

注释

（1）岩岩：山崖很高，险峻的样子。（2）师尹：指西周的文武百官。师，是大师，掌管西周军事大权；尹，是史尹，西周文官中卿士之首。（3）具：通“俱”，都。（4）惔（tán）：内心无比忧虑，忧心如焚。（5）卒：全。

意思是，巍峨南山高耸入云，山石林立险峻无边。百官之首尹大人，老百姓都瞩目于他。君子为国忧心如焚，却不敢随便开口谈论。国运已经要终结，是什么原因你还不监管！

这首诗以南山起兴，诗人笔下写山，心中却并不想说山。那高峻的南山，就如同西周的权臣，危耸入云，高高在上，让老百姓高不可攀。这位权臣尹大人的所作所为，已经是万众瞩目，老百姓全都关注着他。有识之士为此忧心忡忡，认为国运已经衰落。但是周天子却依然是熟视无睹。

这里出现了两个视点，老百姓和君子关注着权臣尹大人，这位高官行为不妥，但是所有人敢怒不敢言。还有一个视点，那就是隐身在诗歌背后——周天子的视点，他对于这位尹大人是视而不见的。

危害到老百姓生存的权臣，危害到国运的权臣，居然能让周天子恍若不见，要不就是这位权臣有什么隐身衣之类的法宝，要不就是这位高高在上的周天子得了近视，视力急剧下降。

节彼南山，有实[(1)]其猗[(2)]。赫赫师尹，不平[(3)]谓何。天方荐[(4)]瘥[(5)]，丧乱弘多。民言无嘉，憯[(6)]莫惩嗟。

注释

（1）有实：宏大的样子。（2）猗：同阿，山阿，指大的丘陵。（3）不平：管理不公平。（4）荐：又发生饥荒。（5）瘥（cuó）：时疫，疫情。（6）憯（cǎn）：于是，乃。

意思是，巍峨南山高耸入云，山林广大山阿重重。百官之首尹大人，奈何他办事不公正。上天又降下饥荒和时疫，灾祸连连何其多！百姓齐声来埋怨，大人你却不羞愧！

诗歌第二章依然是以南山起兴。这位尹氏手握权柄，办事却一点也不公正。国家祸患重重，这种情况下，尹大人的不作为、不公正，天灾人祸，让老百姓的生活更为艰难。有多少祸患呢？“丧乱宏多”，数都数不过来。民间怨声载道，而这位尹氏，看起来是精通厚黑学，一点也不惭愧。

这一章写的是尹氏的过错，其中“不平”是全诗的诗眼。其后的所有祸乱，都因“不平”而起。

尹氏大师，维周之氐[(1)]；秉国之钧[(2)]，四方是维。天子是毗[(3)]，俾[(4)]民不迷。不吊[(5)]昊天，不宜空[(6)]我师[(7)]。

注释

（1）氐：根本。（2）钧：通“钧”，制陶器模具下方的转轮盘。（3）毗（pí）：辅助。（4）俾（bǐ）：使，让。（5）吊：通“叔”，借为“淑”，好。（6）空：穷困。（7）师：广大民众。

意思是，高高在上的尹大人，你是我们大周的根本；也是左右国家方向的重臣，天下安危都要靠你。天子统治靠你辅助，让我们民众内心不乱。苍天在上对我们不仁，你不应该让老百姓穷困潦倒！

第三章，诗人写尹氏的权位之重。尹大人官位有多高？诗人用了两个比喻，尹大人是大周统治的根本，也是“秉国之钧”。“钧”，是古代制作陶器模具下面的转盘，钧要是不转了，或者转速不对，就没办法制作成陶器。所以尹大人是整个大周管理正常运转的关键人物，他联系的是周天子和民众。对上，这位尹大人辅助周天子，对下，尹大人要确保民众生活安定。然而身居高位，手握权柄的尹大人却并没有做到。所以诗人最后发出了申诉，现在已经是上天降下灾祸，尹大人你可不能让我们老百姓全都穷困潦倒！这其实就是诗歌中的“怨”。

弗躬(1)弗亲，庶民弗信(2)。弗问弗仕(3)，勿罔(4)君子(5)。式夷式已(6)，无小人殆(7)。琐琐姻亚(8)，则无膴仕(9)。

注释

（1）弗：不。躬：亲自。（2）信：信任。（3）仕：察看处理。（4）罔：欺骗迷惑。（5）君子：指周天子。（6）式：应当。夷：平。已：应为“己”，指以身作则。（7）殆：接近。（8）姻亚：指姻亲关系。姻：儿女亲家；亚，通“娅”，姐夫和妹夫的互称。（9）膴（wǔ）仕：担任高官，享受高官厚禄。

尊贵的尹大人你政事不亲为，我们老百姓也不再信任你。对待政事你不管不问，不要再迷惑欺骗周天子。应当平定事物以身作则，莫要亲近奸佞小人。那些浅薄无才能的亲戚，就不要再委任他担任高官享厚禄。

在诗歌第四章，诗人代表老百姓对高官尹大人展开了控诉。这位高贵的大人，自己职责范围内的工作不能亲力亲为，所有的精力都放到迷惑周天子身上。很明显，尹大人是一位“宠臣”，绝不是周公那样的“贤臣”。尹大人的所作所为，站到了老百姓的对立面，所以民众不再信任他。这样一个宠臣，他所任用的，也都是一些奸佞小人或者亲戚。这段诗歌围绕着“夷”“己”展开，民众期盼尹大人应该做到公正，并以身作则。这一段话，是老百姓对于所有官员的期待。

昊天不佣（1），降此鞠讻（2）。昊天不惠，降此大戾（3）。君子如届（4），俾民心阕（5）。君子如夷，恶怒（6）是违（7）。

注释

（1）佣：明，通“融”。（2）鞠讻（xiōng）：极大的祸乱。（3）戾：灾祸，灾难。（4）届：到，临。（5）阕：息。（6）恶怒：气愤的情绪。（7）违：除去。

意思是，上天不肯降光明，反而降下大灾祸。苍天不再施恩惠，反而降下大祸患。圣德君子若临此，必定平息民心不平。圣德君子如公允，必定消除民怨沸腾。

这一段看似老百姓寄希望于老天爷，一方面是因为当时的社会民怨沸腾，而且民众没有办法解决问题，因为尹大人大权在握。所以大家只能认为这样恶劣的灾祸，是上天在惩罚西周的百姓。另外一方面，这也是老百姓在对尹氏说话，潜台词是人要有敬畏心。举头三尺有神灵，身为高官，不可为所欲为。最后，诗人将希望落到了周天子身上，希望周天子公正处理，平息百姓的愤怒。因为唯有周天子，才是能够解决尹氏带来祸患的最佳人选。

不吊昊天，乱靡有定。式月斯生[1]，俾民不宁。忧心如酲[2]，谁秉国成？不自为政，卒[3]劳百姓。

注释

（1）式月斯生：应月而生。（2）酲（chéng）：醉酒。（3）卒：通“瘁”，劳苦。

意思是，苍天在上对我们不仁，天下乱象仍未平定。灾连祸结应月而生，这让百姓不得安定。忧心忡忡如同醉酒，谁能掌管国家迎来安宁？尹大人不亲自掌管政务，最终遭殃的还是天下百姓。

诗歌第六章，是对第三章“不吊昊天”的一种回应，对于前面怨天和尤人两部分的展开又合拢。诗人看到不管是上天降罪还是尹氏不仁，目前国家的乱局始终没有平定。而这种祸患，遭殃的还是老百姓。尹大人身居高位，却尸位素餐，诗人最终的控诉，落脚点还是无能的周天子。

驾彼四牡[1]，四牡项领[2]。我瞻四方，蹙蹙[3]靡所骋。

注释

（1）牡：雄兽雄鸟，此处指公马。（2）项领：肥大的脖子。（3）蹙蹙：局促的样子。

意思是，我驾着四匹大马，四匹马儿脖颈壮。我眺望四方，局促不安不知去何方。

诗歌第七章，写诗人忧心国事，茫然不知所措。诗人驾驶的四匹马儿很雄壮，但是他内心却局促不安，不知道去何方。诗人驾车出行，并非游山玩水，而是百般无奈，出奔别国。物质的优越和内心的焦虑形成了鲜明对比。在整个西周灾祸连连、没有安定的局面时，去哪里会是自己的归宿？

天下之大，却没有一个平安的所在。

方茂(1)尔恶，相尔矛(2)矣。既夷既怿(3)，如相酬(4)矣。
昊天不平，我王不宁。不惩其心，覆(5)怨其正(6)。
家父(7)作诵(8)，以究王讻(9)。式讹(10)尔心，以畜(11)万邦。

注释

（1）茂：盛大。（2）矛：长矛。指争斗，打斗。（3）怿：高兴。（4）相酬：互相敬酒。（5）覆：反。（6）正：纠正。（7）家父：指作者，西周大夫。（8）诵：可以诵唱的文辞。（9）讻：凶。（10）讹：改变。（11）畜：长养，引申为延续。

意思是，刚刚你还肆意作恶，眼看长矛想打斗。转瞬又平静心欢喜，互相敬酒笑开颜。

苍天在上不公平，大周天子不安宁。尹大人不但不反省，反而抱怨有人来纠正。

家父用心来作诗，追究带给天子灾祸的尹大人。但愿改变你的狠心，延续大周江山岁月长！

在诗歌最后三章，诗人看到了高官尹大人素质的低下，也明白尹大人是绝不能改过自新的。但身为一个大周臣民，身为一个热爱大周的人，诗人还是提起了笔。这是一个爱国者发自内心的呼吁，那就是以诗歌为讽喻，希望指摘时事，改变这个混乱不堪的现状。

这首诗是一首真挚的政治讽刺诗。全诗一气呵成，时至今日，依然可以体会到几千年前诗人忧心国事的焦虑，对尹氏的愤恨，对周天子的希望和意识到周天子并不太靠谱的清醒。

这首诗有叙事，也有写景抒情，更有议论，比普通民歌更加文学化，词汇丰富，也有排比句式和对比手法，艺术感染力很强。

权利带来的荣华富贵让尹氏胆大包天，自以为穿上了隐身衣。遇到了周幽王这样一个一心享乐的周天子，视若不见。老百姓只能呼天喊地。

但当民间怨愤积累到一个峰值，高高在上的周幽王和为所欲为的尹大人，都将为此付出惨重的代价。

《小雅·小弁》：伤心人在繁华烟柳处，孟子心有戚戚焉

周幽王作为西周最后一任周天子，任性妄为。

他点燃了让褒姒欢乐的烟火，却亲手熄灭了西周绵延二百多年江山社稷的烟火。

周幽王放逐太子宜臼，在当时引起了轩然大波，《毛诗序》认为，《小雅·小弁》这首诗歌，就是以此而刺周幽王。题目中的“弁”通“般”，是快乐的意思。

弁彼鸒(1)斯，归飞提提(2)。民莫不榖(3)，我独于罹(4)。何辜(5)于天？我罪伊何？心之忧矣，云如之何！

注释

（1）鸒（yù）：一种鸟，外形像乌鸦，又名雅乌，寒鸦。（2）提提（shí）：群鸟在天空安闲飞翔的样子。（3）榖（gǔ）：善良，美好。（4）罹：忧愁。（5）辜：此处是动词：获罪。

意思是，看那寒鸦在天空，成群结队飞翔多么安闲。众人没有不幸福的，唯独是我陷于忧愁。我在哪里获罪于天？我的罪过又是什么？我的内心焦虑忧愁，到底应该如何排遣？

这首诗分为八章，第一章诗人就无比郁闷，对着苍天呼号。诗人看到一群寒鸦在天空飞翔，它们成群结队，欢乐安闲。寒鸦自由自在，不由得让诗人想到，天下人都很幸福，除了自己。寒鸦的快乐与诗人自身孤零零一个人形成了鲜明对比。就连寒鸦都是成群活动，诗人却孤独一人，而且内心愁闷，他不由得问苍天，我这是犯了什么罪过?

一个人孤独不算孤独。身处闹市，看到别人的热闹，在这烟火人间，领受格格不入的孤独，才是刻骨铭心的孤独。

踧踧（1）周道，鞫（2）为茂草。我心忧伤，惄（3）焉如捣。假寐（4）永叹，维忧用老。心之忧矣，疢（5）如疾首（6）。

注释

（1）踧踧（dí）：平坦的。（2）鞫：堵塞。（3）惄（nì）：忧愁悲伤。（4）假寐：不脱衣帽卧床休息。（5）疢（chèn）：烦恼，病痛。（6）疾首：头疼病。

意思是，平坦的大道啊，如今被茂盛的荒草阻塞。我内心忧伤，悲痛好比舂米不停捣。和衣而卧长叹息，深深忧虑这样老去。我的心啊忧虑重重，心病让我头痛不已。

诗歌第二章，诗人写到了自己被放逐见到的景色，大路遍布荒草，这样荒凉的景色，一方面体现诗人内心本来就有的忧伤被放大了，情绪更加低落。另一方面，也从侧面说明了大周的落寞，国运衰落，问题繁多。加深了诗人对于国家命运的担心。

个人的命运和国家的命运由于道路上长满的荒草联系在了一起，这忧愁烦闷无法可解。所以，诗人夜不能寐，和衣长叹，头疼不止。这种情绪严重干扰了诗人的生活，让他时时刻刻不得安宁。

维桑与梓[1]，必恭敬止。靡瞻[2]匪父，靡依匪母。不属于毛[3]？不罹[4]于里？天之生我，我辰[5]安在？

注释

（1）桑与梓：桑梓，古代桑梓多种在住宅附近父母所种，后来指故乡。看到桑梓，就会怀念父母。（2）靡：不，没有。瞻：尊敬。（3）毛：裘衣的毛，古代裘皮的毛在外面。“毛”和“里”分别比喻父亲和母亲。（4）罹：通“丽”，附着。（5）辰：时来运转。

意思是，看到父亲和母亲种下的桑梓，必须恭恭敬敬挺立树前。谁能不尊敬父亲，谁能不依恋母亲。如今不能见父母，好比裘皮不和毛相接，衣服不和里子相连。苍天在上既然生我，何时才能让我时来运转？

诗歌第三章，诗人讲述了自己无父无母的悲惨境遇。诗人用裘皮的“毛”和“里”比喻自己的处境，如今“不属于毛，不罹于里”，自己一个人孤苦伶仃在这世界上，无依无靠。这个比喻是痛心疾首的。现在有一句话，说“父母在，人生尚有来处，父母去，人生只剩归途”。只要父母健在，哪怕八十岁，在父母眼中你也是个孩子，依然受到父母宠爱。

内心满怀忧愁，却没有父母可以倾诉，只剩下孤苦无依一个人。诗人唯有向上天哭诉，到底什么时候我才能时来运转？

菀[1]彼柳斯，鸣蜩嘒嘒[2]，有漼[3]者渊，萑苇[4]淠淠[5]。譬彼舟流，不知所届[6]，心之忧矣，不遑[7]假寐。

注释

（1）菀：形容植物生长茂密。（2）嘒嘒（huì）：蝉鸣叫的声音。（3）漼（cuǐ）：水很深。（4）萑（huán）苇：即芦苇。（5）淠（pèi）淠：植物茂盛的样子。（6）届：到。（7）不遑：顾不上。

意思是，柳树茂密如烟，旁有蝉儿鸣叫。河水深深成渊，芦苇丛丛茂盛。我的内心如同小舟顺水漂流，飘飘荡荡不知到了何处。内心忧愁无处解，顾不上休息去假寐。

诗人看到柳树如烟，蝉儿鸣叫，芦苇茂密，好一副生机盎然的夏日图画。然而这样优美的风景，诗人却无心观赏，反而内心茫然，如同不系之舟，不知所措。因为内心的忧愁烦闷，诗人面对美景，却好像置身于进不去的另外一个世界。优美的风景与诗人内心的焦虑、忧愁形成了鲜明对比。外界越是繁华，内心越是如同枯木，没有生机。

鹿斯之奔，维足伎伎（1）。雉（2）之朝雊（3），尚求其雌。譬彼坏木（4），疾用（5）无枝。心之忧矣，宁（6）莫之知？

注释

（1）伎伎（qí）：鹿快速奔跑的样子。（2）雉：野鸡。（3）雊（gòu）：野鸡鸣叫。（4）坏木：有疾病的树。（5）用：而。（6）宁：岂，难道。

意思是，看那小鹿在原野上奔跑，它四肢舒缓又迅速。野鸡早上就鸣叫，为了寻找它的配偶。而我好像那棵病树，疾病让我枝叶凋零。我心里的忧愁烦闷啊，难道就没人能知道？

诗人看到奔跑的小鹿和鸣叫的野鸡，原野上的小动物是那样生机勃勃，然而诗人自己却如同病树，奄奄一息。诗人将自己比喻成病树，周围的一切生机盎然，但是患病的树却只能眼睁睁看着生命流逝，枝叶枯萎凋零。俗话说“哀莫大于心死”，其实诗人内心的痛苦让他如同病树，再难逢春。

相[(1)]彼投兔[(2)]，尚或先[(3)]之。行[(4)]有死人，尚或墐[(5)]之。君子秉心，维其忍[(6)]之。心之忧矣，涕[(7)]既陨[(8)]之。

注释

（1）相：看。（2）投兔：落入捕网的兔子。（3）先：放。（4）行：路。（5）墐（jìn）：埋葬，掩埋。（6）忍：残忍。（7）涕：眼泪。（8）陨：落。

意思是，看那野兔落入捕网，也许还有人放了它。那大路上有人死去，或许有善良的人埋葬他。君子啊你的用心，竟然是如此残忍。想到这里我心忧伤，眼泪忍不住落下来。

这一章诗人讲述了自己内心忧伤的原因。野兔落入捕网，还有人放了它；有人倒毙于路上，还有好心人埋葬他。但是君子却是如此残忍。正因为如此，诗人才忍不住伤心落泪。君子的残忍对待让诗人无比伤心，但这里诗人也埋下了一个伏笔，那就是“君子”到底是如何残忍对待他的？这背后究竟发生了什么事情？

君子信谗，如或酬[(1)]之。君子不惠，不舒究[(2)]之。伐木掎[(4)]矣，析薪扡[(4)]矣。舍彼有罪，予之佗[(5)]矣。

注释

（1）酬：劝酒。（2）舒：缓慢。究：追究。（3）掎（jǐ）：用绳子牵引。（4）析薪：砍柴。扡（chǐ）：顺着木头的纹理劈开。（5）佗（tuó）：加。

意思是，君子你听信谗言，如同被人敬酒沉溺其中。君子你对我不加理睬，对谗言也不慢慢验证探究。砍伐树木还需要绳子牵引，砍柴也要顺着纹理。君子放走了那有罪之人，却将罪名加在我身上。

诗人写出了自己伤心的原因，是君子听信谗言，将莫须有的罪名强加到了自己身上。

莫高匪山，莫浚[1]匪泉。君子无易[2]由言，耳属[3]于垣[4]。无逝[5]我梁[6]，无发我笱[7]。我躬不阅[8]，遑恤[9]我后！

注释

（1）浚：深。（2）无：不要；易：轻易。（3）属：连接。（4）垣：墙。（5）逝：拆毁。逝，借用为“拆”。（6）梁：水塘中拦水捕鱼的堤坝。（7）笱（gǒu）：捕鱼用的竹篓。（8）阅：被收容。（9）恤：忧心。

意思是，没有比那座山还高的山，没有比那孔泉更深的泉。君子您不要轻易相信谗言，要小心隔墙有耳。别拆毁我捕鱼的梁坝，别打开我捕鱼的竹篓。我本人都不被接受，哪里顾得上为身后事忧愁！

诗歌最后一章，诗人讲述了对君子的期盼，希望君子要保持警惕。因为小人就在附近，随时刺探消息。诗人的感慨是无奈的，如今自顾不暇，哪儿能想得到以后？诗人对于开解目前自己的困境已经放弃了，只寄希望于君子。

这首诗特别擅长用眼前的景物抒发内心情感。将诗人由于遭遇不公正对待内心的孤独、失落、愤恨、痛苦、质问，倾诉得淋漓尽致。

繁华烟柳，蓦然回首，热闹都是旁人的，唯有自己是最孤独的那一个。

对于这首诗，后人评论很多，但最有意思的还数孟子的评价。

公孙丑问孟子，说："高子曰，《小弁》，小人之诗也。"孟子曰："何以言之？"曰："怨。"意思是高子说《小弁》这首诗是小人写的诗。孟子问为什么这样说，公孙丑说因为高子认为这首诗"幽怨"。

孟子说，"固哉，高叟之为诗也！有人于此，越人关弓而射之，则己谈笑而道之；无他，疏之也。其兄关弓而射之，则己垂涕泣而道之；无他，戚之也。《小弁》之怨，亲亲也。亲亲，仁也。固矣夫，高叟之为诗也！"

孟子的意思是："太鄙陋了，高老先生的讲诗！这里有个人，若是越国人张弓射他，事后他可以谈笑风生地讲述这事；没有别的，只是因为越国人和他关系疏远。要是他哥哥张弓射他，事后他会一把鼻涕一把泪地讲述这事；没有别的，因为伤心。《小弁》的幽怨，正由于依恋亲人。依恋亲人，就是仁。高老先生的讲诗太鄙陋了吧！"

《小雅·宾之初筵》：周幽王手下的贵族“醉汉”

周幽王倒行逆施，西周的百姓、大臣无不为之扼腕叹息，然而周幽王本人对于这些却恍若未闻。他好像自成一个世界，旁人不但没办法影响他，他自得其乐地享受生活，有时候还会将身边的人拉扯进来。也许这就是“近墨者黑”吧。

据《毛诗序》记载，周幽王饮酒无度，导致整个大周君臣都沉浸在酒文化中，你来我往，觥筹交错。卫武公为西周卿士，特地作诗《宾之初筵》进行委婉规劝。不过，在《后汉书·孔融传》中，认为这首诗是卫武公自己的悔过之作。朱熹认同《后汉书》的观点，而清代文学家方玉润却认为，这是卫武公身为王朝卿士，不得不参加周幽王的宴席，所写的讽谏之作。

不管几千年前卫武公到底喝没喝周幽王宴席上的美酒，通过这首诗，却一定可以一窥周幽王宴席的生动场面。

题目中的“初筵”，意思是宾客刚入席的时候。筵，是铺在地上的竹席子。

宾之初筵，左右(1)秩秩。笾豆(2)有楚(3)，殽核(4)维旅(5)。酒既和旨(6)，饮酒孔偕(7)。钟鼓既设，举酬(8)逸逸(9)。大侯(10)既抗(11)，弓矢斯张。射夫既同，献尔发功(12)。发彼有的(13)，以祈尔爵。

注释

（1）左右：指席位东西，按照惯例是主人在东，客人在西。（2）笾豆：都是古代食器。笾，盛放瓜果干脯等的竹质器具；豆，盛放鱼肉齑酱等的木质或者陶制、铜质器具。（3）有楚：楚楚，陈列得很整齐。（4）殽核：豆中盛放的食品。（5）旅：摆放，陈放。（6）和旨：指酒醇厚甜美。（7）偕：通“皆”，到处。（8）酬：酒杯。（9）逸逸：同“绎”，接连不断。（10）大侯：侯，是射箭用的靶子。大侯是用虎、熊、豹三种皮制成的大靶子。（11）抗：高高挂起。（12）发功：射箭的功夫。（13）的：箭靶子。

意思是，客人刚到宴席要入座，座位东西有秩序。笾豆摆放真整齐，瓜果肉酱安放好。美酒醇厚又甘洌，大家开怀同举杯。编钟金鼓排放好，敬酒举杯不断绝。最大靶子高高挂，张弓搭箭要瞄准。射手来到靶场上，展示射箭好本领。箭不虚射都中的，以此罚酒乐开怀。

酒宴虽然刚刚开始，一切都在有条不紊地进行中。宴会座位有序，就连用具摆放都精心陈设。酒宴上用的食器都很精致，酒也是好酒。准备奏乐的编钟和金鼓已经布置好了，准备射箭的靶子也立了起来。射手们跃跃欲试，都希望展示自己高超的射箭技艺，好让客人罚酒多喝几杯。

这场高规格的宴会，美食美器、编钟金鼓、射箭靶场，可谓应有尽有。宾客和主人也都很有礼貌，的确是贵族之间的高雅聚会。

籥(1)舞笙鼓，乐既和奏。烝衎(2)烈祖，以洽百礼。百礼既至(3)，有壬(4)有林(5)。锡(6)尔纯嘏(7)，子孙其湛(8)。其湛曰乐，各奏尔能。宾载手仇(9)，室人(10)入又。酌彼康爵(11)，以奏尔时(12)。

注释

（1）籥（yuè）：竹制的管乐器，样子好像排箫。（2）烝（zhēng）：进。衎（kàn）：娱乐。（3）至：周到。（4）壬：大，指礼大。（5）林：盛，指礼多。（6）锡：赐。（7）纯嘏（gǔ）：大福。（8）湛（dān）：和美安乐。（9）载：便。手：取。仇：对手。（10）室人：主人。（11）康爵：空杯子。（12）时：等财者。

意思是，手拿竹龠翩翩起舞，旁边还有笙鼓演奏，各种乐器一起来合奏。以此献舞娱乐列祖，以此融合各种礼节。各种礼节演练一遍，场面隆重又热闹。天神赐给你们大福气，子子孙孙享福安乐无边。子孙幸福又和美，各显其能。客人于是寻找比赛的对手，主人又加入射箭比赛。斟满你的空酒杯，庆祝射箭胜者共饮一杯。

伴随着音乐演奏，宴会的气氛逐渐热烈起来，首先是各种礼仪的歌舞表演，以此娱乐先祖。周人是非常重视礼仪的，即便美食当前，也要按照规矩先将各种礼仪表演一遍。这是发自内心对于先祖和天神赐福的感谢之情，颇有“吃水不忘挖井人”的淳朴情感。宴会开始之后，客人们纷纷参加射箭比赛，气氛热烈。就连主人也按捺不住，加入到比赛的行列。大家推杯换盏，陪酒的也进进出出，非常忙碌。酒宴的活动丰富，气氛非常热烈。

宾之初筵，温温（1）其恭。其未醉止，威仪反反（2）。曰（3）既醉止，威仪幡幡（4）。舍其坐（5）迁，屡舞仙仙（6）。其未醉止，威仪抑抑。曰既醉止，威仪怭怭（7）。是曰既醉，不知其秩。

注释

（1）温温：温和有礼貌的样子。（2）反反：谨慎凝重。（3）曰：助词。

（4）幡幡：轻浮的样子，没有威仪。（5）坐：同“座，座位”。（6）仙仙（xiān）：同“蹮蹮”，飞舞的样子。（7）怭怭（bī）：轻薄、亵慢。

意思是，宴会刚刚开始，客人尚未入席，他们温文尔雅很恭敬。客人们没喝醉的时候，每个人都仪表庄重很谨慎。等他们喝醉了时，一个个轻率无礼很轻浮。客人们离开了自己的座位，多次翩翩起舞。客人们没喝醉的时候，每个人都很庄重。客人们喝醉了的时候，一个个都很轻薄不庄严。这都是因为酩酊大醉，才忘记了礼仪秩序。

伴随着酒宴的进行，客人们心情愉快，越喝越多，直到酩酊大醉。诗人描绘了客人在饮酒前后形象的对比。这些高官贵族，没喝酒的时候温文尔雅，一旦喝醉了，却手舞足蹈，放浪形骸，甚至举止轻浮。饮酒，让人行为失度。在酒精的麻醉下，客人是很快活，但是也失掉了身份和尊严。

这些客人并非寻常百姓，他们都是大周的贵族和官员。假如在周幽王带领下，整个大周的核心人物成天喝得酒气熏天，那谁来对百姓负责？

这些身负重任的人，喝醉了之后，会造成什么后果呢？

宾既醉止，载号[(1)]载呶[(2)]。乱我笾豆，屡舞僛僛[(3)]。是曰既醉，不知其邮[(4)]。侧弁[(5)]之俄[(6)]，屡舞傞傞[(7)]。既醉而出，并[(8)]受其福。醉而不出，是谓伐德[(9)]。饮酒孔嘉，维其令仪[(10)]。

注释

（1）号（háo）：大声喊叫。（2）呶（náo）：没完没了的喧哗。（3）僛僛（qī）：身体东倒西歪的样子。（4）邮：通“尤”，过错。（5）弁（biàn）：皮帽子。（6）俄：歪斜不正。（7）傞傞（suō）：喝醉了跳舞不止的样子。（8）并：全，都。（9）伐德：败坏德行。（10）令仪：美好的仪表和礼节。

意思是，客人饮酒喝醉后，大呼小叫好喧哗。打翻了宴席上的笾和豆，东倒西歪跳起舞。正是因为酩酊大醉，才不知道自己的过失。皮帽子歪歪斜斜，喝醉了却跳得无法停止。酩酊大醉就应该离开宴席，主人和客人都会很体面。喝醉了还不离席，这就是败坏德行。饮酒是件很好的事情，但需要美好的品行和礼仪。

客人们酩酊大醉之后，完全没办法控制自己的言行，开始耍酒疯。这些醉酒的客人大呼小叫，打翻了宴席上的笾和豆。客人衣冠不整，趁着醉劲儿歪歪扭扭跳起舞，毫无仪态可言，也完全没有君子风范，只能说是醉鬼乱舞。这让主人非常尴尬。

到此时，宴席一改开始时的彬彬有礼，气氛狂乱，客人言行无礼。所以诗人才会发出感慨，喝酒也是需要美好的品行的。

诗人对于酒醉后客人们的无礼行为描述得栩栩如生，刚才那群彬彬有礼的达官贵人，由于酒精的作用，转眼间变成了荒唐可笑的酒鬼一群。

凡此饮酒，或(1)醉或否。既立之监(2)，或佐之史(4)。彼醉不臧(4)，不醉反耻。式勿从谓(5)，无俾(6)大怠(7)。匪言勿言，匪由(8)勿语。由醉之言，俾出童羖(9)。三爵(10)不识，矧(11)敢多又(12)。

注释

（1）或：有的人。（2）监：酒监，宴会上监督礼仪行为的官。（3）史：酒史，记录饮酒言行的官员。（4）臧：好。（5）从谓：指主人殷勤劝酒，让客人再喝。（6）俾：使。（7）大怠：太过轻慢失礼。（8）匪由：指不合道理的话。（9）羖（gǔ）：没有角的公山羊。（10）爵：杯。（11）矧（shěn）：何况。（12）又：通“侑”，劝酒。

意思是，凡是与会的饮酒者，有的人喝醉了有的人却很清醒。饮酒时都会设立监酒官，有时候还有酒史辅佐。有人喝醉了很不好，有人却认为不喝醉是一种耻辱。不要殷勤劝酒了，不要让喝醉酒的人太过轻慢失礼。不该问的话不要问，不合道理的话也不要说。喝醉酒之后说的狂妄之语，要罚他出没有角的小公羊赔礼。三杯酒就喝醉了，哪里还敢殷勤劝酒。

到了诗歌最后，读者恍然大悟，原来当时的宴席是有监酒官的，饮酒也要遵守礼仪，尤其是在天子面前。

既然如此，在周幽王以身作则倡导下的饮酒狂欢场面，就更引人深思了。这到底是酒精的魔力还是当时社会氛围的感染？

这首诗写“饮酒”，并非后世文学作品中诗酒唱和的高雅，更没有慷慨高歌的豪情壮志，而是通过宴会上宾主滥饮狂欢，行为失度，抨击在周幽王带领下，整个西周贵族纵酒狂欢，德行有失的行为。

美酒，麻木了周幽王等贵族的神经，更让他们沉醉于此，不务正业。

诗人写作技巧非常高明，先写宴会开始客人的彬彬有礼，与后来客人喝醉后的丑态形成了鲜明对比。当所有人对此有所评价的时候，诗人又揭示出，原来宴会是有“监酒官”的。讽刺更加深入了一层。

诗人对这些贵族“醉汉”的描写，也是入木三分。时间过去了几千年，无论贵族还是平民，只要酩酊大醉，依然是足之蹈之，“载号载呶”。

这首诗歌也是关于“酒文化”的杰作。据说明太祖朱元璋听了《小雅·宾之初筵》特别有感触，曾经命人专门写了几十本，赐给文武官员，让他们悬挂在家里厅堂上，作为警戒。

成为后代的警示反面教材，这应该是周幽王始料未及的。

《小雅·北山》：士人的无声控诉

在西周，周王室之外社会统治阶层主要分为卿、大夫和士。在这三个等级中，每一等级又详细分为上、中、下三等。在《周礼》中，将执政大官分为六官，亦称为“六卿”，后来随着历史发展演变为吏、户、礼、兵、刑、工六部尚书。

卿的官位仅次于宰相、三公。

在这三种等级的官员中，等级最高的是卿，等级最低的是“士”，在中间阶层的是“大夫”。

《小雅·北山》是周朝一位士人讽谏周幽王的诗作。《孟子·万章上》说，这首诗是“劳于王事而不得养父母也”。当侍奉父母和劳于王事发生了矛盾，也就是“孝顺父母”与“忠于王事”发生了矛盾，这位士人毫不犹豫选择了父母。这到底是为什么呢？

陟(1)彼北山，言(2)采其杞(3)。偕偕(4)士子，朝夕从事。王事靡盬(5)，忧我父母。

注释

（1）陟（zhì）：登。（2）言：助词。（3）杞：枸杞。（4）偕偕：健壮的样子。（5）盬（gǔ）：休止。

意思是，登上那高高的北山，去采那红红的枸杞。身体强健的士子，每天早起晚睡忙碌不休。国君的差事没有尽头，我内心却担忧自己的父母。

这位士子身体强壮，执行的任务也很辛苦，需要爬上北山摘枸杞。身为士子，为了国家的公事忙碌不休。工作是忙碌的，但即便是在如此忙碌的状态下，他心中惦念的，还是自己的父母。

当君主需要和个人困难发生了矛盾，该如何处理？这位士子的选择是“朝夕从事”，他在行动上是忠于国君的。

溥(1)**天之下，莫非王土；率土之滨**(2)**，莫非王臣。大夫**(3)**不均，我从事独贤**(4)。

注释

（1）溥：本作“普”，大，全。（2）率土之滨：指四海之内，古人以为我国是大陆四周环海，四面海滨之内的土地是中国领土。率，自。（3）大夫：执掌朝政的大臣。（4）贤：多，劳苦。

意思是，广袤无垠的天下，没有不是国君的领土；四海之内的陆地，没有一人不是国君的臣子。执政的大夫办事不公，唯独让我为了王事如此劳苦。

诗歌第二章是士人的内心独白。这位士人行动上选择了忠君，因为他内心秉承的信念是：“溥天之下，莫非王土；率土之滨，莫非王臣。”这句话，也成为在中国流传千年的名言，尤其是在封建时代。这句话的内涵其实就是“君权神授”，也是当时大家都认可的价值观。作为士人，自然也要服从。

但这位士人明显是有个性、有思想的，因为他看到了问题关键所在，那就是“大夫不均”。我承认应该忠君，但是执政的大夫不公正啊，那谁能没有怨言呢？

鞭打快牛，谁能干就全让谁干，这公平吗？

大夫的“不均”和士人的“独贤”，其实是一种对比，也是对当时社会现状深刻的反讽。

四牡(1)彭彭(2)，王事傍傍(3)。嘉(4)我未老，鲜(5)我方将(6)。旅力(7)方刚，经营(8)四方。

注释

（1）牡：公马。（2）彭彭：形容马儿不停奔走。（3）傍傍：匆忙，急忙。（4）嘉：赞许，称赞。（5）鲜（xiǎn）：赞许。（6）将：强壮。（7）旅力：体力。（8）经营：规划管理，指辛苦办事。

意思是，四匹公马健步奔走，我为王事匆匆忙忙。上司称赞我宝刀不老，赞许我身体正强壮。我体力正是最强的时候，为国办事奔走四方。

“士人”闪亮登场，展现他的工作状态。他驾着马车四处奔走，为了国家忙碌不休。上司也称赞他年富力强。这位士人很有能力，工作不辞辛苦，还获得了上司的赞赏。士人从工作态度，到工作能力，再到工作业绩都表现很好，他是大周的中流砥柱型人才。

或燕燕[(1)]居息[(2)]，或尽瘁[(3)]事国；或息偃[(4)]在床，或不已[(4)]于行。

或不知叫号，或惨惨[(6)]劬劳[(7)]；或栖迟[(8)]偃仰，或王事鞅掌[(9)]。

或湛[(10)]乐饮酒，或惨惨畏咎；或出入风议[(11)]，或靡事不为。

注释

（1）燕燕：安闲，悠然自得的样子。（2）居息：在家里休息。（3）尽瘁：尽心竭力。（4）息偃：躺着休息。偃：仰面卧着。（5）不已：不停止。（6）惨惨：忧虑，内心惶恐不安的样子。（7）劬（qú）劳：辛苦操劳。（8）栖迟：休息游戏。（9）鞅掌：事物很多，公务繁忙，劳累不堪的样子。（10）湛：同“耽”，沉湎于。（11）风议：说大话、空话却不做实事。

意思是，有的人在家安然享乐，有的人却为了国事鞠躬尽瘁；有的人在床上躺着休息，有的人却奔波不停。

有的人听不到民间老百姓的哭号，有的人却内心忧愁为国事操劳；有的人优哉游戏休息，有的人却为了国家劳累不堪。

有的人沉迷于饮酒作乐，有的人畏首畏尾担心承担责任；有的人空谈大话，有的人却无事不亲力亲为。

诗人运用对比，活灵活现地描绘出一副当时西周的人生百态。这种对于不同人的生动描绘、铺排对比，非常巧妙。后世诗人将这种描写手法继承了下来。

在精明能干的士人为国奔走四方的时候，他看到许多人不同的选择：有的人一心享乐，有的人为了国家鞠躬尽瘁；有的人对百姓漠不关心，有的人为了国事日夜操劳；有的人自己饮酒作乐，有的人高谈阔论，也有的人脚踏实地，什么事情都做。

在这样一个庞大的国度里，为国家勤勤恳恳工作的人，和一心享乐的人，形成了两大派别。

诗人没有对这些人进行评论，诗歌到此处戛然而止。

所有这些，都是诗人借士人四方奔走的见闻写出来的。正是如此，才更具有震撼人心的力量。

这首诗是对当时社会不公的一种深刻讽刺。当有的人为了国事，放弃照顾父母，东奔西走的时候，还有另一类人醉生梦死，为了享乐不眠不休。

能够什么都不做，一心享乐的是什么人？

当然是比这位士人身份更高的贵族或者大夫。

士人作为统治阶级的最后一等，必定是深受压迫。他不必说，不必评论，只将自己看到的一切生动描绘出来，便是对于当时情况的最好评论。

《北山》，不只是士人为了国事不得照顾父母的埋怨，更有士人被压迫、受到不公平对待的心酸控诉，虽然这控诉是无声的。

《小雅·巷伯》：南箕北斗，造谣生事第一名

在周幽王这样一心享受、无心国事的君主身边，围绕着一群小人。这群小人口蜜腹剑，为了个人利益讨好周幽王，无所不为。《小雅·巷伯》这首诗，就是对于周幽王身边的诽谤者正面的讽刺和揭露。

诗歌的题目“巷伯”，是掌管周幽王宫内事务的宦官。巷，是王宫内的道名；伯，是主管王宫内道官的宦官。这首诗的作者是孟子，当然此孟子非彼孟子，他不是儒家代表人物孟子，而是周幽王身边的宦官孟子。这位孟子遭受小人陷害，蒙受冤屈，并且获罪。内心激奋之下，他创作了这首诗。

萋(1)兮斐(2)兮，成是贝锦(3)。彼谮(4)人者，亦已大(5)甚！

注释

(1)萋：纹理细密的样子。(2)斐：文采辉煌的样子。(3)贝锦：织有贝壳花纹的锦缎。(4)谮（zèn）：造谣中伤别人。(5)大：同“太”，过分。

意思是，花纹细密又鲜明，织成五彩贝纹锦。那个造谣害人的人，为人实在太过分！

诗歌开始以贝纹锦起兴，为什么会用贝纹锦？诗人匠心独具。因为小人最擅长诽谤别人，罗织罪名。这种罗织罪名的恶行，岂不是如同织锦一样，密不透风？这里还隐藏着诗人的讽刺，贝纹锦花纹鲜明美丽，能够织造贝纹锦的工匠也一定是技艺高超。这个造谣生事的小人的造谣功力，堪比第一流的工匠。

哆[(1)]兮侈[(2)]兮，成是南箕[(3)]。彼谮人者，谁适[(4)]与谋。

注释

（1）哆（chǐ）：张口。（2）侈：大。（3）南箕：星宿名，一共有四颗星，形状如簸箕的样子。（4）适：往。

意思是，造谣的人大嘴一张可太大，好像天上南箕星。那个造谣生事的人，谁来为你做谋划？

诗人描绘了造谣者造谣生事的丑恶嘴脸。他用了一个非常有趣的比喻，说这个造谣的人是个大嘴巴，他的嘴巴好像天上的南箕星。一个人的嘴，大得如同天上的星宿，这人岂不是一副恶魔嘴脸？

南箕，是星宿名，就是箕宿。南箕一共有四颗星，两颗星是踵，两颗星是舌。南箕星的排列是踵窄、舌宽，夏秋之交，南箕出现在南方，故而得名。古人由于南箕的形状想到了人的口舌，所以以此比喻谗佞，认为南箕出现的时候，主口舌。还有一句成语，叫南箕北斗，比喻徒有虚名却没有实用。

这个诽谤者造谣生事，龇牙咧嘴的样子，不就和那不吉利的南箕星一样，让人心生厌恶？

缉缉[1]翩翩[2]，谋欲谮人。慎尔言也，谓尔不信[3]。

捷捷[4]幡幡[5]，谋欲谮言。岂不尔受？既其女[6]迁。

注释

（1）缉缉：附耳低声私语的样子。（2）翩翩：过来过去，动作迅速的样子。（3）信：诚信，可信。（4）捷捷：胡说八道的样子。（5）幡幡：多次进言的样子。（6）女：同“汝”。

意思是，低声私语来来回回，一心要把别人诋毁。劝你说话要谨慎，否则没人信任你。

你花言巧语来回进言，一心造谣进谗言。岂能无人受你骗，总有一天要现形遭人恨。

诗人用生动笔触描写到这些造谣者的语言、动作，他们总是在人耳旁嘁嘁喳喳，低声细语，说的都是一些没有根据害人的话。造谣者的目的明确，就是为了陷害别人。所以诗人警告这些小人，劝你们说话要负责，不然将来是没人信你们的。就算当时被你蒙骗，日后你们这些造谣者也将付出代价。

骄人[1]好好[2]，劳人[3]草草[4]。苍天苍天，视彼骄人，矜此[5]劳人。

注释

（1）骄人：指进谗言者。（2）好好：得意扬扬的样子。（3）劳人：指被说坏话的人。（4）草草：忧愁烦恼。（5）矜此：怜悯，可怜。

意思是，进谗言的人得意扬扬，被说坏话的人心灰意冷。老天爷啊，你看看那些小人作恶，可怜可怜这被害的人吧！

诗人揭露了最终的结果，那就是小人得志，被诬告的人心灰意冷。所以诗人不由得向苍天呼号，希望老天爷能够惩罚那些害人的小人。

诗人将希望寄托到苍天，这其实也在隐晦地说明，当时的最高领导——周幽王并不负责任，普通人没地方寻找公平。这种进谗言的人得意扬扬，被说坏话的人心灰意冷不是偶然现象，而是很普遍的。

彼谮人者，谁适与谋？取彼谮人，投畀(1)豺虎。豺虎不食，投畀有北(2)。有北不受，投畀有昊(3)！

注释

(1) 投：投掷。畀（bì）：给。(2) 有北：北方荒凉苦寒之地。(3) 有昊：苍天。

意思是，那个谗言害人的人，是谁给他出谋划策？抓住这坏人扔给豺虎。豺虎嫌弃不肯吃，抓住他扔到北方不毛之地。北方也不肯接受，就交给苍天去定罪！

诗人愤恨地提出了自己的抗议，希望严惩造谣的人。这样花言巧语害人的恶人，诗人认为应该抓住他，和他幕后出谋划策的人一起扔给豺虎去吃。这样的人作恶多端，就连豺虎也会嫌弃不肯吃，那就扔到北方荒凉之地。北方要是不接受，就请上天处罚他！诗人情绪激动，一腔义愤，这些诅咒特别具有民间色彩，诗歌句式也从四言发展到参差不齐的句式。

杨园[1]之道，猗[2]于亩丘[3]。寺人[4]孟子，作为此诗。凡百[5]君子，敬而听之。

注释

（1）杨园：园林名字。（2）猗：临近，靠近。（3）亩丘：丘名。（4）寺人：宦者，宦官。（5）凡百：所有的。

意思是，杨园的道路紧靠着亩丘。宦官孟子创作了这首诗。诸位君子和大人，请您认真听我说。

诗人在诗歌最后一章坦然留下了自己的名字。这在《诗经》中是非常少见的。诗人为什么要这么做？

其实这类似于现在的“实名举报”，这位坦然留名的孟子，虽然是宦官，却实名怒斥小人，敢于对自己的言行负责，是一位坦坦荡荡的正人君子。

《小雅·巷伯》这首诗，敢于直斥造谣生事的小人，而且刻画出鲜明生动的小人形象，这是对当时小人得志、君子被害这种社会现状的英勇反击。

这篇诗歌的作者——宦官孟子，富有文采，又很有正义感。这样一位优秀的君子，是如何成为宦官的？他对于小人这样憎恨，一定受过小人的陷害。是不是因为小人陷害，他才不得已被迫成为宦官？

这一切，都成为千古谜团，真相无从寻觅。

所幸，孟子这样一个文采斐然又富有正义感的君子，获得了后世文人的敬仰。班固就曾经在《司马迁传赞》中，称赞司马迁是“《小雅·巷伯》之伦”。

生活中的苦难无从回避，但勇者仍然可以选择自己的立场。

《小雅·巷伯》因此成为后世蒙冤受屈却不改初衷者内心的独白。

《小雅·何草不黄》：命若草芥，路在何方

在诗歌《小雅·北山》中，西周士人控诉大夫分配工作的不公正。作为统治阶级的最底层，士人一肚子委屈。然而在整个西周即将崩溃的时候，最悲惨的还是底层人民。诗歌《何草不黄》，就是周幽王时期的征夫对于行役之苦的控诉。

何草不黄？何日不行[1]？何人不将[2]？经营[3]四方。

注释

（1）行：出行，指出征。（2）将：出征。（3）经营：来回奔走。

意思是，什么草儿不会黄？什么日子不出行？什么人可以不出征？为了国家奔走四方。

诗歌以“何草不黄”起兴，脆弱的小草，正是对征夫脆弱生命的一种象征。20世纪80年代流行一首《小草》的歌曲，“没有树高，没有花香，我是一棵无人知道的小草”，歌颂的是小草弱小却顽强不息的生命。而“何草不黄”，却给人一种悲伤的感觉。秋天每年都会来，秋风秋雨一朝至，神州大地还有什么草能不黄呢？

“黄”，似乎代表着生命的流逝。被大自然摧残的小草，如同社会最

底层的征夫。身为征夫，谁能不征战沙场，奔走四方呢？这种漂泊无所依的感觉，这种任凭生命流逝的感觉，扑面而来。

何草不玄[1]？何人不矜[2]？哀我征夫，独为匪民[3]。

注释

（1）玄：黑色，指草死去腐烂的颜色。（2）矜：通“鳏”，年老却没有妻子的男性。（3）匪民：不是人。

意思是，什么小草不变黑腐烂？什么征夫不是鳏夫？可怜我们这些出征的人，唯独不被当成人。

诗歌第二章，小草已经是腐烂的黑色。这象征着征夫在年复一年的为国征战中，生命不断流逝。一旦成为征夫，就意味着成为鳏夫，因为军队是不允许带着军属出征的。这种生命的残缺状态，加上生活在底层，还不是被人当成尘土一样卑微？

匪兕[1]匪虎，率[2]彼旷野。哀我征夫，朝夕不暇。

注释

（1）兕：野牛。（2）率：沿着。

意思是，不是野牛也不是老虎，却要沿着那狂野行走。可怜我们这些征夫，白天晚上都没有闲的时候。

人生活在社会中，只有野兽才在旷野生存。诗人将征夫的生活与野牛和虎做比较，并且愤怒地表示抗议，征夫再低贱，也是人，不是野牛也不是老虎，怎能不停奔走于旷野之中？

身为人，却并没有被当作人尊重，只能“朝夕不暇”，奔走于旷野。这种生活，让征夫必然产生哀怨的情绪，为自己受到的非人待遇愤慨。诗人对此无比痛心，所以才会说“哀我征夫”。

有芃(1)者狐，率彼幽(2)草。有栈(3)之车，行彼周道。

注释

（1）芃：即芃芃，指野兽兽毛蓬松的样子。（2）幽：暗。（3）有栈：役车高高的样子。

意思是，兽毛蓬松的是那狐狸，沿着那深深的草丛出没。高高的役车载着征人，行走在那大道上。

在诗歌最后，征夫乘坐役车行走在国道上。这说明即便是内心意识到了自己生命遭受到的不公正待遇，也明白自己的生活得不到应有的尊重，但他们却毫无办法。

抱怨，痛苦，都改变不了每天出征的事实。

眼前是幽深的野草，身边是高高的役车，但是那条康庄大道，却不知通往何方。

无休止的忙碌征战，没有结束的时候。

这首诗最大的特点是将征夫与自然界的动植物相比较，那脆弱的小草，那些日夜在草原上行走的野牛和老虎，那些毛发蓬松的狐狸，都与征夫的生活相似。

就是因为被踩在大周社会的底层，所以他们不被尊重，他们被迫过着动物一样的生活。甚至还不如动物，因为动物还有休息的时候，而征夫的奔波忙碌是看不到头的。

用两个词语形容征夫，那就是人如蝼蚁，命若草芥。

更可贵的是，诗人意识到这是一个群体性问题，“何人不将？”意味着这是一个普遍问题，当时社会底层民众，没有人可以逃脱征夫的命运。

当所有的征夫都被卷入了大周滚滚前行的车轮，征夫的尊严被践踏，周幽王这个驾驶着大周前行的骑手，也就要被推翻，为此付出失去一切的代价。

寥寥数语，写出了西周覆灭时一个时代征夫的悲惨遭遇。明代学者邵宝曾经在《简端录》中评价这首诗是“乱世之象，数言尽之。伤哉，伤哉”！

《小雅·大东》：东夷臣民之怨与牵牛织女星

在西周近三百年的统治历史中，少数民族是不可忽视的力量。

比如最终灭亡西周的少数民族——犬戎，又叫猃狁，主要生活在陕、甘一带。在春秋时期，山戎实力强大，在今河北省北部活动，是匈奴的一支。

鬼方，也是当时西北方的少数民族，居住在匈奴北和康居北，曾经在漠南地区爆发过多次讨伐鬼方的战争，战争的结果是“鬼方易”，也就是鬼方战败，不得不迁徙远方。

在《礼记·王制》中曾经有过这样的记载，“中国戎夷，五方之民，皆有其性也，不可推移。东方曰夷，被发文身，有不火食者矣。”

可以看出，古人已经意识到少数民族与中原地区人民生活习俗的不同。当时的人将东方的少数民族称之为“夷”，将西方的少数民族称之为“戎”，将北方少数民族称之为“狄”，将南方少数民族称之为“蛮”。

这种称呼，暗含着中原地区王朝对于周边少数民族的文化优越感。

《尚书·牧誓》上记载，少数民族中的庸、羌、蜀、微、卢、彭等民族还参加了武王伐纣的联军。不管高贵的周天子承认与否，各民族之间的交流往来，都促进了古代文化的发展。甚至在周幽王不堪大任的时候，还是犬戎的入侵，结束了西周漫长的统治。

西周晚期时，少数民族被西周统治者盘剥，因为西周统治者的贪婪，带给少数民族人民深重的苦难。

《小雅·大东》这首诗，就是描写西周东方的少数民族在西周压榨下的愤懑和怨恨。题目中的“大东”，指的就是离宗周较远的东方。

有饛[(1)]簋飧[(2)]，有捄[(3)]棘匕[(4)]。周道如砥[(5)]，其直如矢。君子[(6)]所履[(7)]，小人[(8)]所视。眷言[(9)]顾之，潸[(10)]焉出涕。

注释

（1）饛（méng）：食物装满容器的样子。（2）簋：青铜或者陶制食器，一般是圆口、圈足、有盖、有座。飧（sūn）：熟食，饭。（3）捄：弯曲又长的样子。（4）棘匕：酸枣木做的勺子。（5）砥：磨刀石，比喻道路如磨刀石一样平坦。（6）君子：指统治者，掌权者。（7）履：在上面行走。（8）小人：指被统治的人。（9）眷言：眷恋不舍回头看的样子。（10）潸：流泪的样子。

意思是，簋里装满了熟食，上面插着又弯又长的酸枣木勺子。大道平坦如同磨刀石，又像射出的箭一样直。贵族老爷们走在大道上，我等平民只能看看。我回头看看，悲愤不已潸然泪下。

诗歌一开始就写到了“食”。诗人看到农家的圆簋装满了饭，但是上面插着的却是酸枣木做的勺子。农家能吃饱饭，但家里的用具透露了这是一个普通家庭。

紧跟着，诗人用了两个比喻，说“周道”如同磨刀石一样平坦，如同箭一样笔直。这绝不是对于西周基础设施建设的歌颂，而是因为诗人看到周道，内心满怀悲愤。

为什么会如此？

因为早在西周初年，周公平定了殷商后代武庚发动的“三监”之乱之后，西周就分封了很多姬姓大国，监视东方小国。

周道，不是为了方便西周百姓。这条从镐京到东方各国修筑的大道，作用就是从西到东运输军队和战略物资，运回镐京的，当然是从东方诸国而来的贡品和财富。

所以跑在这条周道上的，其实是东方各国老百姓的血汗钱。东夷百姓怎么会不痛恨周道呢？

这周道，果然如同利箭，射入了东方各国的心脏。

小东大东[(1)]，杼柚[(2)]其空。纠纠[(3)]葛屦[(4)]，可以[(5)]履霜。佻佻[(6)]公子，行彼周行[(7)]。既往既来，使我心疚[(8)]。

注释

（1）小东大东：西周将东方诸侯国都称为东国，近的是小东，远的是大东。（2）杼（zhù）：织机的梭子。柚：同“轴”，织机的大轴。“杼柚”合起来指织布机。（3）纠纠：缠结的样子。（4）葛：葛草，茎和皮可以制葛布。屦：鞋。（5）可以：可通“何”，何以。（6）佻佻（tiāo）：安闲轻浮的样子。（7）周行（háng）：意思是“周道”。（8）心疚：内心忧愁不安。

意思是，遥远的东方各国，织布机上空空如也。那纠结缠绕的葛鞋，如何能踩在严霜上？那富贵轻浮的公子，悠闲走在那周道上。他们大摇大摆来来往往，让我内心忧愁不安。

诗歌第二章写到了“衣”。东方各国的老百姓织机上是没有布的。不难猜想，那些日夜辛苦织出的布匹，当然是通过周道运到了西周。所以小民只能穿葛鞋，或者干脆赤脚，然而那些公子哥却大摇大摆走在周道上。

一方面是东方诸国的劳动者已经衣不蔽体，另外一方面是权贵依然不顾劳动者的死活，拼命掠夺。所以这些劳动者，怎么能不恨？

有冽[1]氿泉[2]，无浸获薪[3]。契契[4]寤叹，哀我惮[5]人。薪[6]是获薪，尚可载也。哀我惮人，亦可息也。

注释

（1）有冽：冰凉的样子。（2）氿（guǐ）泉：细细的泉水，泉水由于受到山石阻碍分成几股，从旁边流出来的泉水。（3）薪：柴。（4）契契：内心忧愁的样子。（5）惮：同“瘅”，因为太疲劳而得病。（6）薪：动词，砍柴。

意思是，斜出的泉水冰又冷，不要浸湿我砍的柴。内心忧愁夜不成眠轻叹息，可怜我这积劳成疾的病人。砍下这些柴火还可以装上车，可怜我这体弱多病之人也可以休息片刻。

诗歌第三章写“劳役”。诗歌中描写的劳役无比艰辛，这个服劳役的人本来身体不好，但还要坚持砍柴，梦里也为此忧心，不得安睡。沉重的劳动让生命苦不堪言，劳动者的身体和精神都已经疲惫到了极点。这样的生活无比沉重，病痛与劳累让生活了无生趣。

诗歌中写砍柴不能浸湿，因为这样这柴就没办法烧了。其实这也是一个比喻，疲惫不堪的劳动者需要休养生息。再这样夜以继日劳作下去，劳动者就好比浸湿的柴，再也点不燃了。

东人[1]之子，职劳不来[2]。西人[3]之子，粲粲[4]衣服。舟人[5]之子，熊罴是裘。私人[6]之子，百僚[7]是试。

注释

（1）东人：东方诸侯国的民众。（2）职劳不来：只是辛苦劳累却得不到安慰。来，通“勑””，安慰勉励。（3）西人：西周京城过来的人。（4）粲粲：

指服饰鲜明华丽。（5）舟人：这里指西周贵族子弟。舟，当作“周”。（6）私人：家奴，或底层民众。（7）百僚：百，是虚指。百僚，指各种奴隶。

意思是，东方诸侯邦国的臣民，只是辛苦劳累却得不到安慰勉励。西周京城来的人，却身穿鲜明华丽的衣服。西周的那些贵族子弟，身穿熊罴皮毛做的皮裘。这些身居底层的民众，却只能当各种奴隶。

在诗歌第四章，诗人写到了东方诸国臣民和西周贵族的不平等。东方的这些臣民，日夜劳累，没有人安抚，而西方的贵族们，却满身华服。他们的服装光鲜亮丽，那些贵族子弟为了显示自己的高贵身份，还穿上了熊罴皮毛做的皮裘。

一边是衣不蔽体，日夜操劳，为人奴役，一边是无所事事，服饰华丽，颐指气使。东方和西方的不平等已经到达了非常严重的程度，但是诗人只是将这种现象摆了出来，没有深刻去追究一句，为什么？

诗人不是不明白造成对东方诸国不公正的原因，而是诗人特意没有去写。这种现象的罗列，以及对背后原因的缺席，更加引人深思。

或以其酒，不以其浆[(1)]。鞙鞙[(2)]佩璲[(4)]，不以其长。维天有汉[(5)]，监[(5)]亦有光。跂[(6)]彼织女[(7)]，终日七襄[(8)]。

注释

（1）浆：米汤。（2）鞙鞙（juān）：用来形容玉的形状圆或长，很美好的样子。（3）璲（suí）：贵族佩戴的宝玉。（4）汉：指天上的银河。（5）监：同“鉴”，镜子。（6）跂：同“岐”，分叉的样子。（7）织女：指织女星。（8）七襄：七次转移位置。古人将一天分为十二个时辰，白天是从卯时到酉时七个时辰，织女星每个时辰移动一次。

意思是，东方诸侯各国的民众认为这是美酒，西方的贵族们却不认为这是甜浆。东方国民佩戴着玲珑美玉，西方的贵族们却并不以为是珍藏。天上那灿烂的银河光芒闪烁，好像镜子绽放光芒。看那天上的织女星，一天之内忙忙碌碌七次转移位置。

这其实是一种无奈的自嘲。由于文化不同，价值观不同，当然地位也不同，东方诸国和西部贵族的观点并不相同。所以东方臣民认为是美酒的，西部贵族并不认为是甜浆。东方诸国和西方贵族之间的等级森严，矛盾深重，但是好比鸡同鸭讲，说不明白，更无法沟通。

怎么办呢？

郁闷至极，只能仰头望青天，却只看到织女星在日夜操劳。

虽则七襄，不成报章（1）。睆（2）彼牵牛（3），不以服箱（4）。东有启明（5），西有长庚（6）。有捄（7）天毕（8），载施之行（9）。

注释

（1）报：指织机的梭子引线来回织布。章：经纬纹理组成的花纹。（2）睆（huǎn）：明亮的样子。（3）牵牛：指牵牛星。（4）服箱：驾车运输。箱：车斗。（5）启明：指金星，早上在东方，叫启明星。（6）长庚：金星晚上在西方，叫长庚。（7）捄：同救。（8）天毕：毕星，一共八颗星组成，形状好像捕兔的毕网，网小柄长。（9）行：行列。

意思是，虽然织女星日夜七次来回转运，却始终不能织成美丽的布匹。那闪闪发光的牵牛星，也不能真正拉动车厢去运输。东边天上有启明星，西边天上有长庚星。还有那散落天幕的天毕星，一颗颗洒落在天空轨道上。

诗人从看到织女星日夜操劳，开始埋怨，织女星你日夜忙碌，你织的布呢？再说牵牛星，你拉的车呢？再加上启明星和长庚星，你们这些天上的星宿，是不是都是有名无实呢？

这是对于诗歌前面，东方诸国织布机上已经没有布的一种呼应。

当然没人能抢走织女星织的布，更没人能抢走牵牛星拉的车。

这是一种联想，一种对于现实情况无计可施，只能质问漫天星宿，为何尸位素餐，徒劳无功，不为人间东方诸国百姓解决一点实际问题呢？

这是诗人的奇思妙想，也是人在最无望的时候，仰望苍穹，用美丽的星宿，对自己现实处境艰难的一种无望的开解。

连天上的诸位星宿都不能解决的问题，还有谁能解决？

维南有箕（1），不可以簸扬。维北有斗（2），不可以挹（3）酒浆。维南有箕，载翕（4）其舌。维北有斗，西柄之揭。

注释

（1）箕：俗称簸箕星。（2）斗：南斗星座，位置在箕星之北。（3）挹：用勺舀。（4）翕：吸，引。

意思是，苍穹南部有箕星，箕星却不能簸扬谷糠。苍穹北方有斗星，斗星却不能用来舀酒浆。苍穹南方有箕星，它吐着舌头要吞噬。苍穹北部有斗星，斗柄从西而来舀向东方。

诗歌结尾，诗人用天上的星辰比喻西周对东方诸侯国的剥削、搜刮。那斗星的手柄在西方，难道不正是西周贵族用来夺取东方民众利益的工具？

这首诗将东方诸国臣民被盘剥的现状落于纸上，无比真实。东方诸侯国民众的苦难生活，和他们对于盘剥者的憎恨以及内心的无助都震撼人心。

诗人飞腾的想象力和奇妙的比喻层出不穷，给人一种瑰丽的印象。后来的文人评价这首诗是《风》《雅》中的别词，尤其是诗歌后半段，瑰丽神奇，开辞赋的先声。

《大雅·生民》：从弃儿到农业达人，终成西周始祖

《毛诗序》曾经有这样的说法："雅者，正也，言王政之所废兴也。政有大小，故有《小雅》焉，有《大雅》焉。"雅，也就是雅乐，是王朝正声，指当时西周都城镐京地区的诗歌。

《大雅》中的诗歌大部分作于西周前期，作者大部分是西周贵族，学识渊博，文辞典雅。《大雅》现存三十一篇。《诗经》中"雅"的部分，大多数是歌颂西周的太平盛世，但也开始有对社会生活，尤其是统治阶级生活的描写。

在《大雅》中，《生民》《公刘》《绵》《皇矣》和《大明》这五首诗歌，是关于西周的一组民族史诗，讲述从西周的祖先后稷建国到武王伐纣这一段发展的历史。

《生民》题目中的"民"，指周人，周民族。

厥初生民，时维(1)姜嫄(2)。生民如何？克(3)禋(4)克祀，以弗(5)无子。履帝武敏(6)歆(7)，攸介(8)攸止(10)，载震(10)载夙(11)。载生载育，时维后稷。

注释

（1）时：是。维：助词。（2）姜嫄：周始祖后稷的母亲。（3）克：能。（4）禋：祭天的一种仪式，先烧柴，烟升起之后再燃烧牲口和玉帛。（5）弗：

通“祓”，除去灾祸祈求福泽的祭祀。（6）武：脚印。敏：通“拇”，指大拇指。（7）歆：心灵有所感应的样子。（8）攸：助词。介：通“祄”，神灵保佑。（9）止：通“祉”，神灵降下福气。（10）震：通“娠”。（11）夙：通“肃”。

意思是，当初先民诞生，是因为姜嫄产子。姜嫄如何生下生民？祭祀祈祷上天，以避免没有福泽生下儿子。姜嫄踩着上帝大拇指的脚印心有灵犀，她得到上天降下的福泽，从此怀上孩子。生下儿子好生养育，那孩子就是大周的后稷。

这首带有史诗性质的叙事诗，开篇就写到了周的始祖——后稷的神奇出生。这种开篇用“赋”的写法，加上后稷传说中的神奇出生经历，让后稷带有了一丝神秘色彩。后稷的出生是神奇的，他带有上天之子的神秘色彩，但诗歌中对于姜嫄怀孕、生子的讲述却如此鲜活生动。这种生动讲述让周人相信，他们的始祖后稷降生。

诞弥[(1)]厥月，先生[(2)]如达。不坼[(3)]不副[(4)]，无菑[(5)]无害，以赫厥灵。上帝不[(6)]宁，不康[(7)]禋祀，居然[(8)]生子。

注释

（1）诞：到了。弥：满。（2）先生：第一次生，头胎生。（3）坼（chè）：裂。（4）副（pì）：破裂。（5）菑：同“灾”。（6）不：通“丕”，大。（7）不康：不安。（8）居然：徒然。

意思是，十月怀胎日期满，头胎如期分娩。没有破裂伤害，也没有灾祸损害，以显示天帝的赫赫威灵。内心惶恐害怕上帝不降福祉，赶忙祭祀求吉祥，虽生儿子不敢举。

诞寘[1]之隘巷，牛羊腓字[2]之。诞寘之平林[3]，会[4]伐平林。诞寘之寒冰，鸟覆翼之。鸟乃去矣，后稷呱[5]矣。实覃[6]实訏[7]，厥声载[8]路。

注释

（1）寘：通“置”，弃置。（2）腓：保护。字：哺乳。（3）平林：森林。（4）会：刚好，碰巧。（5）呱（gū）：婴儿哭声。（6）覃（tán）：长。（7）訏（xū）：大。（8）载：充满。

意思是，婴儿被弃置到小巷，牛羊前来保护为他哺乳。又把婴儿抛弃到森林，正巧樵夫来砍柴。又将婴儿弃置到寒冰上，群鸟飞来用翅膀庇护他。鸟儿飞走了，后稷呱呱啼哭不已。哭声又大又洪亮，哭声飘荡在道路上。

诗歌提到后稷的母亲姜嫄踩着上帝拇指印怀孕生子。后稷的身世成为后来人神秘又口口相传的传说。其实用现代观点来看，这明显带有当时母系氏族社会只知其母，不知其父的影子。

这个神奇的孩子——后稷，被母亲几次抛弃。后稷神奇的出身和成为弃婴，这两点本身就很矛盾。但无论身处何种险境，后稷总能获得动物的保护。在中国古代神话中，这是上天也要保护的重要人物。

那么，这个弃婴后稷，又会有怎样的奇遇呢？

诞实匍匐[1]，克岐克嶷[2]，以就口食。蓺[3]之荏菽[4]，荏菽旆旆[5]。禾役[6]穟穟[7]，麻麦幪幪[5]，瓜瓞[9]唪唪[10]。

注释

（1）匍匐：在地上爬行。（2）岐：知道。嶷：认识。（3）蓺：同“艺”，种植。（4）荏菽：大豆。（5）旆旆（pèi）：草木茂盛的样子。（6）役：通“颖”，禾苗的末端。（7）穟穟（suì）：谷物丰收果实下垂的样子。（8）幪幪：茂密状。（9）瓞（dié）：小瓜。（10）唪（fěng）唪：丰收后，果实累累的样子。

意思是，后稷从小到处爬，聪明伶俐明事理，寻找食物能吃饱。长大一点就能种大豆，大豆果实很茂盛。种下禾苗好丰收，麻麦长得很茂密，种的小瓜果实多。

幼年后稷很聪慧，他的才能在农艺种植方面，后稷还很小的时候，就能匍匐爬行，分辨农作物。再长大一点，就自己种植各种农作物，而且都获得了丰收。后稷凭借天赋，从弃儿成为当时的农业达人，这在人类社会的早期时代，绝对是一个非常热门的专业。他将用自己的特长让自己的族人和更广泛的群众受惠，也将以此带领周人走向更广阔的未来。

诞后稷之穑[1]，有相之道。茀[3]厥丰草，种之黄茂[3]。实方[4]实苞[5]，实种实褎[6]。实发实秀，实坚[7]实好。实颖实栗[8]，即有邰[9]家室。

注释

（1）穑：耕种。（2）茀：拔除，指拔草。（3）黄茂：嘉谷，指好的稻谷。（4）方：同“放”，萌芽始出地面。（5）苞：指农作物丛生。（6）褎（yòu）：禾苗慢慢长高。（7）坚：指谷粒生长饱满。（8）栗：粟粟，形容大丰收。（9）有邰：古代氏族，传说帝尧因后稷对农业生产的贡献而封地于邰。

意思是，后稷耕地又播种，他能分辨土地适宜种什么。拔除那些茂密的杂草，播种下优良的谷物。不久嫩芽一片片冲出地面，禾苗慢慢在长高。禾苗拔节又结穗，谷粒饱满真是好。谷穗长得沉甸甸，来到邰地安居乐业。

后稷从选地开始仔细分辨，确定每块地种什么庄稼。他确实是种地能手，在后稷打理下，这些庄稼长得茂密，果实累累。庄稼长势喜人，足以让家人过上好日子。诗人用“实……实”组成了一系列排比句，这些排比句将后稷耕种各种农作物的大丰收景象描绘得特别有气势。

诞降(1)嘉种，维秬(2)维秠，维穈(3)维芑(4)。恒之秬秠，是获是亩(5)。恒之穈芑，是任是负，以归肇祀(6)。

注释

（1）降：赐。（2）秬（jù）：黑黍。（3）穈（mén）：一种谷物，又名赤梁粟。（4）芑（qǐ）：一种白苗高粱。（5）亩：堆在地里。（6）肇：开始。祀：祭祀。

意思是，上天赏赐好种子，秬和秠都在其中，穈子高粱也都有。到处长着秬和秠，收获庄稼堆成垛。穈子高粱到处长，连背带扛堆满仓，收获完毕开始祭祀。

后稷的功德感动上天，因为天降“嘉种”。在后稷的带领下，人们种植的农作物越来越多，遍地谷物，到处都是丰收的景象。诗人用“维……维”的句式进行了排比，表现丰收的景象。

勤劳耕种的人们内心充满喜悦，看看这遍地的谷物，不都是人们勤劳耕种的丰收果实？到了丰收的时候，人们“是任是负”，连背带扛，干劲十足，收获劳动的果实。可想而知，后稷的能力在当时让多少人免于饥饿，他在民众心目中又有怎样崇高的地位。

诞我祀如何？或舂或揄(1)，或簸或蹂(2)。释(3)之叟叟(4)，烝(5)之浮浮(6)。载谋载惟，取萧(7)祭脂(8)。取羝以軷(9)，载燔(10)载烈，以兴嗣岁(11)。

注释

（1）揄：舀。（2）蹂：用手将剩余的谷皮搓掉。（3）释：淘米。（4）叟叟：淘米的声音。（5）烝：同“蒸”。（6）浮浮：蒸饭时热气升起。（7）萧：香蒿。（8）脂：牛油。（9）軷：剥掉羊皮。（10）燔：在火里烧炙肉。（11）嗣岁：第二年。

意思是，先民如何祭祀祖先？有人舂米有人舀米，有人筛糠有人用手揉掉谷皮。淘起米来沙沙响，蒸起饭来热气升腾。筹备、策划如何祭祀，取来香蒿和牛脂，剥掉那公羊的羊皮，一番烧烤祭祀神灵，众人祈求明年更兴旺。

祭祀是当时人们生活中的一件大事，这件事沟通现实世界与神灵和先祖。人们祭祀。因为天降“嘉种”，农作物的生长也要依靠天时，所以人们对于上天是非常感激的。诗人对于当时人们的祭祀描写非常生动。人们准备的祭祀物品非常丰盛，有米，有公羊，也有牛，他写到了人们在用簸箕筛粮食发出了沙沙的声音，写到人们蒸饭的香气，还有香蒿烤牛脂的芬芳，这就充分调动了读者的视觉、听觉、嗅觉和感觉。读这部分，如同身临其境。

祭祀物品的丰富、祭祀时的认真准备，都印证着当时人们在进行祭祀时内心的虔诚。

卬(1)盛于豆(2)，于豆于登(3)，其香始升。上帝居歆(4)，胡臭亶时(5)。后稷肇祀，庶无罪悔，以迄于今。

注释

（1）卬：通“仰”，举起来。（2）豆：陶制或铜制的高脚容器。（3）登：一种瓦制容器。（4）歆：享受。（5）臭（xiù）：浓郁的气味，香气。亶（dǎn）：确实。时：好。

意思是，高举盛满祭祀物品的容器，有的用豆有的用登，香气浓郁升腾至空中。天帝前来享受祭品，这食物香味确实好。从后稷开始祭祀上天，祈求神明庇佑不降灾祸，祭祀绵延直到今。

诗人浓墨重彩描写了祭祀开始后的盛况。祭祀的食物是丰盛的，那香味儿浓郁升至空中，就连上帝都闻到了香味来此享用祭品。这样隆重盛大的祭祀是后稷开创的，沿用至今。这既是诗人对于祭祀的评论，也带有对后稷开创新生活的欣慰，和对未来生活的向往。

对于上天，周人是发自内心地去祭祀，对于带领周人开创西周盛世的后稷，当然也是发自内心地感谢和铭记在心。

这首诗对于西周始祖——后稷的叙述，有神奇灵异的一面，也有热火朝天的生活场面。周人努力耕作，农闲时便认真准备祭祀，通过盛大的祭祀感谢上天，祈求来年的丰收。在周人生活的时代，在诗人生动的笔下，神话与现实相互交织，想象与感动互为表里，令读者仿佛目睹那个遥远时代的绚烂景象。

或许，我们的祖先，就生活在那样一个神话与现实交织的光辉岁月。

清代牛运震曾经评价这首诗说："极神怪事，却以朴拙传之，庄雅典奥，绝大手笔。"

《大雅·公刘》：独具个人魅力的奠基者

公刘是西周先王之一。根据后来学者的考据，“公”，是爵位，“刘”，是名字。公刘是后世对他爵位和名字的合称。

公刘是大名鼎鼎的后稷的后代。

由于后稷是尧时代的农业达人，他的儿子不窋（zhú）子承父业，继承了他的职位，担任夏朝的农官，也主管农业。当时正值夏朝即将崩溃，不窋被迫逃到了戎狄部落。这位不窋，就是公刘的祖父。

公刘在戎狄地区继承先祖遗志，教导人们耕种庄稼。一次，他发现长武这个地方三水相拥，风水很好，便在这里建立了豳国。

公刘眼光独到，由于他创建豳国选择的特殊地理位置，拥有了天然便利条件。豳国人因此可以渡过漆水、沮水，渡过渭水，然后砍伐木材使用。

在豳国，外出的人有资财，定居的人有积蓄，老百姓过上了好日子。越来越多的人迁徙到了豳国，归顺公刘。

周朝肇基的起点，就是豳国。

公刘擅长治国，豳国农业发达，还渡过渭水砍伐木材，挖掘矿石，以此改进生产工具和武器。条件具备时，就“弓矢斯张，干戈戚扬”，不断扩张地盘。

传说公刘在和手下外出狩猎的时候，无意中将野猪围困到了土洞里。由于洞口狭小，他们就扔食物引诱野猪出来。这头野猪也有个性，怎么也不肯出来。于是人们就用石块堵住洞口，派专人看管，喂养这头野猪。时间久了，野猪被驯化，这头野猪也就是我们今天家养猪的开端。

对于公刘这样一个智慧、勇敢的领袖，《大雅·公刘》这首诗歌中有生动的描写。

笃(1)公刘，匪居匪康。迺埸(2)迺疆，迺积(3)迺仓；迺裹餱粮(4)，于橐(5)于囊(6)。思辑(7)用光，弓矢斯张(8)；干(9)戈戚扬(10)，爰方(11)启行。

注释

(1)笃：忠厚老实。(2)迺：同“乃”，于是。埸（yì）：田地的边界。(3)积：露天堆放粮食的地方。(4)餱（hóu）粮：食物，干粮。(5)橐（tuó）：一种小袋子。(6)囊：一种大袋子。(7)思：助词。辑：团结。(8)斯：助词。张：准备。(9)干：盾牌。(10)戚：斧子。扬：钺，一种大斧子。(11)爰：于是，便。方：开始。

意思是，为人忠厚我的祖先公刘啊，他不贪图住处的安乐康宁。他划分田地的边界，他收获粮食堆满仓；他包起干粮即将出门去，大包小裹都装满。大家团结争取荣光，强弓箭矢都安排好；盾牌矛戈斧钺握得紧，开始出发向前方。

诗歌开篇写到了公刘率领人民劳作和即将出征的准备。公刘是实干型领导，他不贪图安乐，事必躬亲，一切都是亲力亲为。他划分疆界，准备干粮。人民在公刘的带领下也是齐心合力，准备各种武器，为了争取光荣，无畏征战，即将出发。

这是描写公刘领导人民开疆拓土的过程。在战争中一定会有流血牺牲，但是诗歌中的人民，看不到对战争的恐慌和厌倦，反而是团结一致，齐心协力。

那么究竟为什么周人会如此勇敢呢？

这和有公刘这样一个令人信服的好领导分不开。

笃公刘，于胥[(1)]斯原。既庶既繁，既顺乃宣[(2)]，而无永叹。陟[(3)]则在巘[(4)]，复降在原。何以舟[(5)]之？维玉及瑶[(6)]，鞞琫[(7)]容刀。

注释

（1）胥：视察。（2）宣：通畅。（3）陟：攀登。（4）巘（yǎn）：小山。（5）舟：通“周”，全身佩戴。（6）瑶：美玉。（7）鞞（bǐng）：刀鞘尾部的玉饰。琫（běng）：刀鞘口上的玉饰。

意思是，为人忠厚我的祖先公刘啊，他亲自前来视察这片原野。归附他的百姓多又多，民心归顺又通畅，没有烦恼引起的长叹息。他登上那座小山头，又重新下到原野来。他身上佩戴着什么？他身上佩戴着美玉琼瑶，他的刀鞘前后玉饰放光明。

公刘带领着百姓勘察地形，对豳国发展进行谋划。公刘是一个有智慧的领导，也是一个脚踏实地的领导。他对豳国的发展规划并不是凭自己主观想象，而是进行了实地考察。考察工作无疑是艰苦的，公刘有时候登上高山，有时候深入平原。但在他考察的途中，始终有老百姓紧紧跟随。

这体现了老百姓对于公刘的归附和从心底里的佩服，他们愿意跟着公刘跋山涉水，愿意跟着他白手起家。

诗歌写到了公刘佩戴的美玉琼瑶，古人说玉有五德，即仁、义、智、勇、洁，这其实是用美玉的光彩夺目象征公刘的人格魅力和高尚品德。

公刘是这样智慧勇敢又一心为民，所以他才独具魅力，老百姓即便跟着他吃苦劳作，也心甘情愿。

笃公刘，逝[1]彼百泉[2]，瞻彼溥原[3]。乃陟南冈，乃觏[4]于京。京师之野，于时[5]处处，于时庐旅[6]，于时言言[7]，于时语语。

注释

（1）逝：到，去。（2）百泉：地名，在豳地。（3）溥原：辽阔的原野。（4）觏（gòu）：看见，察看。（5）时：通“是”。于时：于是。（6）庐旅：即旅旅，寄居的意思。（7）言言：形容人欢声笑语，后面的“语语”也是这个意思。

意思是，为人忠厚我的祖先公刘啊，他到那百泉去，看到那辽阔的原野。他登上南面的山岗，放眼望去看到京城好地方。他看到京城的郊外原野辽阔，于是他安居于此，于是他在此旅居，人们欢声笑语，喜笑颜开。

在诗歌第三章，诗人写到公刘来到了原野，眺望发现京城好地方。这之后公刘旅居京城，大家欢声笑语连连。

诗歌通过地点的转换，生动描述了公刘从看到京城到决定定居于京城的过程。这样一个跋山涉水、繁杂劳累的迁居过程，结果却是和和美美，欢歌笑语。这不能不说是公刘的人格魅力所致，当时的民众归附公刘，目的也是为了过“而无咏叹”的日子。这里的“于时言言，于是语语”，正是对前面诗歌“而无咏叹”的一种呼应。

笃公刘，于京斯依[1]。跄跄济济[2]，俾筵[3]俾几[4]。既登乃依，乃造其曹[5]。执豕于牢[7]，酌之用匏[7]。食之饮之，君之宗之[8]。

注释

（1）斯：此处是助词。依：居住。（2）跄跄：走路有节奏。济济：举止从容，仪表端庄的样子。（3）俾（bǐ）：使。筵：铺在地上用来坐的席子。（4）几：放在席子上的小桌。（5）曹：通“槽”，指祭祀猪神。（6）牢：猪圈。（7）匏：葫芦，指用葫芦制成的瓢。（8）宗之：当族长。

意思是，为人忠厚我的祖先公刘啊，他定都京师在此居住。群臣行进有威仪，宴席已经布置好，宾客登席依几坐，先来祭祀猪神求赐福。猪圈抓来大肥猪，酒杯盛起美酒来。吃饱喝足宴席罢，推举公刘为君主。

选定京城地点之后，诗歌写到了豳国的建立。在豳国建立之初，君臣祭祀，群臣宴饮，最后大家一致推举公刘为领袖。诗歌所描写的群臣赴宴，祭祀猪神，宴席进行，最后选举，井井有条，秩序感非常强。在豳国建立之初，能看出当时的人们齐心协力，创建这个新生的国家，是人心所向。

这里有一种朴素的民主氛围，公刘当选，众望所归。

笃公刘，既溥既长。既景迺冈(1)，相其阴阳(2)，观其流泉。其军三单(3)，度其隰原(4)。彻田(5)为粮，度其夕阳(6)。豳居允荒(7)。

注释

（1）景：通“影”。迺：同“乃”。冈：登上高处，以此眺望周围。（2）阴阳：山南为阳，山北为阴。（3）单：通“禅”，指军队轮流执勤。（4）隰（xí）原：低处的平原。（5）彻田：是周人管理田亩的制度。（6）夕阳：指山的西面。（7）荒：广大。

意思是，为人忠厚我的祖先公刘啊，他开辟的地方宽又长。他登上山岗来测量，查看山南和山北，勘测水流与水源。他分配三支军队来执勤，度量低处的平原。他开荒种地为收获，又去勘探山西好忙碌。豳地确实很广大。

公刘当选之后，既没有领导架子，也没有享受安乐生活，和之前一样，带领民众继续深入实地工作。公刘的工作是艰辛的，他测量高山平原，勘测水流，建立三军，领导人民开荒种地。豳国初建的方方面面公刘都考虑到了，而且他都亲力亲为，不辞劳苦去做实际工作。

这是一位对豳国生产、生活各个方面都全力以赴的领导，国家不是他个人的财富，而是他为之付出努力的热土。公刘为理想而奋斗的精神，他为了周人去拼搏付出的努力，即便是在几千年后看来，依然值得人们崇敬。

笃公刘，于豳斯馆(1)。涉渭为乱(2)，取厉(3)取锻(4)。止基(5)迺理，爰众爰有。夹其皇涧(6)，溯其过涧。止旅迺密，芮鞫之即(7)。

注释

（1）馆：动词，修建房屋。（2）渭：指渭水。为乱：横渡过河。（3）厉：通“砺”，磨刀石。（4）锻：打铁，指加工用的石料。（5）止基：居住的地方。（6）皇涧：水名，在豳地。后文的“过涧”也是豳地水名。（7）芮：通“汭”，水流向内的凹处。鞫（jū）：河流向外突出的地方。即：居住。

意思是，为人忠厚我的祖先公刘啊，他在豳地兴建馆舍。驾驶船只横渡渭河，取来砺石和锻石。修好馆舍整理田地，人口众多物产丰富。皇涧两边人们居住满，溯源而上渡过过涧。定居于此的人多又多，河流两岸都住满。

公刘对豳国的兴建是全面、先进的，他不光是带领民众去耕种农田，他还带着人们兴建馆舍，渡河取来石材，发展经济。可想而知，这里老百姓生活幸福指数很高，国家实力不断增强。前来豳地居住的人越来越多，河流两岸兴旺发达。

读这首诗，能感受到一种快乐、崇敬的心情。公刘这样一个富有智慧、脚踏实地、独具人格魅力的领导，在诗人笔下栩栩如生。正是因为有了公刘这样的奠基人，豳国才能发展得蒸蒸日上。

诗歌也描绘了豳国建国之初，周人先祖发展的社会风貌。周人始祖正是在公刘的带领下，团结一致，在豳地开疆拓土，营建馆舍，测量高山平原，勘测水源，渡河取石，在方方面面进行努力。正是这些先人的努力，奠定了后来周朝发展的基础。

公刘，就是那个为大周打下地基的先行者。

《大雅·绵》：周人迁都岐山

在西周先祖中，有一位古公亶（dǎn）父是非常关键的奠基人之一。

古公亶父，相传是后稷第十二代孙，是周文王的祖父。古公亶父执政时期，正是商武乙的时代。武乙是商朝第二十七位君主，武乙为商王时，商朝已经开始走下坡路，武乙为了挽救商朝，做出了很多努力，但并不能力挽狂澜。由于武乙本人非常暴虐，司马迁在《史记》中也曾经写道，“帝武乙无道”，所以后人都认为武乙是一代暴君。

和武乙不同，古公亶父是一个脚踏实地又励精图治的领袖。

古公亶父继承了周人始祖擅长农业的特长，他带领人民进行农业生产。到了春天，还和妻子太姜一起下地劳作。夏天，他和年轻人一起疏通河道，加固堤防。秋天，他带领大家一起收获粮食。冬天农闲时，他深入群众，了解老百姓生活上的困难。

有这样带领大家一起劳动的领袖，周人怎么能不努力奋斗呢？正是在古公亶父的带领下，周人逐渐强大起来，奠定了消灭商朝的基础。

古公亶父还做了一件对后代非常有利的大事，那就是迁都到岐山。

迁都对于一个国家而言是非常重要的事情，迁得成功，国家兴旺；迁得不成功，也许国家就成为短暂的流星。其实古公亶父这次决定迁都，是不得已而为之。

当时西北的戎人和狄人屡次进犯豳国，掠夺财物。最可恨的是，他们得手之后，依然屡次进犯。老百姓都很愤怒，想要迎战。

但是古公亶父却说：“人民立君长，是求对他们有利。现在戎狄之所以来攻打，是为了得到土地和人民。人民在我的统治之下，和在他们的统治之下，有什么不同？人民是为了拥护我才去打仗，但依靠牺牲别人的父亲和孩子来统治，我不忍心这样做。”

古公亶父不希望为了自己，让豳国人民陷入战争。

所以他就带领着亲信，离开了世代居住的地方，到了岐山脚下定居。豳国的老百姓听说了这件事，扶老携幼前来投奔古公亶父，就这样，豳国迁都了。其他部落的民众听说古公亶父的仁慈，也赶来投奔他。

这一次，古公亶父建立的国家，还得到了商王朝的认可。《竹书纪年》上写道，“武乙六年，豳迁岐周。命周公亶父，赐以岐邑。”

由于岐山位于周原，所以后来称豳国人为周人。

古公亶父迁都，开始了周人先祖发展的第二阶段。周人打破了戎狄的包围圈，获得了一个相对和平安定的发展环境。

《大雅·緜》就是对于古公亶父率领周人从豳迁徙到岐山这一标志性事件的讲述。题目中的“緜”是通假字，通“绵”。

緜緜(1)瓜瓞(2)。民(3)之初生，自土沮漆(4)。古公亶父(5)，陶复(6)陶穴，未有家室(7)。

注释

（1）緜緜：绵延不绝的样子。（2）瓜：大瓜。瓞（dié）：小瓜。（3）民：此处指周人。（4）沮漆：指沮水和漆水。（5）古公：号。亶父：名。（6）陶：通“掏”，挖掘。复：一种窑洞。（7）家室：宫室。

意思是，大瓜小瓜绵延不绝，周人最初发展之地，是居住在沮水和漆水边。周人的太王古公亶父，他带领民众挖掘地窖和窑洞，还没有修筑宫室来居住。

这首诗开篇用绵延不绝的瓜比兴开头，周人的生命力和绵延不绝的后人如同大瓜、小瓜，果实累累，极有活力。这生动的画面，也很符合周人先祖擅长农业的特长。诗人写到古公亶父才刚刚来，带领百姓刚开始挖掘地窖和窑洞，甚至还没来得及修筑居住的宫室。

这样一个生机勃勃的场景，令人产生无限向往。

古公亶父，来朝走马(1)。率(2)西水浒(3)，至于岐下(4)。爰及姜女(5)，聿(6)来胥宇(7)。

注释

（1）朝：早。走马：指古公亶父带领人民避狄难。（2）率：沿着。（3）水浒：水边，指漆水和沮水之旁边。（4）岐下：岐山之下。（5）姜女：指太姜。（6）聿（yù）：发语词。（7）胥宇：考察地形，胥：看，宇：居住。

意思是，古公亶父早上就骑马而去。他沿着河水西边，直到那岐山脚下。他和妻子太姜一起，考察适合居住的地方。

古公亶父来到岐山脚下，和妻子太姜一起，开始实地考察，选择适宜居住的地方。

部落之间的联姻，也意味着当时古公亶父已经被平原地区的民族姜氏承认。年轻的古公亶父，虽然事业刚刚开始，但是绝对是能力出众的。

他的考察范围很广，他骑马沿着沮水和漆水，一直来到岐山脚下。虽然迁徙是不得已而为之，但古公亶父并非草率行事，为了选择适宜居住的地点，他考察了众多地方，是非常谨慎的。

周原膴膴[1]，堇荼[2]如饴[4]。爰始爰谋，爰契[4]我龟，曰止[5]曰时[6]，筑室于兹。

注释

（1）膴膴（wǔ）：肥沃的样子。（2）堇：一种野菜，堇菜。荼：苦菜。（3）饴：麦芽糖浆。（4）契：锲，指刻龟甲，以此占卜。（5）曰：助词。止：指这里可以居住。（6）时：指这个时间可以动工。

意思是，周原的田地真是肥沃，堇菜和苦菜甜如麦芽糖。于是开始谋划商议，于是刻好龟甲来占卜，占卜出这里适宜居住，在这里修筑馆舍房屋。

诗歌中的周原，其实是古公亶父眼中的周原，这里肥沃平坦，就算是苦菜，都如同麦芽糖一样甘甜。

这难道还不是传说中的好地方？

在一个擅长耕种的人眼中，只要有肥沃的土地，生活就有了一切可能。

所以古公亶父开始用龟甲占卜，选择宜居的好地方。

经过占卜，更加确定了古公亶父的判断。岐山，就是能够让自己事业兴旺发达，子孙后代世代居住于此的好地方。

迺慰[1]迺止[2]，迺左迺右，迺疆[3]迺理[4]，迺宣[5]迺亩[6]。自西徂东，周[7]爰执事。

注释

（1）迺：同“乃”。慰：安定。（2）止：居住。（3）疆：划分疆界。（4）理：治理土地。（5）宣：开凿沟渠。（6）亩：整治田垄。（7）周：普遍。

意思是，于是在这里安居，于是到处去忙碌，于是划定疆界治理土地，于是开凿沟渠开垦荒地。从西边直到东边，到处去操劳。

诗歌写古公亶父定居岐山之后，四处劳作，划定疆界，开渠垦荒。他的工作是辛苦的，这种开创性的工作，涉及方方面面，而这些都需要他亲自去操劳。

岐山这片沃土，如同一张崭新的画纸，等待着古公亶父去描绘内心家园的优美蓝图。

可以想象，生活虽然忙碌，但古公亶父的内心是喜悦的。

乃召司空(1)**，乃召司徒**(2)**，俾**(3)**立室家。其绳则直，缩**(4)**版以载**(5)**，作庙翼翼**(6)。

注释

（1）司空：官员名，主管国家工程。（2）司徒：官员名，主管管劳役。（3）俾（bǐ）：让。（4）缩：绑。（5）载：通“栽”，用于筑墙的长板。（6）翼翼：动作整齐划一。

意思是，于是招来司空主管工程，于是招来司徒确定劳役，让他们建立馆舍房屋。绳墨拉得又长又直，绑好木板来筑墙，修筑宫庙动作整齐划一。

周人开始修筑房屋宫室。虽然是周人的先祖，但是他们具有专业的制度和人才。司空专门负责基建工程，司徒来确定劳役人选。有了专业的人才，即便工程浩大，整个工程也进行得井井有条。可以想象，那些白手起家的周人，在有效的规划下，大家喊着号子修筑馆舍宫殿的场景。

那种人声鼎沸、热火朝天的劳动场面，仔细看却是有条不紊，这显示着周人在岐山定居的决心。

如果不看好岐山，谁能提得起精神、花费力气去修筑房屋呢？

捄(1)之陾陾(2)，度(3)之薨薨(4)，筑之登登(5)，削屡(6)冯冯(7)。百堵(8)皆兴，鼛鼓(9)弗胜。

注释

（1）捄（jiū）：把土盛在筐里。（2）陾陾（réng）：很多的样子。（3）度：把土填在筑板里。（4）薨薨：指建筑时各种填土的声音。（5）登登：模拟筑墙的声音。（6）屡：通“塿”，土墙凸起处。（7）冯冯（píng）：削平土墙的声音。（8）堵：五版组成一堵。（9）鼛（gāo）鼓：大鼓。

意思是，众人将土盛在筐里，将土填在筑板中轰轰响。众人筑墙登登响，将墙铲平乒乒响。数百道墙一起立，声音鼎沸赛过大鼓声。

诗歌中运用了很多拟声词描写周人修筑房屋的过程。这个过程在诗歌中的特点一是“多”，所有的举动都有很多人一起完成，所以当墙壁造好时，“百堵皆兴”。第二个特点是行动有序。虽然工程浩大，劳动者也很多，但是这个工程的建造都是先从铲土开始，再到填土于筑板中，之后众人筑墙，又很细致铲去不平的墙面。当一切工作完成，几百道墙一起立了起来，场面非常壮观。

好一派人声鼎沸、打土筑墙的宏伟场景。

“百堵皆兴”，这是多么宏伟的场面！这也意味着周人旺盛的生命力和欢歌笑语的劳动场面。他们一定相信，在岐山这片热土，周人的生活会幸福！

迺立皋门[(1)]，皋门有伉[(2)]。迺立应门[(3)]，应门将将[(4)]。迺立冢土[(5)]，戎丑[(6)]攸行。

注释

（1）皋门：王都的城郭的大门。（2）伉：通“亢”，高大的样子。（3）应门：周人王宫的正门。（4）将将（qiāng）：庄重宏伟的样子。（5）冢土：土，通“社”。冢土是祭祀用的大社。（6）戎：指犬戎。丑：周人对边远民族的蔑称。

意思是，于是修建好郭门，郭门高大好威风。于是修建好王宫正门，正门庄严宏伟气势高。于是建好了大社，犬戎俘虏将献祭于此。

在修筑好了馆舍王宫之后，诗歌写周人修建好了雄壮的城门、宫门和社坛。这些恢宏的建筑，显示了周人高超的建筑工艺，也宣示着不可侵犯的强大国力。周人的城门、宫门和社坛，其实表明周人的国家制度日益完善。这个国家已经在自己的疆域内稳步发展，而这三座重要建筑物，就是周人抵御外敌、沟通上帝的关键所在。那些凡是敢来进犯的敌人，无论是犬戎还是丑，都只有被押上大社充当祭品的份儿。

这是非常自信的民族，他们要过的幸福生活，不容他人侵犯。

肆[(1)]不殄[(2)]厥愠，亦不陨厥问[(3)]。柞棫[(4)]拔矣，行道兑[(5)]矣。混夷駾[(6)]矣，维其喙[(7)]矣！

注释

（1）肆：于是。（2）殄：断绝。（3）问：通“闻”，声誉。（4）柞：栎树。棫：白蕤。这两种树都是丛生的灌木。（5）兑：通畅。（6）混夷：即昆夷。駾（tuì）：突然逃跑。（7）喙：疲惫倦怠。

意思是，于是不断绝内心对敌人的愤怒，也不丧失美好的声誉。栎树白蕤都拔掉，道路从此更畅通。昆夷从此便逃跑，疲惫倦怠不敢战。

周人修筑好了馆舍房屋，兴建好了郭门和正门，就是为了防备敌人来犯。当周人一切准备就绪，敌人果然来了。不过周人的外交政策是不惧强敌，睦邻友好。这是强大自信的民族才会有的态度，敌人自然不敢冒犯。

虞芮[(1)]质[(2)]厥成，文王蹶[(3)]厥生[(4)]。予曰有疏附[(5)]，予曰有先后[(6)]。予曰有奔奏[(7)]，予曰有御侮[(8)]！

注释

（1）虞：古代国家，在今山西平陆。芮：古代国家，在今陕西大荔。（2）质：评断。（3）蹶（guì）：感动。（4）生：通“性”。（5）疏附：指能让疏远的国家亲近的贤臣。（6）先后：指前后辅佐君王的大臣。（7）奔奏：指为国家奔走四方的大臣。（8）御侮：指抵抗侵略、捍卫国家的大臣。

意思是，虞国和芮国请求评判争执，周文王感动了他们。我有能让疏远之人亲附的贤臣，我有良才辅国政，我有良臣为国奔走四方，我有武将为国御辱杀敌。

在诗歌最后一章，诗人歌颂了周人的文治武功，他谈到了周文王平虞芮之讼。

这个典故其实很有深意。根据《史记》记载，周文王断虞芮之讼后受命称王，从此之后开始了周人扩张的战争。周文王直接攻打商朝的与国和商的田猎地区，奠定了攻克商朝的战略优势。

所以诗歌结尾的四个“予曰”，其实就是诗人对周文王的赞美，也是对周朝国力发展和古公亶父励精图治的一种回应。

这首诗，可以看作周人搬迁到岐山之后的工作日志，充满了浓郁的生活气息。

读这首诗，仿佛看到了周人始祖古公亶父带领周人移居岐山后的一点一滴努力，看到周人始祖对生活的热爱，看到他们白手起家的努力奋进。诗人好像一个高明的导演，将周人的起行、定宅、治田、建屋、筑庙到最后文王平虞芮之讼，这一整个周人建国发展的重要时段展示给读者看。

好日子是奋斗出来的，这句话评价周人始祖最为恰当。

《大雅·皇矣》：大周文宣第一人

在古公亶父的率领下，周人在岐山，开始了二次创业。

那么，周人来到岐山，一切准备就绪之后，又发生了什么故事？他们是怎样一步步强大起来的呢？这个答案，在《大雅·皇矣》中，诗人用了八章的篇幅，进行了详细、生动的叙述。题目中的“皇”，是英明伟大的意思。

皇矣上帝，临下(1)有赫。监观四方，求民之莫(2)。维此二国(3)，其政不获(4)。维彼四国(5)，爰究爰度(7)。上帝耆(8)之，憎其式廓(9)。乃眷西顾(10)，此(11)维与宅(12)。

注释

(1)临下：俯视人间众生。(2)莫：通“瘼”，苦难，疾苦。(3)二国：指夏和商。(4)不获：指政令不得民心。(5)四国：指天下。(6)爰：就。(7)度：谋划。(8)耆：考察。(9)式：助词。廓：样子。(10)西顾：回头向西看，西，指岐山。(11)此：指周人之地。(12)宅：安居。

意思是，天帝英明又伟大，俯察众生布光明。天帝监察四房天下，寻求民间百姓疾苦。只有夏与殷商，它们的政令不得民心。仔细想想天下四国，于是认真研究思考。天帝经过仔细考察，心中憎恶殷商现状。天帝怀着宠爱向西看，只有此地（指岐山周人之地）可以安居。

在《皇矣》这首八章篇幅的长诗中，诗人一开始就用“天帝”这样一个绝对制高点的视角评点人间。天帝来人间了解人间的苦难，结果发现殷商这国家是一个违背人民意志的存在。所以天帝就放眼望去，希望找到一个仁爱的国度，于是看到了岐山脚下的周地。

这首诗的开篇非常宏大，而且具有神话般的传奇色彩，并且宣扬了周人“君权神授”的政权正统色彩。

可以理解，因为周人毕竟是推翻殷商才据有天下。要给周人推翻殷商一个理由，最合理且最不容置疑的，当然就是君权神授。

但是这一点理由其实容不得细想，试问诗人将天帝的失望和寻觅描写得如此生动，又有什么证据呢？

作为推翻了殷商政权的周人，宣传工作做得非常到位。

作(1)之屏(2)之，其菑(3)其翳(4)。修之平之，其灌其栵(5)。启之辟(6)之，其柽(7)其椐(8)。攘(9)之剔之，其檿(10)其柘(11)。帝迁明德，串夷(12)载路(13)。天立厥配(14)，受命既固。

注释

（1）作：砍伐树木。（2）屏：除掉。（3）菑（zī）：直立的枯死的树木。（4）翳：通“殪”，死亡倒地的树木。（5）栵（lì）：砍断又长出来的树枝。（6）辟：排除在外。（7）柽（chēng）：一种柳树。（8）椐：一种树木，俗名灵寿木。（9）攘：排除。（10）檿（yǎn）：山桑树。（11）柘（zhè）：黄桑树。（12）夷：少数民族，这里指犬戎。（13）路：通“露”，败。（14）配：匹配。

意思是，砍掉山林里的树木，去除那直立的枯树和死而倒地的树木。将它们修剪或铲掉，修整灌木丛和那砍掉又萌生的树枝。将它们全都挖掉，不要柳树和灵寿木。将杂苗全都排除剔除掉，剩下强壮的山桑树和黄桑树。天帝心向明德之人，犬戎部落落败逃跑。天帝选择了符合天意之人，受命于天国运巩固。

诗歌写了非常具体的开荒过程，这和周人始祖——后稷擅长农业的特长非常契合。那些山林中的树品种、形态各异，但在周人开辟国家的时候，全都经过选择进行了修剪或芟除。这个工程是浩大的，但这项工程一旦完成，这么多经过细心整理的山林，和穿梭于山林间修建的道路，也将是宏伟的业绩。

诗人用生动的笔触描写周太王，也就是古公亶父被上天选中，成为天选之子，在岐山建立国家。

周人将“尊天”和“尊祖”相联系是非常聪明的。周人通过这种联系，给自己的祖先盖上了“天选之子”的印章，所以周人认为周王的权力来自上天传授，不容置疑。

帝省(1)其山(2)，柞棫(3)斯拔，松柏斯兑(4)。帝作(5)邦作对(6)，自大伯(7)王季。维此王季，因心(8)则友。则友其兄，则笃(9)其庆。载锡(10)之光，受禄无丧，奄(11)有四方。

注释

（1）省（xǐng）：视察。（2）山：指岐山。（3）柞棫：两种树。（4）兑：笔直挺立。（5）作：兴建。（6）对：边界，疆界。（7）大伯：即太伯，是太王长子。（8）因心：清代姚际恒《诗经通论》中写道：“王季因太王之心，所以受太伯之让而不辞。”（9）笃：增加。（10）锡：同“赐”。（11）奄：全，都。

意思是，天帝视察周人的岐山，柞树棫树已经全部砍完，苍松翠柏伫立山间。天帝为周开国建邦，是从太伯王季开始。就是这位先王王季，顺从父亲的心意体现友爱。王季对两位兄长友爱，因此福禄吉庆不断增加。天帝赐给他无上荣光，赐给他的福禄永不减少，天下四方全都归大周所有。

诗歌写到天帝对于周太王迁都岐山工作的肯定，并且写到了周太王传位于太伯王季，天帝又保佑王季统领的周人。

这一段历史放到现在至少可以写一部四十集的历史剧了。谁能想到，古公亶父这样一个脚踏实地又一心为民的领袖居然更看好三子季历？谁又能想到两个哥哥太伯和仲雍能够主动让出继承权？而且为了让权成功不惜远赴偏远的南方，成立吴国？谁还能想到，王季即位之后，居然又和两个哥哥保持着友好的关系？

只能说这一家人由于父亲的偏心多了几分烟火气，更加接地气。而因为儿子们的行动，格局又上了一个新台阶。

因为王季顺从父亲，友爱兄弟，所以获得了天帝的赐福，周人因此拥有天下。

维此王季，帝度其心，貊(1)其德音。其德克明(2)，克明克类(3)，克长克君。王(4)此大邦，克顺(5)克比(6)。比于文王，其德靡悔(7)。既受帝祉，施(8)于孙子。

注释

（1）貊：《左传·昭公二十八年》及《礼记·乐记》皆引作“莫”，传布。（2）克明：能明察是非。克：能。（3）类：分辨好坏。（4）王（wàng）：统治。（5）顺：顺从。（6）比：亲附。（7）悔：通“晦”，不明。（8）施

（yì）：延及。

意思是，正是这位先王王季，天帝了解他的内心，传播他的美好声誉。他的品德能明察是非，他能分辨是非善恶，他能兼任师长国君。他能统治这泱泱大国，他能让百姓亲附顺从。到了文王依然还是这样，他的德行光芒万丈。已经接受了天帝福祉，福气绵延到子孙后代。

诗歌写王季的确是一位德行出众的好君主，因为天帝降福，并且再次考察了他的德行，王季能力出众，能明辨是非，才让他统帅泱泱大国。换言之，王季是一位当之无愧的“明君”。而且他在百姓心目中还如同师长，这说明王季其人和蔼可亲。

这样一位能力出众、富有个人魅力的周天子，自然让天下万民亲附顺从。在王季当政期间，周人的国家发展壮大。再者，王季德行出众，这是他获得成功的原因所在。而这种德行，传递到了周文王也依然如此。这也为下文写到周文王，做了一个铺垫。

帝谓文王：无然畔援[1]，无然歆羡[2]，诞[3]先登于岸。密[4]人不恭，敢距大邦，侵阮[5]徂共[6]。王赫[7]斯怒，爰整其旅[8]，以按[9]徂旅。以笃于周祜[10]，以对[11]于天下。

注释

（1）畔援：徘徊犹豫不前的样子。（2）歆羡：非分之想。（3）诞：发语词。（4）密：古代国名。（5）阮：古国名，是周的属国。（6）共（gōng）：古国名，周的属国。（7）赫：勃然大怒。（8）旅：军队。（9）按：阻止，遏制。（10）祜：福气。（11）对：安定。

意思是，天帝对周文王说："不要犹豫不前，也不要有非分之想，渡河就要先登岸。"密国人不恭敬，居然胆敢对抗大国，他们侵略阮国与共国。周文王因此勃然大怒，整顿军队准备作战，派出军队阻止密国的军队。此举大为增加了周人的福祉，天下四方自此安定。

诗歌第五章写周文王受到天帝教诲，讨伐侵袭别国的密国，让四方安定。

这是周文王的功绩。

从天帝的教诲中已经可以看出，周与密之战，势在必行。因为天帝教导周文王，别犹豫了，下决心登岸渡河吧！当然，这也是在强调周文王要先占据有利形势。

依其在京[(1)]，侵自阮疆。陟我高冈，无矢[(2)]我陵，我陵我阿[(3)]，无饮我泉，我泉我池。度其鲜[(4)]原，居岐之阳[(5)]，在渭之将[(6)]。万邦之方[(7)]，下民之王。

注释

（1）京：指西周的都城镐京。（2）矢：通"施"，此处指陈兵。（3）阿：大的山丘。（4）鲜（xiǎn）：小山。（5）阳：山的南边。（6）将：旁边。（7）方：榜样。

意思是，凭借镐京的雄厚实力，让战争在阮国边境停止。登上收复的我们周人的高岗，不要侵犯我们的山陵，这是我们的山陵和山阿，不要饮用我们的泉水，这是我们的泉水和池塘。规划那些小山和平原，居住在岐山南面，就在那渭水旁边。他是万国效仿的榜样，他是普通民众的君王。

密国与周人的战斗形势更加严重。因为密人已经“陟我高冈”，进入到了周人的境内。所以周文王在岐山南面进行巡视，准备对阵。

战争一触即发。

帝谓文王：予怀明德，不大声(1)以色，不长(2)夏(3)以革(4)。不识不知，顺帝之则(5)。帝谓文王：询(6)尔仇方(7)，同尔弟兄(8)。以尔钩援(9)，与尔临冲(11)，以伐崇(11)墉(12)。

注 释

（1）大声：指对民众疾言厉色。（2）长：凭借，仰仗。（3）夏：夏楚，刑具。（4）革：战士穿的铠甲，指战争。（5）则：规则。（6）询：谋。（7）仇方，指盟国。仇：同伴。（8）弟兄：指同姓诸侯国。（9）钩援：古代用于攻城的兵器。可以用钩钩上城墙，牵着钩绳爬上城墙。（10）临冲：临车和冲车，是两种兵车。临车上有望楼，可以用来瞭望敌人，或者居高临下攻城。冲车是可冲击城墙的战车。（11）崇：古国名，今陕西西安一带。（12）墉：城墙。

意思是，天帝对周文王说道：“我欣赏你美好的德行，不要对民众疾言厉色，不要仰仗刑具兵革。你应该顺应天道，遵循天帝的法则。”天帝还对周文王说：“要和你的盟国商议联合，联合你的同姓诸侯国。用你攻城的钩援，用你攻城的临车和冲车，讨伐攻破崇国的城墙。”

诗歌写天帝对于周文王征战的教导，他要求周文王冷静沉着，该出手时就出手。要联合同盟国，善于采用攻城先进武器，进行战斗。

天帝对于周文王的教导是从战略到战术，全面细致的。

在诗人心目中，周文王的确是天选之子，既有天帝的细致指导，又有同姓诸侯盟友，的确是不可战胜的。

临冲闲闲[(1)]，崇墉言言[(2)]。执讯[(3)]连连，攸馘[(4)]安安[(5)]。是类[(6)]是祃[(7)]，是致是附[(8)]，四方以无侮。临冲茀茀[(9)]，崇墉仡仡[(10)]。是伐是肆[(11)]，是绝是忽[(12)]，四方以无拂。

注释

（1）闲闲：慢慢摇动的样子。（2）言言：看起来很高大。（3）讯：俘虏。（4）馘（guó）：战争时将所杀敌人割去左耳献功。（5）安安：悠闲从容的样子。（6）类：军队出发时祭天。（7）祃（mà）：军队到了所征之地祭祀。（8）附：安抚民众。（9）茀茀：强盛的样子。（10）仡仡（yì）：高大的样子。（11）肆：袭击。（12）忽：灭绝。

意思是，临车冲车隆隆向前，崇国城墙高大坚固。接二连三抓获俘虏，割掉尸体左耳从容献功。出师前后虔诚祭祀，招降安抚崇国民众，四方诸侯不敢侵犯我国。临车冲车坚固强大，崇国城墙高耸伫立。讨伐袭击崇国军队，敌人在战场灰飞烟灭，四方诸侯不敢违抗我们大周。

诗歌第八章具体描写了周人与密国的战争。周人坚决执行了天帝的指示，运用先进的攻城工具——临车和冲车攻击崇国的城墙。在周人的强大攻势面前，崇国一败涂地。周人抓获大批俘虏，割去敌尸的左耳献功，对于崇国的百姓也没有滥用刑罚，而是安抚民众。敌人就此灰飞烟灭，周人也因此震慑了四方诸侯，让他们不敢冒犯、违抗大周。

周人与崇国的作战是残酷的，也是有条不紊的。他们让自己先进的临车和冲车冲锋在前，出师前后进行了虔诚祭祀，对崇国民众进行了安抚，最终取得了战争胜利。

战争的结果是周人不但取得了战争胜利，而且震慑了四方诸侯。其实这也意味着，周人已经获得了与殷商对峙的实力。这场战争真正的敌人，不是密人，也不是崇国，而是诗歌第一章就提到的殷商。

周人经过几代人的努力，意在天下。

这首诗的作者是一个非常聪明的人，他给周人的发展壮大的历史，披上了“君权神授”的外衣，让天帝亲自担任周人几代领导人的导师，手把手教周人如何壮大实力，夺取殷商天下。

这位诗人虽然没有留下姓名，却堪称大周文宣第一人。

《大雅·大明》：归妹卦的秘密

《大雅·皇矣》这首诗歌讲述了周人在古公亶父带领下移居岐山，又经历了王季的努力，最终将领导周人发展的接力棒传到了周文王手中。

周文王带领周人发展的这一段历史，在《大雅·大明》中有生动详细的记录。

明明在下(1)，赫赫(2)在上。天难忱斯(3)，不易(4)维王。天位(5)殷适(6)，使不挟(7)四方。

注释

（1）在下：在人间。（2）赫赫：光明显赫的样子。（3）忱：信任。斯：助词。（4）不易：草率轻慢。（5）位：同“立”。（6）适：通“嫡”，殷嫡，指纣王。（7）挟：控制。

意思是，上天明德挥洒人间，赫赫光明在上天。天命无常难以信任，身为君主不容易。上天立殷商嫡子帝辛为王，又让他最终难以控制四方。

这首诗一共八章，诗歌开始就发出“天难忱斯”的感叹，虽然商纣王贵为嫡子，上天认定他继承王位，然而又是上天让他失去了国家。

人间的君王受命于天，然而天意难测，很可能最终又会失去天下。巨大的权力与天意的偶然性联系，这种感叹带着后人对于历史的反思，也是这首诗的总纲。在诗人看来，得天下者，必得上天认可。

挚[1]仲[2]氏任[3]，自彼殷商。来嫁于周，曰嫔[4]于京。乃及王季，维德之行。

注释

（1）挚：古代诸侯国名，任姓，是殷商的属国。（2）仲：次女。（3）任：指太任，王季的妻子，周文王的母亲。（4）嫔：妇，指做媳妇。

意思是，挚国任氏的次女太任，她来自于那殷商。太任出嫁到我们周地，来到周都为新娘。太任嫁给了王季，她和王季一起推行德政。

上天看重德行，王季推行德政，周人大有前途。

诗歌从周文王的母亲、父亲成婚写起，这个讲述悠久历史故事的方式让诗歌具有了生活化气息。

大[1]任有身[2]，生此文王。维此文王，小心翼翼。昭事[3]上帝，聿[4]怀多福。厥[5]德不回[6]，以受[7]方国。

注释

（1）大：同“太”。（2）有身：怀孕。（3）昭事：勤勉侍奉。昭：通“劭”，勤勉。（4）聿：于是，就。（5）厥：他的。（6）回：邪僻。（7）受：享有。

意思是，太任有了身孕，生下儿子周文王。正是这位周文王，为人恭敬又谨慎。他侍奉天帝很勤勉，于是获得众多福祉。他的德行高尚，因此四方诸侯归附。

周文王降生，他为人英明伟大，侍奉天帝，光明磊落。

这样一个人，当然会被上天选中，成为四方之主。

诗歌写到了周文王的两个方面，一个是“昭事上帝”德能勤绩都很突出，另外一个就是光明磊落，德行出众。周文王拥有天下，顺理成章。

天监在下(1)，有命既集。文王初载(2)，天作之合(3)。在洽(4)之阳(5)，在渭(6)之涘(7)。

注释

（1）在下：在人间，指文王的德业。（2）初载：开始，指周文王年轻时。（3）合：婚配。（4）洽：指洽水，源头在陕西合阳县，东流入黄河。（5）阳：水的北面。（6）渭：渭水，是黄河最大支流。（7）涘（sì）：水边。

意思是，上帝视察人间万民，文王集中体现天命所归。文王即位初年，上天给他缔造美好姻缘。就在那洽水北面，渭水河边。

诗歌第四章，写到天帝选中周文王，还给他缔结了美满姻缘。

在现代人看来，家庭是社会的基本组织结构。在古人看来，家庭更具有诞育子嗣的重要任务。王季因为娶了太任，夫妻二人一起推行德政，让大周具有了良好的社会氛围。周文王也是一样，假如周文王能够迎娶一位和母亲一样品德高尚的女子，对周文王的事业必能锦上添花。

所以上帝才亲自过问，为周文王缔造了美好姻缘。

文王嘉[1]止[2]，大邦有子[3]。大邦有子，伣[4]天之妹。文定[5]厥祥，亲迎于渭。造舟为梁[6]，不[7]显其光。

注释

（1）嘉：美好。（2）止：助词，嘉止指婚礼。（3）大邦：指殷商。有子：未婚女子。（4）伣（qiàn）：好像，好比。（5）文定：订婚礼仪式。（6）梁：桥梁。（7）不：通“丕”，大。

意思是，文王举行婚礼，他的配偶是那大国的女子。大国的那位女子，好像那天仙一样。订婚礼非常吉祥，文王亲自到渭水旁迎亲。文王连舟为桥渡河去，婚礼隆重大显其光。

诗歌第五章写周文王迎娶帝乙之妹，也就是商纣王的姑姑。这是当时非常著名的一桩婚事，也被记载为后来《易经》中的归妹卦。归，古代指女子出嫁，但归妹卦的卦辞却说：征凶，无攸利。意思是，往前发展是有凶险的，没有什么有利之处。

特别是归妹卦的第五爻的爻辞说：“帝乙归妹，其君之袂，不如其娣之袂良；月几望，吉。”即帝乙嫁女，她的服饰不如妾的服饰好；月亮几乎是满月了，吉利。

看起来，这位高贵美丽的公主嫁给周文王，生活并不幸福。原本帝乙希望通过政治联姻达到的目的，也没能达到。

有命自天，命此文王。于周于京，缵[1]女维莘。长子[2]维行，笃[3]生武王。保右[4]命尔[5]，燮[6]伐大商。

注释

（1）缵（zuǎn）：续，继娶。（2）长子：指周文王的长子伯邑考。（3）笃：指天降厚恩。（4）保右：即“保佑”。（5）尔：指武王姬发。（6）燮：通“袭”，攻击，讨伐。

意思是，上帝又有命令降下，天命下达给周文王。在周原的京都，再娶莘女太姒。长子虽然早早离世，天降厚恩生下武王。天帝保佑命令武王，出击讨伐那殷商。

天帝降下天命，周文王因此又迎娶了太姒。太姒作为周文王的伴侣，为他生下了十个儿子。而那位商朝公主却并无所出，到底周文王和哪位夫人感情好一点，一目了然。

虽然太姒和周文王的大儿子伯邑考被商纣王害得身亡，但他们的儿子还有后来的武王姬发。

这样的血海深仇，又有天帝命令讨伐商朝，当然战争不可避免。

殷商之旅(1)，其会(2)如林。矢(3)于牧野(4)，维予侯兴(5)。上帝临女(6)，无贰(7)尔心。

注释

（1）旅：军队。（2）会（kuài）：军旗。（3）矢：同“誓”，誓师。（4）牧野：地名，在今河南淇县。（5）侯兴：才胜利。（6）女：同“汝”，指周武王一方的士兵将领。（7）无：同“勿”。贰：同“二”。

意思是，殷商的各路诸侯调集军队，那军队的旗帜如同密林。武王誓师就在牧野，他说唯有我们能获得胜利。天帝关注各位将士，不要存在什么二心。

诗歌写出了武王伐纣，牧野誓师的著名场面。在战斗还未开始的时候，商朝军队众多，周武王在牧野誓师，信心百倍。周武王认定自己受命于天，坚信自己一定会取得胜利。

这一章也是对于第一章的呼应，在第一章诗歌就写到，上天对商朝不满，要让他失去国家。

双方的实力形成了鲜明对比，周人作为力量薄弱的一方却信心满满。结果究竟如何？这个悬念扣人心弦。

牧野洋洋(1)，檀车(2)煌煌，驷騵(3)彭彭(4)。维师尚父(5)，时维鹰扬(6)。凉(7)彼武王，肆伐大商，会朝(8)清明。

注释

（1）洋洋：广大的样子。（2）檀车：檀木质地的兵车。（3）驷騵：四匹驾辕骏马是赤毛白腹。（4）彭彭：强壮有力的样子。（5）尚父：指太师吕尚，即姜太公。（6）鹰扬：好像雄鹰翱翔天空，指发奋勇猛的状态。（7）凉：通“亮”，辅佐。（8）会朝：会战的清晨。

意思是，牧野这里无边无垠，檀木战车鲜明夺目，驾车的驷马强壮有力。还有太师姜太公，好像雄鹰翱翔长空。他辅佐武王讨伐殷商，等到会战的清晨就要天下太平。

诗歌最后一章写到了牧野之战。周武王有姜太公辅佐，兵强马壮，一举击败商纣王。诗歌对于战车、驷马的描写，还有对于姜太公鹰击长空壮志凌云的描写，都极其富有浪漫主义色彩。周人军队的雄壮威武，周武王信心的根本来源跃然纸上。

这首诗是对于周人几代英明领袖——王季、周文王、周武王领导周人发展的叙述。诗人突出了周人赢得天下是天命所归，在诗歌最后，更突出了周武王的英明果断。

周文王两次迎亲的生动场面令人印象深刻，背后却以周文王的婚姻生活深刻喻示了周人对于未来的选择。周人不会被一桩联姻捆住手脚，他们几代人的努力，在周武王这里要“时维鹰扬”。

这首诗写历史如话家常，在平常笔墨中，却隐藏着一个伟大王朝的雄心壮志。

《大雅·荡》：借古讽今，假托文王斥纣王

西周的第十位君主周厉王姬胡是载入史册的一位昏君、暴君。

《太平御览》曾经记载，周厉王诞生时冬天下了大冰雹，牛马死，江汉俱动。果然等周孝王驾崩，周厉王即位，西周就进入了动荡的年代。

作为一个君主，周厉王十分贪财，又宠信荣夷公。《史记》曾经记载，大夫芮良夫劝谏周厉王，说："荣夷公喜欢独占财利，却不知道大祸临头。财利是从各种事物中产生的，是天地自然拥有的，人如果要独占，祸患就会多。荣夷公用财利引诱您，君王您难道还能长治久安吗？作为君王，应该将各种财物分发给群臣百姓。"

芮良夫还举出先王的事迹讲给周厉王听，但是周厉王对此无动于衷。

从现在的观点看，周厉王动的其实是西周贵族的"蛋糕"。他指出贵族占有的山川林泽应该有若干定项向王室缴纳财富，也就是要收税。

周厉王为了解决王室财政危机，还出售爵位。虽然他没有卖官，但绝对是"鬻爵"了。

周厉王由于有一颗向往财富的爱财之心，任用荣夷公和虢公长父，因为这二位在经济和军事上有特长。此举改变了周公、召公"世为卿相"的惯例，引起了贵族反对。这在《大雅·板》《大雅·荡》中都有所反映。

根据《竹书纪年》记载，为了解决周边少数民族屡次入侵，周厉王派虢公长父攻打淮夷，最终失败了。

周的属国鄂国（今河南南阳东北一带）反叛西周，并且意图吞并西周

领土。周厉王出兵调集大军，歼灭了噩国。

这场胜利鼓舞了周厉王。这之后，淮夷（今安徽北部淮河流域）进攻西周，周厉王命令虢仲出兵反击，不料再次失败。这一次，淮夷打到了伊水、洛河之间，这已经是西周京畿附近了。无数西周百姓被杀，财物被掠夺。

周厉王亲自到成周指挥反击战，最终将淮夷打得抱头鼠窜。淮夷被彻底打败，西周被掠夺的民众也被解救。

周厉王是一个很有想法的君主，他也在各方面都有自己的见解，而且很勇敢，敢于和敌人真刀真枪见。

但当时的西周已经日薄西山，周厉王的改革引起了贵族们的反感。他对国家的各种激进改革，也引起了国人的不满。

性格强硬的周厉王，采取的解决办法却是找到一个卫国的巫师，让巫师监视民众，谁敢议论，就杀掉谁。这就造成了国人道路以目，再也不敢说话的局面。

鲁迅先生有一句名言：不在沉默中爆发，就在沉默中灭亡。

西周的百姓选择了前者。

公元前841年，周厉王被国人驱逐，逃到了彘（今山西霍州东北），住在了汾水旁，自称“汾王”。

西周开始了共和行政，也就是政权由周定公和召穆公共同掌握，史称“共和”。共和元年，也就是公元前841年，就是中国历史有确切纪年的开始。

根据《毛诗序》记载，诗歌《大雅·荡》就是召穆公对于周厉王的劝谏。因为“厉王无道，天下荡然无纲纪文章，故作是诗也”。

荡荡[(1)]上帝，下民之辟[(2)]。疾威[(3)]上帝，其命多辟[(4)]。天生烝[(5)]

民，其命匪谌(6)。靡不有初(8)，鲜克(8)有终。

注释

（1）荡荡：行为放荡不遵从法制。（2）辟（bì）：君主。（3）疾威：残暴，暴虐。（4）辟：刑法。（5）烝民：众民。（6）谌（chén）：诚信。（7）初：初始，开始。（8）鲜（xiǎn）少。克：能。

意思是，天帝骄纵又放荡，他是下界民众之王。天帝暴虐无常，他的法令又多又严厉。上天生养下界众民，政令却没有诚信。凡事虽然有善始，却很少能够得善终。

这首诗一共八章，第一章第一个字："荡"，是全诗的纲领。诗人口中的"上帝"，地位尊贵，却骄纵放荡。他的高贵地位和他的荒诞行为形成了反比。这位君主是典型的"德不配位"。这样一个领袖，结局会是怎样的呢？

诗人怒斥道："靡不有初，鲜克有终。"

这个成语，饱含着来自民众愤怒的诅咒。荒诞的君主，不会有好下场。

文王曰咨(1)，咨女(2)殷商。曾是(3)彊御(4)，曾是掊克(5)。曾是在位，曾是在服。天降滔(6)德，女兴是力(7)。

注释

（1）咨：感叹声。（2）女：汝，你。（3）曾是：怎么这样，是反问语气。（4）彊（qiáng）御：蛮横凶残。（5）掊（póu）克：搜刮财富。（6）滔：通"慆"，害人的，不好的。（7）是力：努力。

意思是，周文王长叹一声，感叹你们殷商的纣王。怎么这样强横凶残，怎么这样搜刮百姓。怎么这样在任执政？怎么这样在任为君？上天降下这样不法恶徒，群臣又助长这些暴虐歪风。

诗歌第二章开始展开叙述这位荒唐君主的疯狂往事。不过这位诗人很聪明，他借用周文王对于殷商末代君主的指斥来讲现在大周的情况。在周文王口中，殷商末代君主敲骨吸髓，盘剥百姓。这是对于“财”的贪婪，贪婪到不顾老百姓死活。而这样的君主身边，也有一群不法臣子，甘愿充当他的爪牙。

诗人用四个“曾是”，这种接连不断的反问，将内心的愤懑抒发得淋漓尽致。

文王曰咨，咨女殷商。而(1)秉义类(2)，彊御多怼(3)。流言以对，寇攘式内(4)。侯(5)作侯祝(6)，靡届(7)靡究。

注释

（1）而：尔，你。（2）义类：善类。（3）怼：愤懑怨恨。（4）式内：在朝廷以内。（5）侯：于是，就。（6）祝：与前面的“作”，都是诅咒之意。（7）届：与后面的“究”都是穷尽的意思。

意思是，周文王长叹一声，感叹你们殷商的纣王。你应任用善良人，却任用强横凶暴引来众人怨怼。殷商国内流言纷纷，强盗小偷充斥国内。你诅咒贤臣害忠良，引起无穷无尽的祸乱。

诗歌第三章，诗人借周文王之口，指责君主重用奸臣，感慨当时国内的形势已经非常恶劣。君主的刚愎自用，引起了民众的怨怼，民怨沸腾。国内流言四起，强盗盗贼到处作案，老百姓已经没有了安定的日子。然而这位强横的君主还在不停地诅咒贤臣忠良，引发的祸患也无穷无尽。

整个殷商，已经到了崩溃的边缘。

文王曰咨，咨女殷商。女炰烋[(1)]于中国，敛怨以为德。不明尔德，时无背[(2)]无侧。尔德不明，以无陪[(3)]无卿。

注释

（1）炰烋：同“咆哮”。（2）背：背叛，后面的“侧”也是背叛，反侧的意思。（3）陪：指辅佐国君的大臣。

意思是，周文王长叹一声，感叹你们殷商的纣王。你在天下咆哮怒吼，竟把恶人当忠良。你没有识人之明，因此不能辨清背叛倾仄之人。识人之明你没有，所以众叛亲离无人辅佐。

诗歌第四章，诗人借周文王之口，指斥君主刚愎自用，不辨善恶，没有识人之明。这位君主是个“昏君”。他面对天下百姓只会采用咆哮这样简单粗暴的方法，将民众怨怼的人当成贤良，反而以为是自己的本事。

诗人用了非常巧妙的写法，开始说“不明尔德”，后面说“尔德不明”。正因为没有识人之明，才会造成任用奸臣；而也因为没有识人之明，才会导致没有贤臣辅佐。

所以这样昏聩又刚愎自用的昏君，也只能对着民众“咆哮”不已。

文王曰咨，咨女殷商。天不湎尔以酒，不义从式[(1)]。既愆[(2)]尔

止[3]，靡明靡晦。式[4]号式呼，俾昼作夜。

注释

（1）式：任用。（2）愆：错误，过失。（3）止：行为。（4）式：助词。

意思是，周文王长叹一声，感叹你们殷商的纣王。上天未曾让你沉湎于美酒，你也不应该放纵自己。你的行为已经有错误，还没日没夜胡闹。你大呼小叫没礼仪，黑白颠倒荒废国政。

诗歌第五章，周文王对殷商末代君主的指责发展到生活方面，这位昏君酗酒无度，生活荒唐。

这就是现代人说的生活腐化堕落。其实在西周初年，由于吸取了商纣王沉溺于酒色的教训，曾经下令禁酒。《尚书》中的《酒诰》就是专门记录这件事的文章。

但是周厉王这样一个我行我素的君主，连周公和召公都敢弃之不用，怎么会管几百年前的禁令呢？

或许是西周行将就木带来的压力太大，或许是他本来就是一个不拘小节之人，总之周厉王嗜酒如命，这当然成了诗人眼中不能容忍的一个错误。

文王曰咨，咨女殷商。如蜩[1]如螗[2]，如沸如羹。小大近丧，人尚乎由行[3]。内奰[4]于中国，覃[5]及鬼方[6]。

注释

（1）蜩：蝉。（2）螗：一种蝉。（3）由行：学老样子。（4）奰（bì）：愤怒。（5）覃：蔓延到。（6）鬼方：当时的少数民族，这里指远方。

意思是，周文王长叹一声，感叹你们殷商的纣王。国内民怨如同蝉鸣声声，好像落入沸水汤。大事小事都败亡，你却还是老样子。全国民众内心愤怒，这怒火蔓延到远方。

诗歌第六章，周文王感叹老百姓生活在水深火热之中，国内民怨沸腾，诸事败亡。然而这位高高在上的君主却还是恍若不闻，任由这混乱的局势已经从国内绵延到了远方。

这其实是诗人对于国内大动荡即将到来的一种预测。

诗人一方面对老百姓的生活感到心痛，另一方面也感受到，在这样的社会情况下，老百姓已经不堪忍受，这个朝代大变乱即将到来。

所谓山雨欲来风满楼，然而这位君主依然对此麻木不仁，令人心痛。

文王曰咨，咨女殷商。匪上帝不时(1)，殷不用旧。虽无老成人，尚有典刑(2)。曾是莫听，大命以倾。

注释

(1)时：善。(2)典刑：同“典型”，指旧的典章制度和法规。

意思是，周文王长叹一声，感叹你们殷商的纣王。不是天帝心不善，是你们殷商不遵守旧制度。虽然身边没有可靠老臣，还有旧的规章制度可以依照。你如此不遵循旧法不听人劝告，即将走向国破家亡。

在诗歌第七章，诗人终于点出了君主和民众矛盾的关键，那就是因为这位君主“殷不用旧”。你改变了祖宗成法，而且不用老臣，那么国将不国。

其实，从这点来看，周厉王到底是不是昏君暂且不提，但他一定是一个为了改变西周覆没命运，进行改革的君主。可惜他太过刚愎自用，用君主权威打压民众意志。他的这种改革，由于没有群众基础，遭到了贵族和民众的反对，最终导致失败，他自己也被放逐了。

文王曰咨，咨女殷商。人亦有言：颠沛（1）之揭（2），枝叶未有害，本（3）实先拨（4）。殷鉴不远，在夏后（5）之世。

注释

（1）颠沛：跌倒，指树木倒下。（2）揭：举，指树根被翻出来。（3）本：树根。（4）拨：通“败”。（5）后：君主。

意思是，周文王长叹一声，感叹你们殷商的纣王。古人曾经说过：“大树倒下树根被拔出，树枝树叶暂时无碍，树根却已经被破坏。”殷商的教训不遥远，应该知道夏桀的下场。

诗歌最后，诗人指出，这位君主的行为已经对社会造成了根本伤害。诗人所说的“殷鉴不远，在夏后之世”，其实也就是对周厉王说，不要忘记了商纣王的教训，否则自己也将成为历史上一个灭亡之主的惨痛教训。

这首诗寓意深刻，诗人用周文王之口，假作对商朝末代君主进行了全方位的指责，可谓是代替祖先对周厉王的严厉指斥。

这是诗人的一片苦心，然而被西周当时没落的局面逼迫得频频出险招的周厉王，对此却是听不进去的。

大厦将倾，周厉王有心补天，却由于性格偏激，也缺乏掌控全局的才干，只能使这个局面越加破坏，顶着“暴君”的帽子退居汾水河边。

《大雅·板》：板荡成危局，乱世有忠臣

在《大雅·荡》中，诗人借周文王指斥商纣王，表达了对于周厉王的指责，希望叫醒这位沉迷于美酒、财货的君主。然而周厉王也是茶壶里煮饺子——有苦说不出，毕竟整个西周大厦将倾，周厉王盘剥财货，也是为了给大周拆东墙补西墙。

劝谏之人和周厉王好像在两个频道，劝的人苦口婆心，听的人恍若不闻，彼此根本无法沟通。

在《大雅·板》中，诗人又借周朝大夫讽劝同僚，暗中对周厉王进行讥讽。

上帝板板（1），下民卒瘅（2）。出话不然，为犹（3）不远。靡圣管管（4），不实于亶（5）。犹之未远，是用大谏（6）。

注释

（1）板板：反常，违背常理。（2）卒：通“瘁”。卒瘅（dàn）：因为劳累而多病。（3）犹：通“猷”，策划，谋略。（4）管管：没有依据。（5）亶（dǎn）：诚实，诚信。（6）大谏：郑重谏言。

意思是，天帝反常违背常理，下界民众疲惫多病。说话办事不像样，谋划决策无远见。无视圣人法度无所依据，说话办事没有诚信。计划谋略

无远见，所以郑重来进谏。

这首诗一共八章，诗歌第一章就将当时社会动荡的主要原因揭露了出来，那就是这个君主不靠谱。

说话办事随心所欲，而且不讲诚信，又没有远见。试问这样一个君主，既没有办事能力，个人品德又成问题，老百姓怎么能不受苦呢？

这也是这位诗人要写诗劝谏的原因。

诗人不但准备进谏，还必须“大谏”，也就是要郑重劝谏。

天之方难(1)**，无然宪宪**(2)**。天之方蹶**(3)**，无然泄泄**(4)**。辞**(5)**之辑**(6)**矣，民之洽矣。辞之怿**(7)**矣，民之莫**(8)**矣。**

注释

（1）方难：正在降下灾祸。方：正。（2）宪宪：欢喜的样子。（3）蹶：发生动乱。（4）泄泄：自得其乐。（5）辞：指国家政令。（6）辑：恰当，调和。（7）怿：败坏。（8）莫：通“瘼”，苦难。

意思是，天下正是多灾多难，不要这样欢天喜地。天下正逢动乱频发，不要如此自得其乐。政令如果调和恰当，民众自然和乐融洽。政令如今败坏不堪，民间自然凄风苦雨。

这段内容特别耐人寻味。“天下”与“民众”正处于水深火热之中，然而应该力挽狂澜的那位君主，却是欢天喜地，自得其乐。有人不但放弃了自己该做的事情，甚至已经站到了置身事外的位置。所以诗人发出了愤怒的斥责，如今天下多灾多难，就不要“宪宪”或“泄泄”，一副没心没肺、喜笑颜开的模样了！

那么为什么会天下多灾、百姓多难呢？

是因为“辞之怿矣”，正是政令一塌糊涂，才造成了如今天下民众的苦难。

我虽异事(1)，及尔同僚。我即尔谋(2)，听我嚣嚣(3)。我言维服(4)，勿以为笑。先民有言，询(5)于刍荛(6)。

注释

（1）异事：指职责不同。（2）谋：商议。（3）嚣嚣：同“聱聱”，不愿意接受别人意见的样子。（4）维服：事。（5）询：咨询，请教。（6）刍荛（ráo）：草和柴，此处指砍柴的樵夫。

意思是，你我虽然职责不同，但我也是你的同僚。我来与你共同议事，你却傲慢无礼不听我言。我说起那国家大事，别将此事当作儿戏。先人早就已经说过，如有需要或可请教樵夫。

诗歌第三章，诗人态度诚恳地谈到了自己和一位同僚之间的交往。虽然身处不同工作岗位，但诗人本着负责的态度对这位同事提出建议，然而对方却傲慢无礼，根本听不进去。这让诗人很无奈，劝说这位同僚，这是国家大事，不可儿戏。就算是樵夫，也应该虚心向他求教。

这是两种不同的官员形象：一个为了国事兢兢业业，认真负责；另外一个却刚愎自用，傲慢无礼。这两种类型的人，前者如果是官员中的多数，那么国家会走上坡路；而后者如果占据官员中的多数，国家前途不堪设想。

天之方虐[(1)]，无然谑谑[(2)]。老夫灌灌[(3)]，小子蹻蹻[(4)]。匪我言耄[(5)]，尔用忧谑。多将[(6)]熇熇[(7)]，不可救药。

注释

（1）虐：暴虐，指降下灾祸。（2）谑谑：嬉笑的样子。（3）灌灌：诚恳的样子。（4）蹻蹻（jué）：傲慢的样子。（5）耄：八十岁，指因为年老而糊涂。（6）将：做。（7）熇熇（hè）：大火熊熊燃烧，指不可收拾。

意思是，天下如今灾祸频发，不要一直嬉笑游乐。老夫诚恳一心为国，你却自大如此傲慢。不是我年老糊涂，被你如此戏耍太荒唐。你的行为火上浇油，国家乱局不可救药。

诗歌第四章，诗人劝说对方，目前国内正是灾荒，不要沉迷于享乐，应该听从老人的规劝。否则就会病入膏肓，难以收拾。

忠心的老人惦记着国家局势，苦口婆心。那骄傲的年轻人却置身事外，一心沉迷于享乐，甚至捉弄、戏耍这年迈的老人。年轻人本来应该是国家栋梁之材，现在反而游戏人生，需要老年人的提醒。他甚至对此不屑一顾，觉得这老人年纪大昏聩了。所以这位老人说，不要再做这样火上浇油的事情了，你这样国家将要无可救药。

天之方懠[(1)]，无为夸毗[(2)]。威仪[(3)]卒迷[(4)]，善人载尸[(5)]。民之方殿屎[(6)]，则莫我敢葵[(7)]？丧乱蔑资[(8)]，曾莫惠我师[(9)]？

注释

（1）懠（qí）：愤怒。（2）夸毗：卑躬屈膝，曲意逢迎。（3）威仪：指君臣间的礼节。（4）迷：混乱。（5）尸：祭祀时由人扮成神尸，到祭祀结束也不能出声。（6）殿屎（xī）：呻吟。（7）葵：通“揆”，猜测。（8）蔑资：没有财产。（9）师：指民众。

意思是，上天已经震怒，曲意逢迎也是无用。君臣之间礼仪已经混乱，君子如同祭祀时的神尸沉默不语。民间正在痛苦呻吟，未来如何我不敢预测。国家动乱资财匮乏，怎能施恩于广大民众？

这些诗句将如今国内的乱象摆在了眼前。如今的这片国土，已经到了崩溃的边缘。诗人认为这是上天震怒。朝堂上君臣没有礼仪，人民生活在水深火热之中，国家缺乏资财，这样的现状，好像一间破茅屋，到处漏雨。国家动荡不安，君主却还没有补救的意识。

就算现在开始补救，也不是那么容易的，何况还根本没有这个意识。

这就是上天震怒的原因。

天之牖(1)民，如埙(2)如篪(3)，如璋如圭(4)，如取如携。携无曰益(5)，牖民孔易。民之多辟，无自立辟(6)。

注释

（1）牖：通“诱”，诱导。（2）埙：古代陶制吹奏乐器。（3）篪（chí）：古代竹制管乐器。（4）圭：和璋都是朝廷用玉制礼器。（5）益：通“嗌”，阻碍。（6）辟：法。

意思是，上天教导天下万民，如同演奏埙篪和谐，又好像璋圭相配，经常将它们取出佩戴在身上。随时相携没有阻碍，启发万民其实很容易。针对民众的法律已经很多，不要再擅自制定新法律。

诗歌第六章用上天教导万民的态度来启发这位君主。尊贵如上天，对万民循循善诱，而且如视珍宝，所以才能不出偏差。上天对于民众的启发是相互配合的，如同演奏埙篪，可以当艺术欣赏。如今在大周，针对民众已经有了很多法律，不需要再制定什么新法律了。缺少的，只是能将法律贯彻下去的信心和好的官员。

诗人看到了当时问题的根本原因，就在于君主对于民众的漠不关心，这位冥顽不灵的君主，关心的只是自己的吃喝玩乐。所以他总结出上天对万民的管理策略，希望对君主有所启发。

价(1)人维藩(2)，大师(3)维垣(4)，大邦维屏，大宗(5)维翰(6)。怀德维宁，宗子(7)维城。无俾城坏，无独斯畏(8)。

注释

（1）价：同“介”。（2）藩：篱笆。（3）大师：民众。（4）垣：墙。（5）大宗：指与周王同姓的诸侯。（6）翰：骨干，栋梁。（7）宗子：指周王嫡子。（8）畏：通“威”，不要一意孤行，独逞淫威。

意思是，将士们是国家的藩篱，民众如同国家的围墙，大国好像那国家屏障，周王同姓诸侯是国家栋梁。有德才能心存安宁，太子王孙如同城墙。不要让那城墙毁坏，不要因为畏惧君权让他独断专行。

这段文字非常精彩，诗人用一系列的比喻和艺术化的语言谈论了西周时期的宗法制度。在这一系列的比喻中，将士们被比喻成是国家的藩篱，民众如同国家的围墙，诸侯国好比国家屏障，周王的同族是国家栋梁，王子、王孙如同城墙。整个西周最关键的要素都形象化了，而所有这些比喻，又树立了一个团结向上的国家形象。

诗人谈到了国家，宗族和继承人的关系，这里面有一个凝聚力的问题。而要提高国家凝聚力，关键在于君主的德行。所以诗人说“怀德维宁”。

敬天之怒，无敢戏豫(1)**。敬天之渝**(2)**，无敢驰驱**(3)**。昊天曰明，及尔出王**(4)**。昊天曰旦，及尔游衍**(5)**。**

注释

（1）戏豫：游戏玩闹。（2）渝：改变。（3）驰驱：随心所欲，为所欲为。（4）王：通“往”。（5）游衍：游荡。

意思是，敬畏上天的愤怒，不要再游戏荒唐。看重天意的变化，不要再为所欲为。上天明智，与你一起出入往返。上天明鉴，与你一起四处遨游。

在诗歌最后一章，诗人告诫君主要敬畏上天，不然即将面临上天的惩戒。诗人在历数当时官员、君主种种不恰当行为之后，最终将惩罚的指挥棒交回上天。这不但因为当时能让周天子有所收敛畏惧的，只有上天这样高大、缥缈的存在，这也是当时老百姓对这个乱世无计可施的一种情感寄托。从这首诗来看，这个归束于上天的结尾，又和诗歌开头的“上帝板板”前后呼应。

诗歌《大雅·板》与《大雅·荡》同样因为讽谏周厉王闻名于世，于是这两首诗成就了一个词语：“板荡”，指政局混乱、社会动荡。“疾风知劲草，板荡识诚臣”。

诗人是一位有大智慧的智者，面对西周当时到处破败的现实情况，没有拘泥于具体问题的陈述，而是将整个问题的关键归结到了君主身上。要解决所有的问题，就是要这位君主敬畏上天，怀德维宁。

从诗中也可以看出，虽然时局动荡，但爱国者依然为国忧虑，思虑不休。

《大雅·抑》：来自老臣的悲剧预警

在《大雅》中，有一首年纪最大的诗人所作的诗歌，那就是九十五岁的卫武公所写的《抑》。《毛诗序》认为这首诗是“卫武公刺厉王，自警也”。不过后来学者对此多有不同看法，大致是认为这首诗是卫武公自警之作。

清代学者魏源经过考据，认为这首诗是卫武公劝谏周平王之作。周平王的父亲周幽王宠爱褒姒，不惜烽火戏诸侯，而且为了让心爱的褒姒之子成为自己的继承人，废掉了申皇后和太子宜臼。后来，太子的姥爷申侯为了给自己的女儿和外孙出头，联合犬戎攻打镐京，最终周幽王被杀，镐京也被犬戎大肆杀伐。太子宜臼即位，是为周平王。迫于形势，周平王不得不东迁洛邑。

周平王东迁，卫武公、郑武公、秦襄公等都是出力护卫的诸侯。从平王东迁开始，周王室逐渐没落。

卫武公参加了平定镐京之乱，周平王也将卫武公的爵位升为公爵。

根据《国语》记载，九十五岁的卫武公曾经告诫卫国的老百姓：“从卿以下到大夫和众士，只要在朝中，不要认为我年老而舍弃我，在朝廷必须恭敬从事，早晚帮助告诫我；哪怕听到一两句谏言，一定要背诵记住，转达给我，来教训我。”卫武公是这样说的，也是这样做的。所以他创作了《抑》这首诗来进行自我告诫。这首诗，是一个老臣的赤胆忠心，也是一个老人多年生活总结出的睿智哲理，非常值得细读。

抑抑[1]威仪，维德之隅[2]。人亦有言：靡哲[3]不愚，庶人之愚，亦职[4]维疾。哲人之愚，亦维斯戾。

注释

（1）抑抑：审慎的样子。（2）隅：同“偶”，匹配。（3）哲：指才智出众的人。（4）职：主。

意思是，行为审慎仪表堂堂，外在威仪须匹配内在品德。古人曾经说过：哲人也有糊涂的时候，普通人犯糊涂，那是正常的，哲人犯错误，那就很反常。

这首诗一共十二章。诗人在第一章谈到了一个哲学问题，那就是智者与愚人。诗人首先认为，哲人有时也会糊涂。普通人愚蠢是难免的，哲人一旦犯错，那就很反常。用现代人的眼光来看，越优秀的人，能力越强的人，一旦犯错，造成的后果也就越严重。诗人的这一认识，在当时来看，是非常先进的一种看法。既没有将哲人神圣化，看到了哲人也无法避免犯错的客观性，又看到了哲人一旦犯错就可能造成更大影响的可能性。这说明，这首诗的作者的确是一个睿智的人。

诗人本身对于这首诗的隐藏读者——也就是周平王评价很高，认为周平王是一个哲人，却避免不了要犯愚蠢的错误。所以此时诗人的心情是无可奈何，又十分担心。接下来，他就要讲述自己的担心了。

无[1]竞[2]维人，四方其训[3]之。有觉德行，四国顺之。訏谟[4]定命，远犹[5]辰告。敬慎威仪，维民之则。

注释

（1）无：发语词。（2）竞：实力强大。（3）训：顺服。（4）訏（xū）谟：大的谋划。（5）犹：同“猷”，谋略。

意思是，国家强大有贤人，四方诸侯来归顺。君子德行端方正直，诸侯各国来顺服。国家的长远谋划要以法令的形式执行，长远的战略部署要按时宣告给众臣。行为举止谨慎有威仪，这才是人民的行为准则。

诗歌第二章讲述到一个国家繁荣昌盛的两个必要条件：一是国家有贤人；二是要德行正直，“有觉德行”。

一个国家，只有贤人辈出，才能让诸侯归诚。用现在的观点看，人才是一个国家竞争的软实力，我们的祖先早在两千多年前的平王东迁时期就已经认识到了。

只有德行正直，才能让诸侯心服口服，让群臣奉行国策，让人民将你视为学习的榜样。

“德行”与贤才，是一个国家发展的重要条件。这也是诗人心目中理想的国家。

接下来，诗人要讲到现实中的国家了。

其在于今，兴迷乱于政。颠覆厥德，荒湛(1)于酒。女虽湛乐从(2)，弗念厥绍(3)。罔敷求(4)先王，克共(5)明刑。

注释

（1）湛：同“耽”，沉迷。（2）从：通“纵”，放纵。（3）厥绍：继承。（4）敷求：指广求先王之道。（5）共：通“拱”，执行。

意思是，当今天下，国政混乱。你的道德已经败坏，成日沉湎于酒色。你只知沉湎于纵情享乐，不顾王朝的继承。你不广求先王遗训，怎能施行明政号令天下。

诗歌第三章讲到了现实中的国家，骨感的现实和理想差距太大了，简直就是和理想背道而驰。

问题就出在君主身上。这位君主德行败坏，沉迷酒色，根本无心国政。这样的结果就是整个国家混乱不堪。

诗歌在这里是一个急剧的转折，忽然就从理想的蓝图掉到了现实的泥淖之中。

造成这一切矛盾的根本原因，就在于君主“缺德”。

肆(1)皇天弗尚(2)，如彼泉流，无沦胥(3)以亡。夙兴夜寐，洒扫庭内，维民之章(4)。修尔车马，弓矢戎兵，用戒戎作，用逷(5)蛮方(6)。

注释

（1）肆：于是。（2）弗尚：不保佑。（3）胥：相继。（4）章：典范，模范。（5）逷：通“剔”，治服。（6）蛮方：指偏远地区的少数民族。

意思是，于是上天不再保佑，好像那泉水空自流，不要相继沦丧而亡。应该从早到晚忙于政事，将庭院内外打扫干净，成为万民的表率典范。休整好你的车马，准备好你的弓箭兵器，以此防备外来入侵，以此击败远方蛮族。

诗歌第四章向这位君主指出了现在应该要做的事：那就是情况紧急，

应该马上励精图治，起早贪黑，成为万民表率。要整治车马武器，防备外敌入侵。

这一点对于周平王来说应该是沉睡中的一记棒喝。毕竟他的父亲周幽王，就是由于犬戎入侵而丧命的。

为什么要求一位君主要夙兴夜寐？因为按部就班的工作已经不能解决眼前的危机。如今的形势，好像是奔腾而过的泉水，挡也挡不住。那泉水的目的地，就是灭亡。

情况已经非常危急了。

质(1)尔人民，谨尔侯度(2)，用戒不虞(3)。慎尔出话，敬尔威仪，无不柔嘉。白圭之玷，尚可磨也；斯言之玷，不可为也！

注释

（1）质：安定。（2）侯度：君主制定的法律。（3）不虞：不可预料的危险、危机。

意思是，安定你的人民，谨慎遵守你的法律，以此戒备祸乱发生。言谈要谨慎，行为举止要庄重，无处不温和可亲。白玉上面的污点，还可以琢磨干净；言语上的污点，却无法挽回！

诗歌第五章谈到了君主的个人修养。诗人对周平王强调，身为君主要有忧患意识，言谈举止要谨慎，否则个人形象就会受损。君主要安定百姓，更要谨守法度。一个个人形象不佳的君主，如何让民众信服？如何让民众相信，这位君主能够带领他们渡过难关？越是到了危难关头，君主越要镇静，发挥个人魅力，引领民众渡过。

诗人用“白圭之玷”，将白玉上的斑点比喻成美中缺憾，这也成为后世流传的一个成语。

无易[1]由言，无曰苟矣，莫扪[2]朕舌，言不可逝[3]矣。无言不雠[4]，无德不报。惠于朋友，庶民小子。子孙绳绳[5]，万民靡不承。

注释

（1）易：轻易，随便。（2）扪：按住。（3）逝：追。（4）雠（chóu）：回应。（5）绳绳（mǐn）：指子孙延续了祖先的品德。

意思是，不要轻易发表意见，说话不能太随便，虽然没有人按住自己的舌头，但话一说出就无法追回。没有话语得不到回应，没有美德得不到回报。恩惠要施给朋友，安抚好百姓的子弟。子子孙孙都要延续祖先美德，天下万民没有不顺服的。

诗歌第六章用一个动作，也是后来的一个成语——舌不可扪来告诫周平王，说话要谨慎。

君主虽然是一个人，但是他的言行却影响的是一个国家。君主一方面要谨言慎行，另外一方面要施恩惠于天下万民。

这两项行为准则不是针对某一个君主的，而是要子子孙孙延续下去。假如能够坚持执行，那么天下万民无不顺服。

视尔友[1]君子，辑柔尔颜，不遐有愆[2]。相[3]在尔室，尚不愧于屋漏[4]。无曰不显，莫予云觏[5]。神之格思[6]，不可度思，矧[7]可射[8]思！

注释

（1）友：友善，善待。（2）愆：过错。（3）相：察看。（4）屋漏：屋子西北角，是供神的地方。（5）觏（gòu）：看见。（6）格：至。思：助词。（7）矧：何况，况且。（8）射（yì）：通“斁”，厌。

意思是，看你友善对待君子，和颜悦色，没有过错。即便独处一室，也要无愧于神明。不要说没在明显的地方，就没人看见我。神明什么时候到来是不可预测的，况且又怎么能猜到呢？

诗歌第七章告诫周平王，对待君子要和气。而且他提醒君主，君子不欺暗室，因为举头三尺有神明。

周天子是万民之主，是完全超脱于众人的高贵所在。处在这样一个高高在上的位置，不但说一不二，而且无人监督。人在没有监督的时候，难免为所欲为。普通人为所欲为，可能影响自己的人生。倘若周天子为所欲为，那影响的会是大周每一个人的人生。

能让周天子有所敬畏的，也就只有缥缈的上天了。

周人敬奉神明祖先，用这个说法劝谏周天子大部分时候都行之有效，而且周天子乐于接受。

辟[(1)]尔为德，俾臧俾嘉。淑慎尔止[(2)]，不愆于仪。不僭[(3)]不贼，鲜[(4)]不为则[(5)]。投我以桃，报之以李。彼童[(6)]而角，实虹[(7)]小子。

注释

（1）辟：修明。（2）止：行为举止。（3）僭：超过本分。（4）鲜（xiǎn）：少。（5）则：模范。（6）童：幼小，这里指没角的小羊羔。（7）虹：同“讧”，祸乱，溃乱。

意思是，以身作则修明品德，使德行尽善尽美。行为举止要美好，不要在仪容举止上犯错误。不超过自己的本分也不害人，少有不被旁人当作榜样的。别人送我桃子，我就回报他李子。说那小羊羔头上长角，其实是在祸乱四方。

诗歌第八章对君主提出了修明德行的具体要求。要有一个好的德行，首先要注意仪容，要有礼貌，而且要不害人，对别人的好意要投桃报李。其实这就是要让君主懂得感恩。

诗歌第七章和第八章都是从德行修养上告诫君主，应该做什么。要成为天下万民信服的君主，首先要是一个道德高尚的君主。这些建议都是非常具体可操作的，也可以看出诗人用心良苦。

但从另外一个侧面来看，这也说明，诗人建议的这些最基本的行为准则，目前的这位周天子都没有做到。

假如周天子做到了，诗人难道不应该大声赞颂吗？

这样一个道德有亏的君主，甚至需要从基本的行为准则方面去引导，还能寄希望于他带领民众走出困境吗？

荏染[(1)]柔木，言缗[(2)]之丝。温温恭人，维德之基。其维哲人，告之话言[(3)]，顺德之行。其维愚人，覆谓我僭，民各有心。

注释

（1）荏染：坚韧。（2）言：助词。缗（mín）：给乐器安上琴弦。（3）话言：诂言，即故言。

意思是，那柔软坚韧的木材啊，安上琴弦就可以成为乐器。温良恭俭的好人，是品德高尚的根基所在。如果你是聪明人，以古代名言来劝告你，施行于德行得端。如果你本来就是个愚笨之人，反而说我说的话是虚妄之言，人心不同难劝说。

诗歌第九章，诗人用好木料才能制成好琴来比喻，“温温恭人，维德之基”。这其实就是在提醒君主，高尚的品德是一切成功的基础。

虽然讲了这么多道理，但诗人反而更加明白，道理虽好，也要听的人能听进去才行。聪明人一点就通，糊涂人油盐不进。因为人是不同的，好比那木材，并不是每种木材都是做成乐器的好材料。

对于眼前这位需要别人从基本行为准则给出建议的君主，似乎不必报什么希望。

於乎(1)小子，未知臧否(2)。匪手携之，言示之事。匪面命(3)之，言提其耳。借曰(4)未知，亦既抱子。民之靡盈，谁夙知而莫(5)成？

注释

（1）於乎：即呜呼。（2）臧否：好坏。（3）面命：当面讲道理。（4）借曰：如果说。（5）莫：同“暮”，晚。

意思是，呜呼，你这年轻人，还不知道好与坏。非但手把手教导你，还当面教你事情如何办理。非但当面教导你，还要拎着你的耳朵让你好好听。如果说你不懂事，你也已经是抱儿子的人了。人们知道应该谦虚不自满，谁能早慧却大器晚成？

诗歌第十章，诗人也发出了无奈的感慨：你这个人还真是年轻啊，非要让人耳提面命，才能听。可是说你年轻，也已经是一个父亲了。这里面饱含着一个老臣对于年轻君主的无可奈何，也有对他不争气的埋怨。

提出建议的老臣从手把手教导，到面对面教导，最后终于忍无可忍，拎着耳朵教导。而这位被教导的君主，显然没放在心上。

老臣也疑惑了，您是因为年轻不懂事吗？如果说年轻，你也是一个父亲了啊！难道非要大器晚成？

其实，听不进去劝谏，与年龄无关。这个当了父亲却还行事荒唐的人，本性如此罢了。

所谓“大器晚成”，不过是这位老臣对自己的一种安慰罢了。

昊天孔昭，我生靡乐。视尔梦梦(1)**，我心惨惨。诲尔谆谆，听我藐藐**(2)**。匪用为教，覆用为虐**(3)**。借曰未知，亦聿既耄**(4)**。**

注释

（1）梦梦（méng）：同“瞢瞢”，昏聩不明。（2）藐藐：疏远的样子。（3）虐：通“谑”，戏谑。（4）耄：年纪老。

意思是，上天看得最明白，我的生活不快乐。看你成日昏聩糊涂，我内心无比悲伤难过。我耐心诚恳教导你，你却待我很疏远。不知道教导是为你好，反而当成笑话看。如果说你不懂事，怎么会骂我是老糊涂。

诗歌第十一章，诗人终于说出了真实的情况：这位尊贵的君主不但听不进去劝谏，还要责骂自己是老糊涂。诗人感叹自己的尴尬处境。悉心教导吧，这位君主油盐不进，自己还要被嘲笑。这是多么让人伤心的一件事。

用这真实的情况，回过头去看诗人之前的谆谆教诲，诗人明知道君主根本听不进去，还详细写出了那么一大篇要注意的事项，实在是无奈至极。

於乎小子，告尔旧止。听用我谋，庶[(1)]无大悔。天方艰难，曰丧厥国。取譬不远，昊天不忒。回遹[(2)]其德，俾民大棘[(3)]。

注释

（1）庶：庶几，可能，也许会。（2）回遹（yù）：邪僻。（3）棘：通“急”。

意思是，呜呼，你这个年轻人，听我告诉你过去的制度。你若听从我的谋划，可能不会过于后悔。如今上天降下灾祸，只怕国家即将灭亡。不远就有前车之鉴，上天赏罚不会有偏差。行事邪僻道德败坏，百姓将要遭受危急祸患。

虽然明知君主听不进去，但在这个危急关头，诗人仍然告诫君主，如果坚持不听劝告，必定受到上天惩罚，到时候国家灭亡，百姓也会跟着遭殃。

读这首诗，仿佛可以看到一个无奈、痛心又百般担心的长者，他明知道这位君主冥顽不灵，沉溺酒色，眼看着国家大厦将倾，却还要耐着性子苦口婆心去劝告君主，应该做什么，不应该做什么。

最关键的一条，一定要修明德行，招揽贤才。

诗人内心也明白，自己的这些劝谏之言，应该是如同流水付诸东流，不会被采纳的。那么接下来，周朝将面临的，是上天之怒和百姓的流离失所。

这首诗是多重悲剧的集合：昏君祸国殃民之悲，老臣忠言逆耳不被采纳之悲，周朝百姓水深火热之悲。

《大雅·瞻印》：无计可施的痛

在西周末年，周幽王是一位独树一帜的昏君。周幽王可以为了立心爱的宠妃褒姒之子伯服为太子，立马废掉申皇后和太子宜臼，却对自己的岳父申侯的反应完全没有预估。

最终是申侯联络犬戎，制造了镐京之乱，在骊山脚下杀死了周幽王。

周幽王对于享乐不但全心投入，对于宠爱的美人褒姒也是全心投入。而且当了十一年周天子，依然一点政治头脑都没有。

《大雅·瞻印》就是一首痛斥周幽王的诗作。

《毛诗序》认为这首诗是“凡伯刺幽王大坏也”。不过这一点没有确切证据，所以后来的学者多有不同意见。郑振铎先生在《插图本中国文学史》上写道：“有心的老成人，见世乱，欲匡救之而不能，便皆将忧乱之心，悲愤之情，一发为之诗。”

也就是说，这首诗是抒写一个忠厚好人，因为国家变乱将起而产生的复杂情感。

诗歌题目中的印通“仰”，瞻印，是仰望的意思。

瞻印昊天，则不我惠？孔填(1)不宁，降此大厉(2)。邦靡有定，士民其瘵(3)。蟊(4)贼蟊疾(5)，靡有夷届(6)。罪罟(7)不收，靡有夷瘳(8)！

注释

（1）填：通“尘”，长久。（2）大厉：大灾祸。（3）瘵（zhài）：害，病。（4）蟊：吃庄稼的害虫。（5）疾：和贼都是害的意思。（6）届：极。（7）罪罟（gǔ）：法网。罟：打猎的猎网。（8）瘳（chōu）：病好。

意思是，抬头仰望这上天，上天为何对我无情？天下长久不太平，降下如此大祸患。国家没有安宁日，士民百姓苦受害。害虫为祸庄稼毁，没有平息的时日。国家法网不收捕罪犯，百姓生活不平安！

这首诗一共七章，在第一章，诗人就描绘了一幅天降大祸的悲惨场景。不但庄稼被毁了，老百姓也没有安宁的日子。这大祸其实是两方面的，一方面指自然界，一方面指社会。整个国家大难临头，老百姓再没有安宁日子过了。

这种整个社会的大动荡是非常可怕的。

自古以来，中华民族就是非常内敛的一个民族，向往和平。只要有安宁日子，再艰难，老百姓也能忍受。

可想而知，这种大动荡的时局，当时的老百姓内心是多么恐慌。

人有土田，女[(1)]反有之。人有民人，女覆[(2)]夺之。此宜无罪，女反收[(3)]之。彼宜有罪，女覆说[(4)]之。

注释

（1）女：通“汝”。（2）覆：反。（3）收：抓捕。（4）说：通“脱”，开脱，释放。

意思是，人家拥有的土地，你反而占为己有。人家拥有的劳力，你反而夺取为自己的。此人本来并无罪，你反而将他逮捕入狱。那人本来就有罪，你反而为他开脱释放了他。

诗人在第二章写到了灾祸造成的原因：那就是君主的倒行逆施。这位君主对百姓残酷盘剥，无论是老百姓的田地，还是家里的劳力，都逃不过君主的掠夺。甚至法律也是他随心所欲的武器。好人被抓进监狱，坏人却被赦免。

这样的国家，施行的不是仁政，而是暴政。法律成为个人谋取利益的工具，老百姓没有说理的地方。

哲夫[(1)]成城，哲妇[(2)]倾城[(3)]。懿厥[(4)]哲妇，为枭[(5)]为鸱[(6)]。妇有长舌，维厉之阶[(7)]！乱匪降自天，生自妇人。匪教匪诲，时维妇寺[(8)]。

注释

（1）哲夫：智者。（2）哲妇：美丽的女子。（3）倾城：指亡国。（4）懿：通“噫”，感叹词。厥：那。（5）枭：传说中的恶鸟，长大后食母。（6）鸱：猫头鹰。（7）阶：阶梯。（8）妇寺：指宫廷内侍。

意思是，智者建都城，美女却让国家灭亡。可叹那美女，她是枭鸟鸱鸟好恶毒。女子长舌花言巧语，那便是灾祸的阶梯！灾祸不是从天而降，而是出自女子。不是他人教诲，是因为亲近女子和内侍。

面对这样糟糕的祸乱形势，诗人开始寻找灾祸的根源。经过苦苦思考，他将灾祸根源放到了倾国倾城的美女身上。他认为，祸害就是这女子进谗言，搬弄是非。

用现代观点来看，这是典型的红颜祸水论。天子是男性，这位高贵的暴君，犯下的错误却要他中意的女子来承担。

联系当时的历史，这女子当然就是被周幽王宠爱的褒姒。

鞫[1]人忮忒[2]，谮[3]始竟背[4]。岂曰不极[5]，伊胡为慝[6]？如贾[7]三倍，君子是识[8]。妇无公事[9]，休其蚕织。

注释

(1)鞫：穷尽。(2)忮（zhì）：害。忒：变。(3)谮：进谗言。(4)背：违反，违背。(5)极：狠。(6)慝（tè）：罪恶。(7)贾（gǔ）：商人。(8)识：通“职”。(9)公事：功事，指养蚕纺织。

意思是，穷尽罪名陷害别人，谗言前后自相矛盾。难道这女子还不算坏，犯下如此重大罪恶？商人经商为追求三倍之利，君子从政是为国。身为女子不从事女子的功事，哪能停止她该做的养蚕女红。

诗歌第四章，诗人指出这女子罗织罪名，穷凶极恶，反而不去做女子该做的功事。用当时的观念来看，这女子谗言作恶是一大罪名，但更大的罪名是女子不应该干政。女子的舞台是养蚕纺织，而不是对国家大事插嘴胡言乱语。

但诗人还没有看到问题症结所在，是周幽王这个周天子本人能力有限，品德欠缺，德不配位造成的。试问一个忠于职守的周天子，可能让别人对自己的国政指手画脚吗？

天何以刺[1]？何神不富[2]？舍尔介狄[3]，维予胥忌。不吊[4]不

祥，威仪不类。人之云亡，邦国殄瘁[5]**！**

注释

（1）刺：责备。（2）富：保佑赐福。（3）介：大。介狄：元凶。（4）吊：慰问，安抚。（5）殄瘁：都是“病”。

意思是，上天为何惩罚我们？神灵为何不赐福给人民？元凶顽敌全不顾，只是忌恨我这样的人。不去慰问不安宁的人们，仪表也不像一个君主。贤才民众都逃亡，国家祸患无人顾。

诗人质问，为什么神灵不赐福给民众？很明显这是周幽王造成的现状，贤臣逃亡了，人民生活在灾难之中，纲纪败坏，这还怎么祈求神灵保佑？一个君主，对内不安抚受灾的民众，对外不谋划抵御强敌，只听信谗言，这样的君主将带给人们怎样的生活？

这水深火热的状态，即便是寄希望于神灵，都是于事无补。

天之降罔[1]**，维其优矣。人之云亡，心之忧矣。天之降罔，维其几**[2]**矣。人之云亡，心之悲矣！**

注释

（1）罔：通“网”。（2）几：危险。

意思是，上天降下无情法网，灾祸众多难以逃避。贤才大臣全都出奔，内心对国家充满担忧。上天降下无情法网，危险祸患已经难抵挡。贤才大臣全都逃亡，忧国忧民内心悲伤。

诗歌第六章写到了社会即将崩溃，人才纷纷出奔，一派大难临头的凄凉景象。诗人面对着国家危难重重，却只能内心悲伤，却无可奈何。

因为此时这种状况，已经没有人能够挽救国家于危难之中。

觱沸[1]槛泉[2]，维其深矣。心之忧矣，宁自今矣？不自我先，不自我后。藐藐[3]昊天，无不克巩[4]。无忝[5]皇祖，式救尔后。

注释

（1）觱（bì）沸：泉水喷涌的样子。（2）槛泉：泉水。（3）藐藐：辽阔高远的样子。（4）巩：约束。（5）忝：侮辱。

意思是，泉水沸腾喷涌而出，泉水源头十分之深。我内心忧虑国家百姓，难道是从今日开始？祸患不在我生前，也不在我死后。浩渺苍天，没有不约束下界民生的。不要辱没你的先皇，要拯救你的子孙后代。

在诗歌最后一章，诗人黯然神伤，劝谏周幽王不要愧对祖宗，要拯救国家。

当然，这只能是诗人无望中的自我欺骗罢了。昏聩如周幽王，怎么可能有所改变呢？

读这首诗，虽然诗人的认知有一些当时的历史局限性，比如红颜祸水论，但更令人感动的，是诗人的一片爱国赤诚之心。

在诗人的笔下，大周即将开始动荡的社会，老百姓绝望的生活都如在眼前。

这位诗人对于国家即将灭亡，自己却无计可施的那种痛苦，他对于祖国的情感，都没办法再压抑，喷薄而出。

在这首诗中，弥漫着一个清醒的爱国者最真切的痛。

第四章

《颂》：唱给祖先的歌

《周颂·维天之命》：周文王成功的秘密

“颂”是《诗经》的一部分，是贵族们在宗庙中祭祀祖先、鬼神，歌颂统治者的乐歌。《诗经》中的“颂”，分为周颂、鲁颂和商颂。由于周人的祖先特别擅长农业，所以在周颂中，除了歌颂祖先，还有一部分是周人的农事诗。

在周颂中，被赞美歌颂最多的一位周人祖先，就是周文王。

周文王，姬姓，名昌，他是周太王之孙，季历之子，周武王之父。周文王以九十七岁高龄辞世，一生征战南北。他在商纣王这样暴虐的一个领袖手下带领周人发展壮大国家，是一个充满传奇性的伟大人物。

关于周文王，可能很多人都会想起，他发掘了姜子牙这个人才，并被囚禁在羑里（今河南汤阴北）多年。但事实上，在周文王之前，更早被商王囚禁的，是周文王的父亲——季历。

周太王，也就是历史上著名的古公亶父，非常欣赏季历。等到姬昌诞生，古公亶父赞叹说：“我的后代应该会有成大事的人，大概就是昌吧！”

作为被父亲偏爱的小儿子，季历还有两个让贤的好哥哥，为了让季历顺利登上继承人位置，季历的哥哥太伯、仲雍远走他乡，到了荆蛮，并且按照当地习俗断发文身，表示自己不会再回来。太伯和仲雍建立的国家，就是历史上著名的吴国。

季历即位之后，不负众望，不但战胜了进犯的戎狄部落，而且将周人的农业生产搞得红红火火。这引起了商王的怀疑。当时的商王文丁为了遏制周人发展的势头，将季历召到都城，表面上将季历封为“方伯”，将季历称为“周西伯”，意思是西方诸侯之长。

季历到了都城之后，实际上却是被软禁了。甚至到最后，这样一位周人的杰出领袖竟然惨遭杀害。

季历去世之后，姬昌即位，是为西伯昌。

姬昌和父亲季历相比较，不是农业专家，更像是一位英明的君主。首先，他招揽贤才，当时有很多从其他部落，甚至是商纣王那里来投奔姬昌的能人，比如后人熟知的孤竹君之子——伯夷和叔齐，后来被称为“文王四友”之一的散宜生等人。就连后来楚国国君的祖先——鬻熊，也被周文王任命为火师，掌管火事。《史记·楚世家》曾经记载说，“鬻熊子事文王。”可见鬻熊对于周文王是非常尊敬的。

这么多的人才都归顺周文王，这是为什么？

《史记·周本纪》记载，姬昌继承了祖先的传承，倡导“笃仁，敬老，慈少，礼下贤者”的风气。姬昌施行德政，这对于当时的贤者的确是最大的吸引力。反观商纣王却实行暴政，整个国家都是商纣王实现个人意志满足个人欲望的工具。这样对比一下，就更显出姬昌的贤德出众。

据说，商纣王为了博妲己欢心，命人发明了炮烙之刑。让犯人在涂满油的铜柱上行走，滑倒了就跌到火里烧死，极为残酷。

当时很多人对此愤愤不平，姬昌请求献上周国洛河西岸的一块土地，希望商纣王停止炮烙之刑。商纣王同意了姬昌的请求，姬昌的美名为天下百姓传颂。

重视人才，修明德行，这是姬昌吸引人才投奔的关键因素。

他还有隐藏起来的技能，那就是有识人之明，将这些人才安排到合适的工作岗位。而且姬昌具有人格魅力，能将这么多人才团结在自己身边，为己所用。

在这么多人才之中，为姬昌最器重的还是吕尚，也就是民间传说中的姜太公。姬昌拜吕尚为军师，军国大计都询问吕尚。

姬昌本人也经常下地劳动，生活俭朴，而且大力发展农业。

这样，周人在姬昌的带领下，实力更加壮大了，越来越多的诸侯归顺姬昌。

这下子，商王又坐不住了。

商纣王故技重施，再次将姬昌囚禁到了羑里。

历史重演，但这一次，周人不会眼看着自己的领袖被囚禁杀害。周国的大臣散宜生花费重金，购置了驺虞、鸡斯之乘、骊戎文马和有莘氏美女献给商纣王。

散宜生进献的这四样贡品，都是稀世奇珍。

驺虞，是古代传说中的仁兽，不忍心踩踏草地，也不吃活的动物。它长着老虎身子狮子头，白毛黑纹，尾巴很长。《山海经》记载说："林氏国有珍兽，大若虎，五彩毕具，尾长于身，名曰驺虞，乘之日行千里。"

鸡斯之乘，鸡斯是传说中的神马，郭璞曾经在注解《六韬》时写道，"文身朱鬣，眼若黄金，项若鸡尾，名曰鸡斯之乘。"

骊戎文马，是骊戎出产的宝马，文马，指这种马带有花纹，十分稀有。《汉书·地理志》曾经记载，说"京兆尹新丰，骊山在南，故骊戎国，秦曰骊邑"。

有莘氏是夏、商属国，在今山东省曹县西北莘家集。有莘氏这个部落女子出众，大禹的母亲就是有莘氏之女，夏末商王也曾经迎娶有莘氏之女。而周文王的妃子太姒，出自西方的有莘氏，位置在今天陕西省合阳县东南。

散宜生尽全力搜集了当时天下顶尖的珍宝进献给商纣王。商纣王看了这些礼物非常高兴，不但赦免了姬昌，而且还赏赐给姬昌弓矢斧钺，这样姬昌就拥有了专征大权。

这件事让姬昌因祸得福，如虎添翼。

在《史记·周本纪》中记载，当时诸侯中虞国、芮国有纠纷，两个国家闹得很不愉快，于是就想请姬昌评判。但是这两个国家的人到了周地，发现周地的老百姓互相谦让，尊老爱幼，精神文明建设搞得非常好。于是两个国家的来人都很惭愧地说，“吾所争，周人所耻，何往为，只取辱耳。”虞国人和芮国人发现自己的精神境界比周人低了一个层次，根本不好意思去请姬昌评判。这两个国家就此和好，互相谦让。

这件事在诸侯中传扬开来，姬昌更加为其他诸侯所佩服。

姬昌没出面，就平定了虞人和芮人的争端，这件事的影响意义深重，周人将这年称为西伯昌受命元年。

这是姬昌以德服人的一面。

但其实，作为周人的始祖，姬昌胸怀大志，也有杀伐决断的一面。

在西伯昌受命二年的时候，周人讨伐了犬戎，接下来，讨伐了密须，五年讨伐邗国，六年伐崇。这接连不断的征战，清除了周国北方和西方的潜在敌人。

这也证明，周人不但擅长种地，也擅长征战四方。

周文王六年，在灭崇之后，姬昌建立了丰邑（今陕西省西安市长安区沣河西岸），将周的都城从岐山周原迁到了渭水平原，称为丰京。周人在姬昌的带领下不断扩张势力，直到长江、汉江流域。

周文王姬昌的功绩还不只是为周人奠定了对抗殷商的雄厚基础。根据《汉书》记载，“西伯（周文王）拘而演周易”，周文王果然是个哲人，他在被拘禁的时候，整理了著名的《周易》。

传说上古时期，伏羲氏创造了先天易（先天八卦），后来神农氏创造了连山易（连山八卦），轩辕氏创造了归藏易（归藏八卦），周文王的功绩就是经过研究整理，将这些卦相归为六十四卦和三百八十四爻，被后人称为《周易》。

纵观周文王的一生，他为人睿智，果断，德行出众，是四方诸侯、百姓的精神偶像，还长寿。可以说非常完美。

他继承先辈重视农业、踏实肯干、关心百姓的传承，但也心怀天下，杀伐果断，能任用贤才，最终成为周朝伟大的奠基者。

在《周颂》中，有很多纪念、歌颂周文王的诗歌。《周颂·维天之命》就是周成王歌颂周文王的一首祭文诗歌。

维(1)天之命，於穆(2)不已。

於乎不(3)显，文王之德之纯。

假(4)以溢(5)我，我其收之。

骏惠(6)我文王，曾孙(7)笃之。

注释

（1）维：助词。（2）於：乌，叹词，表示感叹赞美。穆：庄严宁静的美。（3）不：通“丕”，大。（4）假：通“嘉”。（5）溢：通“谧”，安定。（6）骏惠：服从，顺服。（7）曾孙：后代子孙，周王在祖先神灵面前自称。

意思是，天道运行，庄严肃穆永无边。

呜呼光明又显赫，文王品德多美好。

施行仁政让我们安宁，我们永远要继承。

顺从伟大祖先文王，子孙后代一心一意去践行。

这首诗可谓纸短情长，充满了后代对于周文王这样伟大先王的崇敬之情。诗歌前半部分，说周文王顺承天意，品德纯净。后半部分，诗人表示要继承周文王之道，子孙后代都要笃行。

在诗歌中，诗人用了两个“於”字，表示自己这种发自内心的感叹。

的确，拥有一个周文王这样文治武功都如此出众的祖先，谁能不骄傲呢？

所以诗人表示子子孙孙都会继承周文王的美德，身体力行。

这首诗还有一个隐藏的线索，那就是周文王顺承天命，所以这是一条从天命到周文王，从周文王到现在的周天子继承的道路。这也是周人将尊祖和敬神联系起来，证明周天子君权神授的逻辑链条。

想必庄严的乐曲演奏时，周天子率领臣民歌颂周文王，周人内心也充满了身为天命之子后代的自豪感。

《周颂·时迈》：战胜商纣王的明君——周武王

西周的先祖们一步一个脚印，终于带领周人从农业专业户发展成可以与殷商对抗的强大诸侯国。战胜暴君商纣王，这个任务落到了周文王的二儿子——周武王姬发身上。

周武王在历史上也是一个传说般的神奇人物。班固的《白虎通德论》曾经记载，说周武王“骿齿，望羊（阳）”，意思是周武王有双重牙齿，视野宽阔。

这也许是后人对于周武王神奇本领的一种想象。后人为此解释，说周武王和殷商作战，需要武力，所以多长一排牙齿，表示刚强。望阳，就是高瞻远瞩。

那么周武王其人到底是怎样的呢？在他率领周人击败殷商的过程中，又发生过哪些著名事件?

首先，由于周武王的大哥伯邑考被商纣王害死，所以他在周文王众多的儿子中继承了先祖事业。周武王姬发也具有像父亲周文王一样招揽贤才的品行，继续任命姜太公为军师，任命自己的弟弟周公旦为太宰，其他还有召公、毕公（周文王第十五子）、康叔（周文王第九子）等能臣。

在周武王的带领下，周人保持了继续向上的发展势头。

周国地盘不断扩大，周武王在沣水东岸建立了新的都城——镐京（今陕西省西安市长安区西北）。

国内局势稳定之后，周武王在即位第二年，进行了一次攻克殷商的演习。

周武王率领军队前往位于毕原的周文王陵墓祭拜，然后向东，往朝歌（殷商国都，今河南省鹤壁市）进军。周武王在中军竖起了写着父亲西伯昌名字的木牌，自称太子发，意思是周人的军队依然是周文王统帅。这也意味着，周人与商人之战，是几代周人的部署和努力。

军队到达黄河南岸的孟津（今河南省孟津县东北），已经有八百诸侯前来参加周武王的队伍。这显示了当时的人心向背，商纣王已经是孤家寡人。

当时来参战的诸侯都劝周武王趁热打铁进军朝歌，但是周武王和姜太公都认为时机尚不成熟，所以大军渡过黄河之后返回了，并且告诫大家，“诸位不知天命”。

这场军事演习成了悬挂在商纣王头上的“达摩克利斯之剑”，意味着商纣王大势已去，随时可能被周武王消灭。这次军演，被历史上称为“孟津观兵”。

孟津观兵之后，周武王回到镐京，命令军队抓紧练兵，同时对商纣王的情况严密监视。等到商朝的忠臣比干被挖心，其他忠臣如箕子装疯，微子出走，老百姓连抱怨的话都不敢说了，周武王认为，讨伐商纣王的时机到了。

于是，周武王举行了誓师大会，发表了慷慨激昂的演讲。这篇演讲稿被《尚书》收录下来，就是著名的《牧誓》。

誓师结束之后，周人的军队势如破竹，很快杀到了牧野。牧野距离朝歌，只有三十多公里。

此时双方实力对比依旧悬殊，商纣王有七十万军马，而周武王只有五万人，所以商纣王内心并不认为自己一定会输。双方在牧野展开决战，但商纣王想不到的是，自己的七十万军队一多半都是抓来的奴隶和东夷俘虏，所以战争刚开始，商朝军队中的奴隶和俘虏就调转武器，配合周人攻打商朝军队。

阵前倒戈，代表民心所向，也让商朝军队阵脚大乱，溃不成军。

最终牧野之战以商朝失败告终。

商纣王命令手下将所有的珍宝都搬到了鹿台，就在鹿台自焚而亡。

朝歌的老百姓欢天喜地，欢迎周武王带领军队入城。

周武王将商纣王的宠臣恶来、费仲斩首，在鹿台，对着商纣王的尸体连射三箭。

殷商就此灭亡，历史上称此为武王克殷。

周武王建立了周朝，定都镐京，追封父亲姬昌为周文王，并且分封诸侯。

由于过度操劳，在建立周朝第三年，周武王就病重去世。去世之前，周武王将周朝国政交给了周公旦。

在周武王攻克殷商的过程中，表现出政治家的远见卓识。他看到了商纣王的暴虐，打出了替天行道的旗号，获得了老百姓的民心。

《周颂·时迈》这首诗，就是描写武王克商之后巡视四方，祭祀山川的一首诗。

时迈(1)其邦(2)，昊天其子之(3)，实右(4)序(5)有周。薄言(6)震之，莫不震叠(7)。怀柔百神，及河乔岳(8)，允(9)王维后。明昭有周，式序在位。载戢(10)干戈(11)，载櫜(12)弓矢。我求懿德，肆于时夏(13)，允王保之！

注释

（1）时：助词。迈：巡视。（2）邦：指武王克殷之后分封的诸侯国。（3）子之：“子”是动词，以之为子，指将诸侯国看作自己的儿子。（4）右：同“佑”，保佑。（5）序：顺服，顺从。（6）薄言：助词，表示急迫。（7）震叠：叠通“慴”，震慑。（8）河：指黄河。乔岳：高山，指山神。（9）允：诚然。（10）载：于是。戢：聚集。（11）干戈：干，盾，泛指兵器。（12）櫜（gāo）：古代盛放盔甲或弓箭的皮袋。（13）时夏：这中国。时：是。

意思是，武王巡视各邦国，上天将他看作儿子，的确保佑相助大周。紧急出军讨伐商朝，诸侯无不感到敬畏。安抚祭祀天下众神，祭祀遍及黄河山岳，诚然武王不愧为天下之君。发扬光大我大周，文武百官次第安排好职位。于是收藏好兵器，盔甲弓箭收入囊中。讲求美好的道德，施行仁政在我华夏，周王永保祖宗天命！

这首诗一共十五句，用“赋”的手法铺排全诗。周人对于武王伐纣的这段历史是非常自豪的，对于周武王也充满了敬仰之情。

这位刚刚成为天下之主的周天子，不辞劳苦，巡行四方，这是一种对于自己责任的担当。而诗歌第二句，“昊天其子之”，这是周人将自己的君主神化了，周武王能够拥有天下，那是天命所归。

上天对于周人也是护佑的，所以周人对上天无比忠诚。

在这之后，诗人写到了周武王的威力是“薄言震之，莫不震叠”，而周武王本人的品德是“怀柔百神，及河乔岳”。这样一位连神都感动了的英明天子，上天怎么会不保佑呢？

所以周武王在这之后收起了武器，招揽贤才，保证天下安宁。“我求懿德，肆于时夏”，这是武王克殷之后决定对于国内采取的政策。

这首诗虽然不长，但是意蕴深厚，肃穆庄重。周武王的文治武功、天命所归，成为周人骄傲的资本。

《周颂·烈文》：绵里藏针的明君——周成王

武王姬发战胜了暴君商纣王，完成了这项伟大的事业。在克殷三年之后，周武王心力交瘁，病重去世。周武王去世之后，他的儿子姬诵即位，是为周成王。

周成王和儿子周康王开辟了西周历史上著名的盛世——成康之治。周成王的母亲邑姜，是姜太公的女儿，所以周成王也是太师姜太公的外孙。

周成王这位少年天子，一上任就遭遇了重大危机。

原来，周武王去世前，考虑到周成王年纪小，所以委托周公旦处理国政。周公是周成王的亲叔叔，能力出众，但权柄落在周公手中，引起了周公其他兄弟——管叔、蔡叔的嫉恨。他们联合自己监视的对象——武庚发动叛乱。武庚，是商纣王之子，管叔、蔡叔此举，是站到了周人的对立面，和敌人联合在了一起。这是将个人利益凌驾于国家利益之上，这场叛乱被历史上称为三监之乱。

叛乱的结果，是周公奉周成王之命，亲征平叛，杀掉了武庚和管叔，流放了蔡叔。周公让商纣王的长兄微子继承殷商后嗣，在宋地建立了国家。在三监之乱中最先报告消息并参加平叛的康叔，被周公封在了武庚原先统治的地区，国号是“卫”。卫国成为殷商遗民的聚居地，康叔也就是历史上卫国的开国君主——卫康叔。

周公摄政六年，兢兢业业，为西周制礼作乐，奠定西周强盛的基础。周公的努力天下百姓看在眼里，《礼记·明堂位》记载：“六年，朝诸侯于明堂，制礼作乐，颁度量，天下大服。”周公获得了天下人的敬服，他将西周各项制度规划到位，却从来不贪图权力。在周成王即位第七年，周公还政于周成王，自己心甘情愿就臣子之位。

为了感谢周公，周成王将周公分封到曲阜，封地方圆七百里，还有革车千乘，并且命令后世鲁公以天子之礼祭祀周公。

年幼即位，周成王遇到周公这位忠心又能力出众的叔叔，而不是管叔、蔡叔那样没能力又野心勃勃的叔叔，周成王是幸运的。

但刚刚拥有天下，又遭遇了三监之乱的西周，根基其实并不稳固。三监之乱中，背叛者管叔、蔡叔和武庚，虽然能力并不出众，却特别能拉拢有野心的人。他们的叛乱，得到了徐国、奄国等东方小国的支持。

奄国，在今天山东曲阜附近，从商朝开始就是东方诸侯中比较有实力的一位。在商朝中期，商王南庚、阳甲都曾经定都于奄。

可想而知，这里的人对于周朝拥有天下，内心有多愤愤不平。所以，在三监之乱中，奄国的国君也起到了推波助澜的作用。周公平定三监之乱后，灭了奄国，并将奄国的国君迁到了蒲姑（山东省博兴县东北）。

平定了国内叛乱，周成王开始建设都城，这也是继承周武王当年的遗愿。周成王的想法，是要在“土中”，也就是四方的中心区域建立都城，以便管理东方的广大地区。

根据《尚书》记载，周成王派召公到洛邑实地考察，召公到了洛邑之后，在洛水北岸规划了城郭、宫室、郊庙等都城组成部分的位置。紧跟着，周公到达洛邑，进行了占卜，结果大吉。周公就将兴建洛邑的地图和占卜结果献给周成王，兴建洛邑的计划得到了周成王批准。

这之后，周公举行了祭祀，发动百姓，经过了大约九个月的奋战，洛邑终于兴建成功。

周成王来到洛邑，召公令诸侯前来朝贺。四方诸侯朝拜周成王，并且向周成王、周公献上玉璋、大弓等礼物，召公向周成王献词。《尚书·召诰》对此有详细记载。召公希望周成王继承先辈遗志，顺应天命，注重自身思想道德建设，祈求上天保佑。召公也明确表示，自己带领诸侯进献礼物，并不是送给周成王的，而是献祭于上天。这样才能得到上天保佑，王位永传。

周成王顺承天命，臣子们也希望周成王戒骄戒躁，努力奋斗。周成王谦虚地表示，自己还是一位年轻的君主，需要召公这样老臣的辅佐，这样才能继承周文王、周武王的事业。

周成王七年，在周公辅佐下，周成王完成了迁都和亲政大礼。

洛邑史称“新邑”，周成王即位后举行了盛大的诸侯会盟，这也是西周历史上第一次。

周成王治理天下时，武能平定叛乱，文能营建新邑。他是一个刚柔并济的君主，对于东方少数民族不断讨伐；对于国内百姓，命令周公制礼作乐，建立各项规章制度。在周成王治理下，天下诸侯宾服，百姓安居乐业。

周成王病重时，担心儿子姬钊不能坐稳江山，就效仿父亲周武王的做法，为儿子选定了辅佐的大臣——召公、毕公。周成王去世之后，儿子姬钊即位，是为周康王。周康王继承了父亲周成王的遗志，他统治时期，也是西周的兴盛时期。历史上用“成康之治”，称呼周成王和周康王这一段太平盛世。

《史记》曾经记载，“故成康之际，天下安宁，刑错四十余年不用”。

这段太平盛世，见证了周成王励精图治的奋斗史。

《周颂·烈文》，就是周成王祭祀祖先时劝诫勉励诸侯的一首诗。武王伐纣时期，天下诸侯不期而会者八百。如今周人享有天下，作为周人最高领袖的周成王，会对这些昔日盟友说些什么呢？

烈文[1]辟公[2]，锡[3]兹祉福。惠我无疆[4]，子孙保之。无封靡[5]于尔邦，维王其崇[6]之。念兹戎功，继序[7]其皇[8]之。无竞维人，四方其训[9]之。不[10]显维德，百辟[11]其刑[12]之。於乎[13]前王不忘！

注释

（1）烈：武功。文：文德。（2）辟公：指参加祭祀的各路诸侯。（3）锡：赏赐。（4）无疆：无穷无尽。（5）封：通“丰”，大。靡：罪恶。（6）崇：立。（7）序：通“叙”，继承祖宗基业。（8）皇：美好，广大。（9）训：教导，服从。（10）不：通“丕”，大。（11）百辟：各路诸侯。（12）刑：通“型”，效仿，楷模。（13）於乎：同“呜呼”，感叹词。

意思是，能文能武的各位诸侯，上天赏赐无穷福祉。赏赐我的恩惠也无穷无尽，子孙后代保有这福气。不要在你们的邦国犯下大错，要一心尊崇周君王。诸侯要感念父祖立下功德，继承祖先功业发扬光大。要保持强盛莫过于招揽贤才，四方才会前来归顺。要保持显赫莫过于施行仁德，各位诸侯无不效仿。呜呼，莫忘周文王和周武王！

细读这首诗，发现周成王在诗歌中不忘周天子对诸侯的约束和鼓励。诗歌前四句，周成王强调了上天赐福，这些诸侯都是因为有功德，才有幸能够参加祭祀。周成王在这儿给各位诸侯画了个大饼，那就是“子孙保之”。

你能参加祭祀，保有诸侯之位并不稀奇，稀奇的是能让子孙后代都享受这个待遇。那应该怎么做呢？

周成王说了，不要在国内铸成大错，要尊崇周天子，要重用人才。铭记先王美德，才能继续立功。简单说，就是记住自己诸侯的身份，尊崇周天子当然是第一位的。学习先辈历史，继续立功，才能保有诸侯之位。

这一番话热情又绵里藏针，周成王不愧是一个天生的王者。虽然年轻，但是他对于国内形势了如指掌，明白怎样用诗一样的语言表达对诸侯的要求。

曾经诸侯建立的功业已经过去，要想继续保有诸侯之位，在场诸位还需要继续努力！

这首诗文字简洁，却内涵深刻，不愧是一代明君之作。

《周颂·臣工》：不懂领导艺术的农业专家，不是优秀的周天子

农业在周人的生活中是独特的存在。

从周人的祖先后稷，到周太王古公亶父，再到季历和周文王等周人伟大的祖先，时序更替，但农业始终是周人的立身之本。正是因为有了擅长农业这个特长，周人才有机会通过勤勤恳恳耕种，一点点扩大势力。在西周时，周人已经开始制造堆肥，让农作物长得更好。那些在农田里忙碌的农民，被称为“庶民”。《诗经》中就出现了很多当时的农作物，比如稻、粱、粟、麦、黍、稷等。

周天子对于农业生产也非常重视，《周颂·臣工》就是周天子耕种劝农的一首农事诗。题目中的“臣工”，是指群臣的意思。

嗟嗟(1)臣工，敬尔(2)在公。王厘(3)尔成(4)，来咨来茹(5)。

注释

（1）嗟嗟：语气词，重复以便加重语气。（2）敬尔：即“尔敬”，敬：勤奋谨慎。（3）厘：通“赉”（lài），赏赐。（4）成：指成就。（5）茹：调度。

意思是，各位大臣官员，应该谨慎对待公事。君王赏赐你们的功劳，需要继续研究调度。

诗歌第一章，是周天子对群臣百工发表讲话。周天子一开始就将工作态度摆到了第一位，他希望各位臣子，能够谨慎对待公务，妥善研究再实行。

这种告诫带有来自上级的提醒，虽然各位大臣工作岗位不同，但工作态度首先要端正。这是周天子对所有官员最基本的要求和希望。

嗟嗟保介（1），维莫（2）之春，亦又何求？如何新畬（3）？

注释

（1）保介：田官。（2）莫：通“暮”。（3）新畬（yú）：田地分类，新是耕种两年的田，畬是耕种三年的。

意思是，保护农田的农官们，现在是暮春时节，你们又有什么要求？新田和畬田如何耕种？

诗歌第二章，周天子对专管农业的官员发出了提问：现在马上到了暮春时节，说说看有什么困难，新田、旧田该如何耕种？

周天子虽然身份尊贵，但的确很重视农业，也是种地的行家，他明白农时的重要性。所以在即将收获的季节，周天子向农官提出了一个与时俱进的管理问题：就要收获了，农官有什么管理办法？

诗歌中的新田、畬田，其实就是要按照土地肥沃程度不同，用不同方法进行耕作。这是周人的先进耕种思想。

於（1）皇来牟（2），将受厥明（3）。明昭上帝，迄用（4）康年（5）。

注释

（1）於：叹词，啊。（2）来牟：麦子。（3）明：成，古代年丰谷熟为成。（4）迄用：终于。（5）康年：丰收的年份。

意思是，啊，今年的麦子长得很好，秋天将获得丰收。明智的天帝在上，保佑我们获得丰收年。

在诗歌第三章，周天子预计到今年会有一个丰收年，这是上天的恩赐。

农业丰收，周人就有了好日子，周天子也为之真切感谢上天。

那么问题又来了，既然要丰收了，如何迎接这即将到来的丰收呢？如何保证下一步工作顺利进行？

命我众人(1)：庤(2)乃钱镈(3)，奄观(4)铚艾(5)。

注释

（1）众人：指农人。（2）庤（zhì）：储备。（3）钱（jiǎn）：农具，铁锹。镈（bó）：农具，类似于锄头。（4）奄观：观察，视察。（5）铚（zhì）：小镰刀。艾（yì）：通“刈”，古代芟草的大剪刀。此指收割。

意思是，众位农夫听命令：准备好铁锹和锄头，查看你们所有的农具。

在诗歌最后一章，周天子希望农夫都准备好收割的农具，迎接即将到来的大丰收。

从这首诗歌可以看出，周天子非常重视农业生产，他提出的问题都是非常关键的，也很专业。他问管理农业的官员，如何管理新田、旧田，如何保证丰收。他发动群众，准备好农具，确保即将到来的收获圆满成功。

从周天子对不同对象的谈话内容来看，他也非常具有领导艺术。对于群臣，周天子谈工作态度要认真，要仔细思考，才能将政策落地；对专业的农官，周天子谈到如何管理农业生产的专业问题，他对于农具也非常熟悉，如数家珍。对于广大农夫，他用丰收鼓舞他们准备好农具，开展收获生作。

虽然不能确定这首诗中的周天子具体是哪一位，但是通过这首诗可以肯定，这位周天子是一位既懂得农业专业知识，又懂如何领导百官的英明君主。

在周朝，不懂领导艺术的农业专家，绝不是一位优秀的周天子。

《周颂·振鹭》：周天子的“客”

周武王克殷成功之后，如何控制众多的诸侯，是一个需要用智慧来思考的重大问题。周武王采用的方法是建立分封制。其实分封制并不是周武王首创，早在商代，我国就已经出现了分封制，周武王的父亲周文王就被封为西伯侯。

周武王在灭商后，进行了大规模的分封，享受到分封待遇的，包括王室的子弟和西周功臣，也包括夏、商前代的遗民。比如，周武王就将商纣王之子武庚分封到了殷。三监之乱爆发后，武庚作为罪魁祸首被周公诛杀，周成王改封商纣王的兄长微子到宋地，继承殷商祭祀。

周武王也曾经派人寻访大禹的后人，找到了东楼公，他将东楼公分封到了杞，传承夏朝祭祀。

这并不是周武王对敌人心慈手软，而是展现周武王从一方诸侯升格成为周天子之后的博大胸怀，这种仁慈让诸侯心服口服。

身为一方诸侯，在国内有世袭统治权，也要向国家尽义务。诸侯首先要服从周天子的命令，还要向周朝廷缴纳朝贡和服从劳役安排，并且为周天子把守边疆。一旦发生战争，诸侯要听从周天子的命令，跟随周天子作战。

“分封制”就是古代汉语中“封建”最初的含义。

在太平时期，诸侯朝见周天子，参加周天子举行的祭祀，就是一项重大的活动。

《周颂·振鹭》这首诗歌，记录的就是周天子设宴款待前来镐京参加助祭的诸侯的乐歌。

振[(1)]鹭[(2)]于飞，于彼西雝[(3)]。

〖注释〗

（1）振：鸟群飞翔的样子。（2）鹭：白鹭。（3）雝（yōng）：同雍，湿地，沼泽。

意思是，一群白鹭在天空翱翔，它们落在那西边的大泽。

诗歌开始描写了一群白鹭在天空飞翔的场景。白鹭浑身白羽，姿态优雅。白鹭翩翩而起，营造了一个祥和、文雅的气氛。这也是《诗经》中常见的起兴手法。

我客戾止[(1)]，亦有斯容[(2)]。

〖注释〗

（1）戾：到。止：助词。（2）斯容：指白鹭高洁的仪容。

意思是，我有嘉宾来到，也有像白鹭一样高洁的仪容。

诗人的笔端从天上翩翩起舞的白鹭，写到了前来参加祭祀的诸侯。诗人用“客”来形容参加祭祀的诸侯，这也是当时的实际情况，周天子以“客”招待诸侯，而不是作为臣子。《毛诗序》对此的解释是，“《振鹭》，二王之后来助祭也。”显然，能够从当年周武王分封的诸侯中荣获

“客”的称呼，而且是“二王”，应该就是周武王最早分封的虞、夏、商三家中的后代其二。至于到底是不是夏、商后人，后来的评论家对此争论不休。

无论来者是谁，可以看出他们地位尊贵，或许他们的祖先曾经与周人为敌，但是经历了岁月淘洗，他们获得了在周人领地继承先祖祭祀的身份。

周天子对“客”的评价如何呢？

他说这位客如同白鹭，“亦有斯容”。可见这位“客”，仪表不凡，超凡脱俗。

在彼(1)**无恶**(2)**，在此无斁**(3)。

注释

（1）彼：指前来参加祭祀的诸侯在本国。（2）恶：怨恨。（3）斁（yì）：厌恶，厌倦。

意思是，这位嘉宾在封国无人怨恨，在这里也没人讨厌。

诗歌第三章，诗人对“客”的品行进行了赞叹，这位“客”，无论是在封国还是在镐京，都获得众人交口称赞。这位客人外表优雅，品德高尚，是由外及内的优秀。

庶几夙夜(1)**，以永终誉**(2)。

注释

（1）夙夜：早起晚睡，忙于公务。（2）终：通“众”。誉：美名，盛誉。

意思是，劝告嘉宾夙兴夜寐勤于政事，以此长久保持美名。

在诗歌最后一章，诗人勉励前来参加祭祀的“客”，要继续谨慎努力，这样才能美名永传。

这首诗不长，却呈现了一派祥和氛围。周天子祭祀先祖，诸侯来助祭的活动，也成了周天子与诸侯联络感情，提出更高要求的良好时机。

从周天子对“客”的描述，以及那些勉励的话，可以看出周天子是希望以德服人的。他一定继承了周文王“维天之命，於穆不已”的美德。这位周天子能看到诸侯的优点，又不吝惜赞美之词，还能以此激励诸侯要更加勤勉，获得更好的美誉。

从这一点看，《振鹭》是周天子从行动上对《周颂·维天之命》的一次遥远的回应。

《周颂·闵予小子》：论幼年周成王祭祀的三种情绪

周成王作为“成康之治”的开创者，在历史上留下了英明君主的美名。他对敢于背叛自己的管叔、蔡叔，还有东部诸侯都实行了雷霆手段，他对于西周百姓，则命令周公“制礼作乐”，以德服人。周成王是一个内心极为强大，坚持原则又懂得体恤百姓的明君。

但在即位之初，即便他的爷爷是周文王，父亲是周武王，他的外祖父是姜太公，当时幼小的他，能够仰仗的却只有叔叔周公一人。

身为尊贵的周天子，却也是一个年幼的孤家寡人。周成王刚即位时，内心也是脆弱敏感的。

《周颂·闵予小子》这首诗，就是周成王三年，为父亲周武王服丧期满，前去宗庙祭祀周文王和周武王的诗歌。

从这首诗，我们可以看到年幼周成王的内心世界。

闵(1)予小子(2)，遭家不造(3)，嬛嬛(4)在疚(5)。於乎(6)皇考(7)，永世克孝(8)。

注释

（1）闵：通“悯”，可怜，怜悯。（2）小子：指周成王对先祖自称。（3）不造：不幸。（4）嬛嬛：同“茕茕”，孤独无所依的样子。（5）疚：悲痛，悲伤。（6）於乎：同“呜呼”，表示感叹。（7）皇考：指周成王的父亲周武王。（8）克孝：尽孝道。

意思是，可怜我这小孩子，遭遇家门不幸，孤独无援忧伤悲痛。呜呼，我的父亲周武王，终身能够尽孝道。

在诗歌第一章，诗人完全抛弃了周天子的尊贵身份，就是一个遭遇不幸的小孩子向去世的爷爷和父亲哭诉。年纪幼小，父亲去世，自己孤身一人，内心忧伤，惶恐不安。

周成王虽然年纪小，毕竟是周天子。他没有去详细诉说自己的内心世界，即位后面临的困境，身边虎视眈眈的各位叔叔和各路诸侯，他都没有说。诗人只是说，“嬛嬛在疚”。种种复杂的情绪，如不安、伤心、困惑、害怕、迷茫，都包含在这一句诗中。

爷爷和父亲虽然英明强大，现在却去世了，只留下孤苦无依的自己，那么自己究竟要怎么办？应该如何掌管这个庞大的国家，如何应对眼前的危机？

诗人的情绪很快过渡到了下一阶段，就是对父亲的羡慕。羡慕父亲可以终身尽孝道。

这里其实是一个孩子本能的希望，希望自己的父亲还在自己身边，保护自己，去承担周天子的重任。

毕竟，眼下周成王要承担的太沉重了，完全不是一个孩子应该承受的。

念兹皇祖(1)，陟降(2)庭止(3)。维予小子，夙夜敬止(4)。

注释

（1）皇祖：指周成王的祖父周文王。（2）陟（zhì）降：上下，往来。

（3）庭：正直。止：语气词。（4）敬：谨慎勤奋。止：语气词。

意思是，感念我的皇祖周文王，事天治国有道行。我虽然是个小孩子，却夙兴夜寐勤于政事。

在诗歌第二章，诗人从悲伤无助的情绪中摆脱了出来，他又恢复了理智。诗人感念先王，也就是自己的祖先带领周人创造了这个伟大的国家，而自己年幼即位，决心夙兴夜寐，勤勉继承先人的事业。

这就不能不令人叹服了。

在人生遭遇困境，遭遇重压的时候，年幼的周成王和普通孩子一样会害怕，会担心，也会胡思乱想。但他不会放任这种负面情绪的肆虐，而是很快在思考，自己应该怎么办。

其实，在诗歌第二章，诗人还在隐秘地强调一件事，那就是周成王即位，是正统。诗人感念先王振兴大业，创造了西周，那么周成王顺承先祖和先父的事业，自然是顺理成章。

即便悲伤无助，周成王依然不忘强调自己周天子的地位具有合法性。能够利用祭祀这么庄严、悲痛的时刻宣扬主权，这还不是天生的政治家吗？

既然周成王即位合情合理合法，那么敢问天下臣民，你们还要作乱犯上吗？

於乎皇王（1），继序（2）思（3）不忘。

注释

（1）皇王：指先王。（2）序：通“绪”，事业。（3）思：助词。

意思是，呜呼，列位先王，我将永继大业誓不敢忘。

诗歌第四章，是周成王在先王灵前发誓，要继承先祖事业，誓不敢忘。

这其实也是在昭告天下，虽然我年龄小，但是我的周天子之位得来是正统，也绝对不会放弃。那么，那些曾经辅佐过周文王、周武王的大臣，你们德高望重，你们准备如何选择？

读这首诗，可以看到周成王作为一个孩子身处人生困境的悲痛无助，看到他对父亲和爷爷的思念。

周天子的桂冠虽然光彩夺目，对于一个年幼的孩子来说，却太沉重了。

然而，年幼的周成王已经具有了政治家的风范，懂得悲伤要适可而止，懂得利用祭祀这样宏大肃穆的场面，申明自己权力的合法性，也懂得暗示天下臣民，要像效忠自己的爷爷和父亲一样效忠于自己。

有这样的能力，又有继承先王事业的坚定决心，周成王的成功，其实是板上钉钉，指日可待的。

《周颂·载见》：诸侯第一次朝见周成王

周成王这位西周的英明君主经历了幼年丧父，承担了和自己年龄不相符的重任。在《周颂·闵予小子》这首诗中，周成王向去世的祖父和父亲哭诉自己的孤苦无依，也立下了继承先辈事业的宏伟志向。

“三监之乱”，是周成王即位后国家矛盾的一次爆发。这次战争之后，西周社会步入了比较平稳发展的阶段。周公摄政期间，制礼作乐，奠定了西周发展的基础。

有一个成语——周公吐哺，生动说明了当时周公的确尽心尽力辅佐周成王。

周成王将鲁国土地封给周公的儿子伯禽。周公告诫儿子说：“我是周文王的儿子，周武王的弟弟，周成王的叔叔，在全天下人眼中，我的地位不低。但我却洗一次头要多次中止握起头发，吃一顿饭要多次停下来，起身接待贤士，这样还怕失去天下贤人。你到了鲁国之后，千万不要因为有了封国而在国人面前骄横无礼。”

这段话是周公教导儿子伯禽代替自己到鲁国受封时说的。

也多亏周公这样的顶尖人才全力以赴，才能交给周成王一个已打下坚实基础的大周。

周公摄政第七年，就还政于周成王。

周成王亲政之时，西周的各项规章制度完备，国力强盛，所以举行了一次大规模的诸侯朝见周成王活动。《周颂·载见》就是记录这件大事的一首乐歌。

载[(1)]见辟王[(2)]，曰[(3)]求厥章[(4)]。

注释

（1）载（zài）：开始。（2）辟王：指周成王。（3）曰：同“聿”，发语词。（4）章：国家典章制度，这里指车服礼仪制度。

意思是，诸侯第一次朝见周成王，求赐新的典章制度。

在诗歌第一章，诸侯就说明了这是第一次朝见周天子，他们的目的，就是希望周天子将新的典章制度颁发给他们。

这说明诸侯已经认可了周成王这位少年天子，而且愿意遵从周成王颁布的规章制度。整个大周人心凝聚，即将出现国泰民安的大好局势。

龙旂[(1)]阳阳[(2)]，和铃[(3)]央央[(4)]。

注释

（1）龙旂（qí）：画有蛟龙图案的旗。（2）阳阳：色彩鲜明。（3）和铃：挂在车子扶手横木前面的铃铛。（4）央央：铃声非常有节奏感。

意思是，蛟龙旗帜颜色鲜明，车前和铃叮当作响。

在严重祥和的气氛下，诗人心情愉快，看到了队伍中的蛟龙旗帜，听到了车上的铃铛作响。这场面是隆重又威风的。未见其人，先闻其声；未见其人，先看到车队的旗帜。这隆重热烈的场面描写，让读者对于即将开始的朝见场面充满好奇。

鞗革[(1)]有鸧[(2)]，休[(3)]有烈光[(4)]。

注释

（1）鞗（tiáo）革：马缰绳头上的铜饰。（2）鸧（qiāng）：铜饰精美的样子。（3）休：美。（4）烈光：光彩夺目。

意思是，马辔铜饰好精美，美丽夺目闪光芒。

诗人的视线从高处的旗帜转向了马辔，这马辔是铜质的，不但精美，而且光彩夺目。这种视线的转换说明诸侯前来朝见的队伍越走越近了。而马辔的精致，也说明各路诸侯都非常重视与周成王的第一次朝见典礼，精心准备。

率[(1)]见昭考[(2)]，以孝以享[(3)]。

注释

（1）率：率领。（2）昭考：皇考，指周成王的父亲周武王。（3）享：和“孝”都是献祭的意思。

意思是，周成王率领诸侯祭拜先王，献上祭品恭敬献祭。

诗歌进入了第二层意思，周成王带领诸侯祭拜先王。

以介(1)眉寿，永言(2)保之。

注释

（1）介（gài）：通“匄”，求。（2）永言：永焉，长久的样子。

意思是，祈求神灵赐福长寿，永保大周国泰民安。

在这一章写到祭祀的目的，第一就是希望长寿，这长寿不光是个人意愿，也是周天子希望更长久地保佑天下。

思(1)皇多祜(2)，烈文(3)辟公(4)。

注释

（1）思：发语词。（2）祜：福气。（3）烈文：文武兼备。（4）辟公：指参加祭祀的各路诸侯。

意思是，请求上天赐予无穷福祉，各路诸侯文武兼备。

诗歌第六章，诗人祈求上天保佑，让诸侯都能够文武兼备。这其实也是周天子对于诸侯个人素养和工作能力的一种期盼。

绥(1)以多福，俾(2)缉熙(3)于纯嘏(4)。

注释

（1）绥：赏赐。（2）俾：使。（3）缉熙：光明。（4）纯嘏（gǔ）：大福。

意思是，先王赏赐你很多福祉，使你事业光明福气大。

在诗歌最后，诗人用六言的变体请求上天赐福于诸侯。只有诸侯都多福，大周才能安定，才能蓬勃发展。

这首诗虽然很短，却展现出诸侯第一次朝见周成王时的真实景象。对比《周颂·闵予小子》中周成王即位时的孤独无助，可见周成王已经实现了自己对祖先的承诺，获得了诸侯认可，成了大周当之无愧的明君。

周成王虽然在这首诗中并未现身，但他却如同一个隐身的重要人物，看着诸侯恭恭敬敬前来参拜，看着诸侯在大周的文明礼仪面前心悦诚服。

这局面的背后，周成王包括周公付出了多少努力，就只能留给后人想象了。

《周颂·载芟》：周人的好日子，是靠双手创造得来的

作为农业起家的周人，农业让周人在付出辛苦劳动之后能够丰衣足食，也让周人具有勤劳、踏实的品格。在《诗经》中，就收录很多记载农业的诗歌，这也代表了周人对于农业的重视。

《周颂·载芟》，就是一首记录农作物从春天播种到夏天成长，再到秋天收获，人们终于迎来冬天祭祀的诗歌。

载芟[(1)]载柞[(2)]，其耕泽泽[(3)]。千耦[(4)]其耘[(5)]，徂隰[(6)]徂畛[(7)]。

注释

（1）芟（shān）：在田里割掉杂草。（2）柞：砍伐树木。（3）泽泽：通“释”，土地松散湿润的样子。（4）千：不是确切数字，是虚指，意思是多。耦：两个人并耕。（5）耘：清除田地里的杂草。（6）徂：去。隰（xí）：低湿的土地。（7）畛（zhěn）：农田里的小路。

意思是，割掉田中的野草砍掉树木，翻耕田地让土地松散。众人肩并肩来耕耘，低处和高处的土地都耕好。

诗歌开篇前四句，诗人描绘了一幅宏大的劳动场面。这次劳动的主题是除草翻地，为耕种做准备工作。这样平平无奇的劳动场面，却非常宏

大，诗人说是“千人”，当然这是一个虚指，意思是很多人。众人都去田地劳动，去哪儿呢？洼地和坡地。也就是说，所有的土地，不分好坏，这次都要将杂草、树根除干净。

从劳动的人数和劳动的场地，可见周人对于这次劳动的重视。这么多人一起劳动，要在耕种之前，将所有的土地都翻整好。

周人种地踏踏实实，绝不会投机取巧。他们不放过任何可以耕种的土地，因为他们深知，今日的辛苦劳作，将会带来日后的丰硕收获。

侯(1)主(2)侯伯(3)，侯亚(4)侯旅(5)，侯彊(6)侯以(7)。有嗿(8)其馌(9)，思(10)媚其妇，有依其士。

注释

（1）侯：助词。（2）主：一家之长。（3）伯：指家里的长子。（4）亚：介于长子与幼子之间的孩子。（5）旅：家里幼小的子弟们。（6）彊：同“强”，指身体强壮帮助种地的人。（7）以：雇工。（8）有嗿（tǎn）：指大家一起吃饭的声音。（9）馌（yè）：送给在地里劳动者的饭。（10）思：助词。

意思是，一家之主带着家中长子来，家里的兄弟和晚辈也一起到，家里的壮劳力和雇工都一起来。大家在田里吃饭好热闹，看那柔顺温婉的女子，慰劳为她耕种田地的男人。

在诗歌第五句到第十句，诗人写到了前来参加劳动的人，有一家之主，也有家里的儿子们，有雇工还有来送饭的媳妇。可谓是全家男女老少齐上阵。这也是对于刚才千人并肩劳动的一个回应。这些人在地里吃饭，展现出一幅生动的画面。

为什么会有这么多人？

因为所有的人，不分男女老幼一起上阵了。可见周人对这次劳动的重视，一个都不能少，有多大力量出多大力量。

有略[1]其耜[2]，俶载[3]南亩[4]，播厥百谷，实函[5]斯活。

注释

（1）有略：即略略，很锋利的样子。（2）耜（sì）：用来翻土的农具。后来发展为犁。（3）俶（chù）：开始。载：翻起地里的草，将野草埋到地下。（4）南亩：向阳的田地。（5）实：谷物的种子。函：包含。

意思是，耜的利刃好锋利，开始先翻向阳的那块地。各种谷物先播种，种子被泥土包裹生机旺盛。

诗歌第十一句到第十四句，诗人写到了播种。

工欲善其事，必先利其器。这宏大的劳动场面中，劳动者使用的工具是耜，而且是非常锋利的。人们用这么先进的劳动工具，干起活儿来一定是事半功倍的。

他们用耜翻起了草，把整个地都翻了一遍，然后播下了种子，颗粒饱满生机旺。

驿驿[1]其达，有厌[2]其杰[3]。厌厌[4]其苗，绵绵其麃[5]。

注释

（1）驿驿：朱熹《诗集传》：“苗生貌”。（2）有厌：“厌”通““餍””，美好。（3）杰：长的高的小苗。（4）厌厌：即“稖稖”，形容禾苗茂盛的样子。（5）麃（biāo）：谷穗。

意思是，谷子小苗钻出土地，禾苗茂盛生机旺。禾苗茂盛好整齐，谷穗绵绵把头低。

诗歌第十五句到十八句，诗人写到了农作物发芽生长。诗人用细致的笔触写到种子破土而出，禾苗生机盎然，越长越茂盛，谷穗渐渐垂下了头。这是一个生命萌发壮大的过程，也是让所有的农人们看到之后喜悦的过程。

中国有句老话，“有苗不愁长。”

禾苗茂盛生长，收获在望。

载获济济(1)，有实其积(2)，万亿(3)及秭(4)。

注释

（1）济济：形容人很多。（2）积：露天堆放。（3）亿：十万。（4）秭：一万亿。

意思是，收获的粮食真是多，粮食堆满了打谷场，成万上亿数不清。

周人迎来了期盼已久的丰收。丰收的谷子堆满了打谷场，数也数不清。这丰收的场面，是周人期盼已久的，也是他们用辛苦劳动换来的。

为酒为醴(1)，烝畀(2)祖妣，以洽(3)百礼。有飶(4)其香，邦家之光。有椒(5)其馨，胡考(6)之宁。匪且有且，匪今斯今，振古如兹。

注释

（1）醴：甜酒。（2）烝（zhēng）：进献。畀：给予。（3）洽：合，合于礼仪使用。（4）飶（bì）：食物发出的香味儿。（5）有椒：指祭祀用酒的香气。（6）胡考：长寿，这里指老人。

意思是，粮食酿成美酒和甜酒，献给先祖去品尝，以此供应各种礼仪祭祀用。祭祀的佳肴散发清香，这是邦国的荣光。祭祀用的椒酒香气醇厚，祝福家族老人长寿安宁。此事不独此地有，非独今年庆丰年，自古以来就是如此。

在诗歌最后，诗人写到周人要庆祝大丰收。他们酿酒、祭祀，让祖先来分享自己丰收的喜悦，庆祝国家的兴旺发达，祝福老人安康。他们期盼这样的好日子可以万古流传。

这首诗从盛大的翻土开始，用生动笔触写到了周人的播种、农作物的生长、丰收，周人为庆祝丰收进行的酿酒和祭祀。周人的祖先，就是这样在广大的原野上辛勤耕作，周人的好日子是靠双手创造得来的。

中华民族伟大的民族性格，勤劳、坚韧、踏实，可见一斑。

在垄亩之中，周人撒播种子，也播撒下了属于中华民族的未来。周人期盼大丰收“振古如兹”，这种凭借辛勤劳动博得美好生活的期盼，也传递到了几千年后的今天，亘古不变。

《鲁颂·泮水》：诸侯骑墙第一名

《鲁颂》是《诗经》三颂之一，共四篇。由于周公在周武王去世后成为西周的中流砥柱，不但打败了犯上作乱的管叔、蔡叔和武庚，还制礼作乐，为西周的发展奠定了基础，所以周成王将周公封在鲁。也是由于周公对于西周功勋卓著，所以“鲁”虽然是诸侯并非周王室，也是可以有“颂”的。

在《鲁颂》四首中，《閟宫》和《泮水》都是歌颂鲁僖公的。鲁僖公究竟是何许人也，为什么能够在《鲁颂》中独占鳌头?

说到鲁僖公，就不能不提到他的父亲鲁庄公和历史上大名鼎鼎的鲁国“三桓”。

鲁庄公是鲁国第十六任国君，虽然有上进心，但是为人并不明智。当时，齐国的公孙无知弑君自立。后来公孙无知也被齐国人杀死，剩下的两位公子就开始了争夺齐国君侯之位的比赛。

这场历史上著名的跑步比赛，是比谁跑得快先回到齐国，谁就能即位，成为齐国新一任君主。

鲁庄公支持流亡在鲁国的公子纠，而公子纠的对手，就是历史上大名鼎鼎的公子小白，也就是后来的齐桓公。虽然公子纠当时有管仲这个智囊，但还是失败了。

公子小白即位之后，齐国和鲁国因此结怨，爆发了乾时之战。结果鲁国战败，鲁庄公不得不处死了公子纠，还将管仲送回了齐国。

公元前684年，齐鲁又爆发了长勺之战，这次鲁庄公听从曹刿的论断，击败了齐国。《左传》中的名篇《曹刿论战》，记载的就是这件事情。

三年后，齐国和鲁国的柯地会盟，多次战败的鲁国将军曹沫劫持了齐桓公，迫使齐桓公归还抢占鲁国的土地，齐国和鲁国签订了盟约。从此之后，齐国和鲁国关系才得以缓和。

从鲁庄公在位的种种迹象表明，他并不是一个明君。

鲁庄公三十二年，鲁庄公忽然病重。按照当时的规定，本来应该是嫡长子继承鲁国，但鲁庄公的夫人哀姜没有孩子，只能立哀姜妹妹叔姜的儿子——公子开为世子。但是鲁庄公是个偏心眼的父亲，他希望立宠爱的孟任生的儿子——公子般为世子。

鲁庄公有三个弟弟，分别是庆父、叔牙和季友。鲁庄公于是找到叔牙，问他谁可以继承鲁国君位？

叔牙回答说："父死子继，兄死弟及，这是鲁国的习俗。现在有庆父，还担心什么？"

这个答案是鲁庄公想不到的，原来叔牙支持庆父。鲁庄公没办法又去问季友，季友马上回答，说他宁死也要拥护公子般即位。

鲁庄公一看季友支持自己，马上将叔牙的想法告诉了季友。

季友于是找到叔牙，强迫叔牙喝下毒酒，说如果喝了，可以不杀你的后人。不然你死了，你的后人也得被杀。从这一点看，季友是真正的狠角色，拥护鲁庄公，而且杀伐决断。

叔牙没办法，就喝下了毒酒。鲁国于是立叔牙的后人为叔孙氏。

到了八月份，鲁庄公去世了。季友按照鲁庄公的遗命，立公子般为继承人。

但谁都想不到，庆父虽然不作声，早就有了计划。庆父挑拨曾经挨过公子般打的一个人，叫"荦"，杀死了公子般。

庆父心机深沉，为了避嫌，让公子开即位，是为鲁闵公。季友知道这件事情一定与庆父有关，就出奔到了陈国。庆父为了洗刷自己的嫌疑，也出奔到了齐国。在这之前，庆父已经和鲁庄公夫人哀姜私通，为了让庆父得到鲁国，两个人合谋杀死了鲁闵公。

庆父夺得了鲁国大权，季友只能带领公子申逃到了邾国。

庆父在鲁国胡作非为，激起了众怒，老百姓揭竿而起，庆父只能逃到了莒国。公元前659年，公子申在季友帮助下重回鲁国即位，是为鲁僖公。

庆父、叔牙和季友，就是后来掌握鲁国大权的孟孙氏、叔孙氏和季孙氏的始祖。

鲁僖公在担惊受怕中即位，当时的鲁国乱作一团。

但鲁僖公本人很精明，他利用三桓和鲁国其他大臣的矛盾互相牵制，逐渐让鲁国走上了发展正轨。

当时周边局势也非常有利于鲁国发展。

鲁僖公十六年，季友去世，鲁僖公已经将朝政牢牢掌控在自己手中。一年后，齐桓公去世，这之后十年，春秋的主旋律就是晋楚争霸。

晋国和楚国争霸，苦了这些小国家。

最倒霉的当数郑国，晋国和楚国都想通过征服郑国，证明自己的霸主地位。然而在这十年中，鲁僖公却能够抓住时机，让鲁国飞速发展，这不能不说是鲁僖公的智慧所在。

鲁僖公趁机攻下了周围的小国家，比如邾国。他经过分析，发现楚国实力不俗。而齐国是鲁国的老对头，鲁僖公于是联合楚国。

公元前634年冬天，鲁国联合楚国攻打齐国，并且将齐桓公的儿子公子雍安置到了攻下的穀地。一旦时机许可，鲁僖公就会实现对齐国的掌控。

在决定霸权的城濮之战中鲁僖公也非常聪明，避免了盲目站队，给鲁国带来不可控风险。

当时和楚国关系很好的卫国，已经成了晋楚交战的战场，假如鲁国站错了队，楚国胜了还好说，毕竟有曾经的交情。如果楚国败了呢？鲁僖公做出了让天下诸侯为之佩服的决断：他杀了鲁国大将公子买，告诉晋国，本国的公子买私自带兵攻打贵国，这与国君无关；一转身，鲁僖公又告诉楚国，公子买作战不力，不能好好协助楚国，已经被国君斩首了！

多亏了当时信息交流不发达，所以这个“骑墙”的说法，居然没有被戳穿。当诸侯们都被城濮之战裹挟其中，浴血厮杀的时候，鲁僖公用公子买的性命，换得了鲁国的平安。

等到晋文公大获全胜，形势明朗，鲁僖公大大方方参加了晋国主持的践土会盟，摇身一变，成了战胜国之一。

鲁国不但避免了损失，甚至还瓜分了战败国——卫国的济西之田。

鲁僖公可谓诸侯骑墙第一名。

虽然他的行为并不正大光明，但是却为鲁国争取了在夹缝中生存的空间，为鲁国的老百姓争得了最大利益，当然为鲁国百姓赞颂。

《鲁颂·泮水》是鲁国人对鲁僖公战胜淮夷的热烈赞颂。淮夷不是一个国家，而是春秋时期的一个民族。淮夷居住的地方比较分散，大约居于淮河流域。陈梦家先生曾经考证，认为卜辞中的“霍夷”“北隹夷”就是“淮夷”。

《左传》中关于鲁僖公与淮夷的记载有两处，一是在鲁僖公十三年记载，“夏，会于咸，淮夷病杞故，且谋王室也。”意思是，夏天的时候，鲁僖公和齐桓公、宋襄公、陈穆公、卫文公、郑文公、许僖公、曹共公在咸地会见，这是由于淮夷让杞国感到担心，同时也为了商议如何让周王室安定。

第二处是《左传·僖公十六年》记载：“十二月会于淮，谋鄫，且东略也。城鄫，役人病，有夜登丘而呼曰：‘齐有乱！’不果城而还。”意思是，十二月，诸侯在淮地见面，商议鄫国的事，并且打算向东征讨。为了给鄫国修筑城墙，服役的劳工疲惫不堪。有人晚上登上小山高声呼喊："齐国发生了动乱！"于是，各诸侯没修完城就各自回国了。

从这两处记载中可以看出，淮夷这个具有侵略性的民族，对于周围的诸侯已经形成了威胁，诸侯经常会联合起来考虑对付淮夷。鲁僖公十六年记载的"且东略也"，诸侯联合攻打的就是侵略鄫国的淮夷。

作为经历了庆父之乱的鲁国民众，看到鲁僖公能够成为诸侯中伸张正义的一员，内心是充满骄傲的。鲁国人寄希望于鲁僖公，希望他能够带领鲁国，走向辉煌的道路，所以他们赞颂能够挺身而出、攻打淮夷的鲁僖公。于是，就有了《泮水》这首诗歌。题目中的"泮水"是水名，清代思想家戴震在《毛郑诗考证》中写道："泮水出曲阜县治，西流至兖州府城，东入泗。"

思(1)乐泮水，薄(2)采其芹。鲁侯戾止(3)，言(4)观其旂(5)。其旂茷茷(6)，鸾(7)声哕哕(8)。无小无大，从公于迈(9)。

注释

（1）思：发语词，不译。（2）薄：助词。（3）戾：到。止：助词。（4）言：助词。（5）旂（qí）：画有龙形图案的旗。（6）茷茷（pèi）：迎风飘扬的样子。（7）鸾：通"銮"，车铃铛。（8）哕哕：铃铛发出的和鸣声。（9）迈：走路。

意思是，泮水真是令人愉快，来到泮水边采摘水芹菜。鲁侯莅临泮水旁，看到那龙旗在飘扬。龙旗飘扬随风舞，车上铃铛在和鸣。跟随的官员不分尊卑，随着鲁侯向前行进。

这首诗一共八章，在第一章，诗人写到鲁侯来到泮水的景象，泮水令人快乐，鲁侯的仪仗队有威武的龙旗迎风招展，耳边能听到马儿脖子上清脆的铃声，再看鲁侯身边的官员，不分职位高低，一个个都感到自豪光荣。

这是诗人对鲁侯出场之前的氛围渲染，泮水风景优美，跟随鲁侯的队伍威武又自豪。

思乐泮水，薄采其藻。鲁侯戾止，其马蹻蹻(1)**。其马蹻蹻，其音昭昭**(2)**。载色**(3)**载笑，匪怒伊教。**

注释

（1）蹻蹻（jué）：形容马强壮的样子。（2）昭昭：形容声音洪亮。（3）色：指面容和蔼。

意思是，泮水真是令人愉快，来到泮水边采摘水草。鲁侯莅临泮水旁，驾车的马儿好强壮。那些马儿好强壮，他的声音很洪亮。他面容和蔼好亲切，对待臣子不发怒而是耐心教诲。

在诗歌第二章，这首诗的主人公——鲁侯闪亮登场。在诗人看来，鲁侯很有风度，声音洪亮，面容和蔼，就连他的马都很健壮。鲁侯对自己的臣民不是发怒，而是进行耐心教导。

这不光是在描写一位明君，更是诗人在从仪表、形象和言行举止多方面介绍这位鲁侯，同时发出来自内心的真诚赞美。

思乐泮水，薄采其茆(1)**。鲁侯戾止，在泮饮酒。既饮旨酒**(2)**，永锡**(3)**难老。顺彼长道，屈此群丑**(4)**。**

注释

（1）茆：即今日的莼菜。（2）旨酒：美酒。（3）锡：同“赐”。（4）群丑：指淮夷。

意思是，泮水真是令人愉快，来到泮水边采摘莼菜。鲁侯莅临泮水旁，在泮水河畔饮美酒。美酒甘甜入胸怀，天赐不老长春在。顺着这条长长的大道，征服那进犯的淮夷。

在诗歌第三章，诗人写到了鲁侯在泮水与众人饮酒。众人心悦诚服，祝福鲁侯永远不会老，用现在的话说，就是永葆青春。最后一句，诗人写到要顺着这条大道，抵御敌人进犯。

这也说明，大家和鲁侯在泮水聚会，其实就是为了打败敌人。

穆穆(1)鲁侯，敬(2)明其德。敬慎威仪，维民之则。允文允武，昭假烈祖(3)。靡有不孝，自求伊祜(4)。

注释

（1）穆穆：举止庄重肃穆的样子。（2）敬：努力。（3）烈祖：同“列”，指鲁侯的祖先周公旦、鲁公伯禽。（4）祜：福祉。

意思是，鲁侯行为很庄重，努力修行个人品德。他谨慎行事很威严，是人民心目中的好榜样。能文能武本领强，请来先祖神灵到此地。事事效仿他先祖，自我行动求得上天降福祉。

诗歌第四章，诗人对鲁侯大发赞颂，他赞美鲁侯为人仁厚，注重礼仪。鲁侯文治武功都很优秀，这完全是对于祖先——周公和鲁公伯禽的效仿。

诗人赞美鲁侯的文治武功，同时也回顾了鲁侯先祖的光辉历史，毕竟当年周公付出了全部心血为大周奠定了发展基础，而后才被周成王分封到鲁。

身为周公的后人，怎么敢不学习祖先，做一个英明的诸侯呢？

明明(1)**鲁侯，克明其德。既作泮宫，淮夷攸服。矫矫**(2)**虎臣，在泮献馘**(3)**。淑问如皋陶**(4)**，在泮献囚。**

注释

（1）明明：同“勉勉”，勤勉的意思。（2）矫矫：勇敢威武的样子。（3）馘（guó）：古代战争后割下敌人左耳，以此计算杀敌数量，进行奖励。（4）皋陶（yáo）：尧时负责刑罚的官员。

意思是，鲁侯勤勉来治国，努力修行个人品德。已经修建好了泮宫，收服淮夷完成心愿。手下将士威猛如虎，就在泮宫举行献馘。擅长审问的法官如同皋陶，就在泮宫进行献俘。

在诗歌第五章，诗人写到了鲁侯的“武功”。鲁侯修明品德，征服了淮夷。就在泮宫，武将进行了献馘，论功行赏。那些管理刑狱的官员，也在泮宫献囚。

这写到了鲁侯雷厉风行、杀伐决断的一面。但鲁侯并不是亲自上阵杀敌，他拥有一支能力强的武将、文官队伍。是这些武将带领着将士们上阵杀敌，获得了胜利。文官又能很好地配合处理俘虏安置事宜。

这些表明鲁侯有高超的管理艺术。

济济多士，克广德心。桓桓[(1)]于征，狄[(2)]彼东南。烝烝皇皇[(3)]，不吴不扬[(4)]。不告于讻[(5)]，在泮献功。

注释

（1）桓桓：威武的样子。（2）狄：征服。（3）皇皇：众多的样子。（4）吴：喧哗。扬：高声喧哗。（5）讻：讼，指因为争夺功劳而互相指责。

意思是，鲁国将士人才济济，鲁侯发扬仁德之心。军队出征威风八面，征服那东南方的敌人。场面雄浑气势大，没有喧哗和嘈杂。互相不为争功吵闹，就在泮水献俘展战功。

诗歌第六章，诗人写道由于鲁侯仁德治国，所以军队齐心协力。面对敌人，鲁国的军队是有组织有纪律，奋勇向前的。这支军队受到鲁侯仁德之心的教育，具有一支军队必备的雄心壮志，威风八面。他们纪律严明，即便是众多将士聚集，也绝无嘈杂之声。他们个人品质高尚，绝不会为了争夺功劳而互相吵闹。

这样一支军队，战必胜。所以他们才能齐心协力击败来犯之敌，举行隆重的献俘仪式。

角弓[(1)]其觩[(2)]，束矢[(3)]其搜[(4)]。戎车孔博[(5)]，徒御[(7)]无斁[(7)]。既克淮夷，孔淑不逆。式固[(8)]尔犹[(9)]，淮夷卒获。

注释

（1）角弓：一种两端镶有兽角的弓。（2）觩（qiú）：弯曲的样子。（3）束矢：一捆箭有五十支。（4）搜：多。（5）博：大。（6）徒：指步兵。御：指驾车的军士。（7）斁（yì）：厌烦。（8）式：助词，不译。固：坚定。（9）犹：

通“猷”，谋划。

意思是，兽角装饰的角弓弯弯，五十支一捆的利箭很多。作战的兵车很宽大，步兵和驾车的甲士都不疲倦。已经战胜叛逆的淮夷，他们很顺从不敢反抗。坚定执行鲁公的谋划，淮夷最终被击败。

诗歌第七章，诗人写到了士兵的装备，他们带着角弓和捆好的利箭，他们的战车宽大，装备精良。这些士兵不但武器好，而且精神面貌好，是一支优秀的军队。这支军队可谓国之利器，但最关键的，还是军队能够坚定不移地执行鲁公的谋划策略，如此才能击败淮夷。

武器装备，威武将士，都是鲁国军队的客观优势。而鲁公的睿智，才如同给这支军队安上了高速运转的大脑，指挥着这支军队征战沙场，所向披靡。

翩彼飞鸮(1)，集于泮林。食我桑黮(2)，怀(3)我好音(4)。憬(5)彼淮夷，来献其琛(6)。元龟象齿，大赂(7)南金(8)。

注释

（1）鸮：猫头鹰。（2）桑黮：同“桑葚”。（3）怀：回答。（4）好音：好听的声音。（5）憬：觉悟。（6）琛：宝贝。（7）赂：通“璐”，美玉。（8）南金：指南方出产的金或铜。

意思是，那翩翩纷飞的猫头鹰，聚集在泮水河边的树林里。吃了我们树上的桑葚，回报给我们好听的声音。觉悟的淮夷来赔礼，进献他们的珍宝。他们送来大龟和象牙，还有那美玉和黄金。

在诗歌最后一章，淮夷已经彻底被征服。诗人用吃了桑葚发出好听声音的猫头鹰比喻淮夷。淮夷觉悟后，前来鲁国进贡，献上珍宝无数。到这里，鲁国实现了对敌人的彻底征服。

战争不是鲁国的目的，通过战争，最终达到和平才是最终的目标。这个目标比仅仅着眼于眼前的战争胜利，又高了一个段位。

这首诗从鲁僖公在泮宫大宴群臣，将士们献俘写起，将鲁国战胜敌人之后的情形描写得栩栩如生。鲁国能够胜利，是因为将士们遵守军纪，因为军队装备精良，但更是因为有鲁僖公这样以德治国的君主，所以这首诗主要是表达对于鲁僖公的赞颂。

这些赞颂可能有夸大其词之嫌，但还是能够看出鲁国百姓对于鲁僖公文治武功的由衷敬佩和对自己国家的热爱。

《商颂·玄鸟》：殷商传说中的玄鸟后人

《商颂》是殷商后裔祭祀和追述殷商先祖的颂歌，现存五篇。

商朝是我国历史上第二个朝代，大约存续于公元前1600年至前1046年。

商朝兴起于黄河中下游的一个部落。据说，商人的祖先——契曾经由于帮助大禹治水，而被分封在商邑（今河南省商丘市）。到盘庚为君主时，商人迁徙到了北蒙，并将北蒙改名为殷，商朝在此建都273年之久，所以商朝后来又被称为“殷商”。

在商人的神话传说中，商人的始祖神帝喾化身为玄鸟，帝喾的次妃简狄因为吞下了玄鸟蛋生下了商人的始祖——契。所以，商人后来也将玄鸟作为自己的图腾。

到了夏朝末年，契的第十四代孙子汤的时候，商成为东方一个比较强大的诸侯，《国语》对此的记载是：“云王勤商，十四世而兴。”

到了夏朝最后一个王——夏桀，老百姓已经不堪忍受暴虐统治。据《竹书纪年》记载，夏桀“筑倾宫，饰瑶台、作琼室、立玉门”，总之就是花费国家钱财，为自己修筑豪华宫殿，日夜与女人寻欢作乐。据说夏桀修筑的酒池巨大，是可以在里面行船的。

而商汤注重老百姓的生活，以德治民，《淮南子》曾经记载，商汤“夙兴夜寐，以致职名。轻赋薄敛，以宽民氓。布德施惠，以振穷困。吊死问疾，以养孤孀。百姓亲附，政令流行”。

一边是水深火热，一边是恩义有加，越来越多的百姓依附商汤，希望开始新的生活。

商汤任命伊尹和仲虺为左右相，以亳为据点，准备和夏朝决一死战。作为商汤的得力助手，伊尹发挥了很大作用。伊尹带着各种礼物，代表商人去向夏桀进贡。这一方面是麻痹夏桀，另外一方面也是打探情报，寻找出兵时机。

夏桀对于商人的实力壮大也很忌讳。一次，在夏桀举行盟会时，有缗国没有到会，夏桀就决定先灭了有缗国，再消灭商汤这个心腹大患。

但夏桀想不到的是，有缗国虽然被消灭了，夏朝的军队也遭受到很大损失。

商汤和伊尹、仲虺商议之后，决定先除掉忠心于夏桀的几个部落。然而就在紧锣密鼓的准备时，夏桀派出使者，召商汤入朝。

假如商汤拒绝，那么就证实了夏桀的猜想，商汤不得不仓促应战。为了大局着想，商汤跟随夏桀的使者入朝觐见。夏桀得到商汤到了的消息，马上将商汤囚禁到了夏台。

这一下打乱了商人筹备大战的步伐。

伊尹和仲虺搜罗了无数珍宝美女献给夏桀，乞求能够释放商汤。贪心的夏桀被金银珠宝和红粉佳人迷昏了头，竟然同意了释放商汤。

商汤一回去，早就义愤填膺的各方诸侯就排着队去投奔商汤。商汤率领军队，消灭了亲附夏桀的韦国和顾国，又消灭了对夏桀死忠的昆吾。

消息传到夏朝，夏桀为之暴怒，他马上召集了九夷军队，要攻打商人。

夏桀来势汹汹，商汤发现还是有人听从夏桀的命令，目前还不是夏桀孤立无援的时候。商汤于是假意归顺请罪，又送去了数不清的珍宝，获得了夏桀的原谅。

一年后，九夷的族人也忍受不了夏桀的暴虐，纷纷叛乱。

也有很多忠心的大臣去劝谏夏桀，比如太史令终古。但是一个视国家于无物的暴君，怎么会将这些劝谏的话放在心上呢？所以夏桀杀死了进谏的名相关龙逄，太史令终古看到夏桀已经不可救药，就投奔了商汤。

公元前1666年，商汤在景亳（今河南省商丘市梁园区）誓师，向夏桀宣战。《尚书·汤誓》中有记载商汤的讲话。夏、商两军在鸣条之野展开大战，最终商人获得了大胜。

胜利之后，商汤大会诸侯，建立了商王朝，定都于亳。

在商汤的领导下，商朝的农业、手工业都有了快速发展。

商汤去世之后，第四位商王太甲颇有个性。太甲刚刚即位的时候还勤于政事，但是几年后，太甲就开始追求享乐，对待百姓也很残暴，还破坏了商汤制定的法规。伊尹几次劝谏无效，就将太甲放逐到了商汤墓地附近的桐宫，让太甲反省自己的错误。这期间，伊尹摄政掌管国家，历史上称之为“伊尹放太甲”。

太甲在桐宫一住就是三年，确实进行了悔过自新。

伊尹看到太甲已经认识到自己的错误，在三年后迎接太甲到亳，还政于太甲。这之后，太甲当政，兢兢业业。

从商王仲丁开始，国家逐渐混乱。商王的儿子们争夺继承权，造成了商朝混乱，就连诸侯都不来朝见了。这场大混乱历经五代、九王，被称为九世之乱。

在这样的大动乱时期，商朝多次迁都。最著名的一次，就是商王盘庚将当时的国都奄（今山东省曲阜市）迁到了故地亳。因为盘庚迁都之前，商朝已经经历了五次迁都，朝廷居无定所，耗费巨大，大臣、百姓都满腹怨言。对于新的迁都，大家都没有精力也没有信心。

在盘庚的坚持下，商朝还是将国都迁到了亳，后来又迁都到殷，这史上被称为“盘庚迁殷”。盘庚迁殷之后，推行商汤的政令，国家再度振兴，所以盘庚被后人称为“中兴之主”，诸侯又重新来朝见商王。

盘庚去世之后，他的弟弟小辛即位，商朝好不容易稳定下来的局势又陷入混乱之中。

后来，盘庚的侄子武丁即位，他是盘庚另外一个弟弟小乙的儿子。武丁小时候在民间生活过一段时间，特别明白老百姓的生活疾苦。武丁励精图治，任命曾经是刑徒的傅说为宰相，重新振兴商朝。这一段历史，被后人称为“武丁中兴”。

但武丁去世之后，继任的各位商王，特别是祖庚、祖甲之后的商王，都不是明君。

等到了商王帝辛，也就是历史上著名的商纣王，社会矛盾更加尖锐。新的诸侯在崛起，商纣王采取了和夏桀同样的做法，囚禁西伯侯姬昌，也同样被散宜生献上的宝贝迷花了眼，释放了西伯侯。

历史是一个圈。有一样的故事，反复在不同时段上演。

以史为鉴，终究是真心反思，才会有效果。

属于商人的时段过去了，接替他们的周人粉墨登场。而那些关于商人的传说，也只能隔着久远的时光，在历史的缝隙中，才得以窥见。

在商人的传说中，他们是玄鸟的后人。玄鸟，一种说法是燕子，玄，是黑色的意思。传说简狄因为吞下玄鸟之卵，而生下了商人的祖先契。

在《商颂·玄鸟》这篇诗歌中，商人的后代就以玄鸟为题，歌颂商代明君武丁。

武丁在少年时期就按照父亲安排在外行役，和平民百姓一起劳动，因此他得以了解民间疾苦和普通百姓的生活。

摆在商王武丁面前的第一个难题，就是人才问题。《史记·殷本纪》对此有记载，说：“帝武丁即位，思复兴殷，而未得其佐。三年不言，政事决定於冢宰，以观国风。”

商王武丁是一个很有想法的君主。他明白，要振兴殷商，必须有得力的人才。目前还没有找到合适的人才，那他就干脆不发表意见，将国事交给冢宰，也就是太宰管理。

而武丁自己，则在三年的时间里默默了解国情，观察社会问题。

或许是对于人才太过渴求，武丁梦到一个圣人名叫说。醒了以后，武丁就按照梦中那个圣人的模样去寻访，结果发现所有的大臣都不是梦中人的样子。武丁就派出官员四处寻找，终于在傅岩这个地方，找到了一个叫说的人。傅岩是交通要道，山涧经常冲毁道路。这个人当时正在傅岩服刑筑版修路。此人被带到武丁面前，武丁大喜，他和自己梦到的圣人一模一样。

武丁和说交谈之后，发现他的确很有才干，于是任命说为宰相，并且将“傅”作为他的姓，这就是大名鼎鼎的贤相——傅说。

武丁对傅说的欣赏和重用，在后来的很多著名篇章中都有提及，《墨子·尚贤》有记载：“昔者傅说被褐带索，庸筑于傅岩，武丁得而举之，立为三公，使之接天下之政，而治天下之民。”《孟子·告子下》也有记载：“傅说举于版筑之间。”

傅说身份低微但才能出众。武丁能够抛弃地位偏见任用傅说，并且委以重任，这在当时甚至以后的历史中都产生了轰动效应。

从傅说开始，武丁坚持任人唯贤，特别是对于官员的任免，《尚书》对此记载：“官不及私昵，惟其能；爵罔及恶德，惟其贤。”

在武丁眼中，一个人能够被任命为官员，不是靠关系，而是凭本事；封爵时不要封无德的人，而应该封贤能的人。

武丁加强了对官员系统的掌控之后，对于经常骚扰商朝边境的朔方、土方等进行了征伐。商人的军队击败了鬼方，还深入荆楚地区。

商朝的版图扩大了，人民安居乐业。商朝的经济、军事、政治都得到了极大发展，殷商的国势达到鼎盛时期，被称为“武丁盛世”。司马迁在《史记》中称赞武丁，说“武丁修政行德，天下咸欢，殷道复兴”。

《商颂·玄鸟》就是春秋时期宋国军民祭祀殷商先祖，歌颂武丁的一首颂歌。

天命玄鸟，降而生商[1]，宅殷土芒芒[2]。古帝[3]命武汤，正域彼四方[4]。方命厥后[5]，奄有[6]九有[7]。商之先后[8]，受命不殆[9]，在武丁孙子。武丁孙子，武王[10]靡不胜。龙旂[11]十乘[12]，大糦[13]是承。邦畿[14]千里，维民所止。肇域彼四海，四海来假[15]，来假祁祁[16]。景[17]员维河，殷受命咸宜，百禄是何[18]。

注释

（1）商：指商人的始祖契。（2）芒芒：同“茫茫”，广漠无垠的样子。（3）帝：指天帝。（4）四方：指全天下。（5）厥后：指各路诸侯。（6）有：通“域”，疆域，领土。（7）九有：九州，指天下。（8）先后：指商王先君。（9）殆：通“怠”，懈怠放松。（10）武王：指成汤。（11）龙旂：龙旗，旗帜上画有龙。（12）乘（shèng）：一乘是四马一车。（13）糦：同“饎”，酒饭。（14）邦畿：边界。（15）假：通“格”，到达。指来朝见。（16）祁祁：众多繁杂的样子。（17）景：景山，在今河南省商丘市，为商之都城所在。（18）何：通“荷”，承担。

意思是，上天命令玄鸟降临人间，玄鸟带来商人始祖契降生，开始居住在广大的殷地。天帝命令成汤，讨伐天下安定四方。遍告各路部落首领和诸侯，拥有这九州天下。商朝列位先王，遵照天命不敢懈怠，唯独后代武丁最贤能。武丁是先王的好后人，继承成汤事业无不胜任。上有龙旗的大车十乘，进献的酒食常常满。国土疆城上千里，老百姓居住保平安。开拓疆土到四海，四海诸侯来朝拜，朝拜的诸侯多又多。景山外围被黄河围绕，殷商受命于天很适宜，百样福祉都占全。

这首诗从商人传奇的玄鸟后人身份讲起，谈到了成汤讨伐天下，四海来拜，这是顺应天命。

在诗歌中有一句重复，那就是“武丁孙子”。

这句诗是全诗的转折点，意味着武丁是成汤事业的合理继承人，也就是天命所归之人。诗人写到了武丁的辉煌功业，武丁继承天命，不敢懈怠。他开疆拓土上千里，四海小国都来朝见。老百姓也过上了好日子，殷商福气满满。

诗人从武丁的功绩写到了他带给殷商的改变，这种充满朝气氛围，让人感受到武丁中兴那个大时代蓬勃向上的时代氛围。

为了说明前来朝见的诸侯之多，诗人也使用了很多修饰的词语，比如，“四海来假”“来假祁祁”。武丁本人的仪仗队是“龙旂十乘”，他带给殷商疆域的扩大是“邦畿千里”。这些词语的使用，使殷商在发展中的迅猛扩张如在读者眼前。

诗人对武丁功绩的述说，也和之前对成汤的赞美形成了对比。用诗歌中的话来说，“武丁孙子，武王靡不胜”。

武丁作为殷商中兴之主，的确是继承发展了成汤造就的事业，无愧商人先祖。